高校“三全育人”体系的创新发展研究

袁东升　张　成　蒋晓敏　著

西北工业大学出版社

西　安

【内容简介】 本书内容包括“三全育人”的内涵及理论基础、高校“三全育人”工作的环境分析、“三全育人”理念下高校育人工作的价值追求、“三全育人”下的思想教育资源整合、高校“三全育人”辅导员工作机制与体系建设、高校“三全育人”资助育人机制与体系建设、高校“三全育人”联动机制与体系建设以及高校三全育人体系运作机制的完善等8章。

本书可供从事相关工作的人员阅读、参考。

图书在版编目（CIP）数据

高校“三全育人”体系的创新发展研究 / 袁东升，张成，蒋晓敏著. — 西安：西北工业大学出版社，2021.6（2025.1 重印）
ISBN 978-7-5612-7786-7

Ⅰ. ①高… Ⅱ. ①袁… ②张… ③蒋… Ⅲ. ①高等学校－人才培养－研究－中国 Ⅳ. ①G649.2

中国版本图书馆 CIP 数据核字(2021)第 119044 号

GAOXIAO “SANQUAN YUREN” TIXI DE CHUANGXIN FAZHAN YANJIU
高校“三全育人”体系的创新发展研究

责任编辑：付高明
责任校对：李 萌
出版发行：西北工业大学出版社
通信地址：西安市友谊西路 127 号 邮编：710072
电 话：（029）88493844 88491757
网 址：www.nwpup.com
印 刷 者：三河市悦鑫印务有限公司
开 本：710 mm×1 000 mm 1/16
印 张：15.5
字 数：255 千字
版 次：2022 年 1 月第 1 版 2025 年 1 月第 2 次印刷
定 价：79.00 元

前　言

随着新时代的不断发展，对于教育也提出了越来越高的要求。探索一种符合时代发展要求和学生成长发展的育人模式，成为当今教育发展的必然之需。“三全育人”模式能够将育人的理念与实际贯穿于管理、教学和服务之中，实现学生成长发展的全过程贯穿。全员育人的良好育人效果，对于满足新时代教育要求具有重要意义。

《中共中央国务院关于加强和改进新形势下高校思想政治工作的意见》围绕新时代高校“培养什么人”“怎样培养人”和“为谁培养人”的根本问题，全面部署和系统规划了“三全育人”的目标、原则、内容、要求、方法和举措，为准确把握新时代高校“三全育人”的科学内涵提供了根本遵循。“三全育人”体现了立德树人的内在要求，顺应了当今人才培养的发展趋势，契合新时期高校思想政治工作的发展规律。伴随着中国特色社会主义进入新的发展阶段，我国高等教育迎来了由大到强、从数量增长到内涵发展的历史性飞跃，高校人才培养面临着更新、更高的要求。创新推进高校“三全育人”，即全员育人、全方位育人和全过程育人，既是立德树人的客观需要，也有助于增强高等教育协同创新的理性自觉。

高校的思想政治工作在新时期面临很多新的挑战和新的课题。“三全育人”理念是对立德树人特点和规律认识的全面提升和进一步深化，在调查研究当前高职院校思想政治教育工作的现状、找准问题及原因的基础上，如何通过实践探索构建具有高职特色的“三全育人”体系，落实高职院校的立德树人根本任务，加强学校内涵建设，提升人才培养质量，把大学生思想政治教育融入人才培养的全过程，努力实现双主育人，促进思想政治工作创新发展，是我们面临的新课题。本书秉承“三全育人”理念不但能对高职学生的全面发展起到重要的作用，又能丰富和完善“十大育人体系”的内容，探索形成高职院校大学生思想政治工作的创新工作平台。

全书一共分为八章，第一章主要阐述了“三全育人”的内涵及理论基础等内容；第二章主要阐述了高校“三全育人”工作的环境等内容；第三章主要阐述了“三全育人”理念下高校育人工作的价值追求等内容；第四章主要阐述了“三全育人”下的思想教育资源整合等内容；第五章主要阐述了高校“三全育人”辅导员工作机制与体系建设等内容；第六章主要阐述了高校“三全育人”资助育人机制与体系建设等内容；第七章主要阐述了高校“三全育人”联动机制与体系建设等内容；第八章主要阐述了高校“三全育人”体系运作机制的完善等内容。

为了确保研究内容的丰富性和多样性，作者在创作过程中参考了大量理论与研究文献，在此向涉及的专家学者们表示衷心的感谢。

最后，限于作者水平，加之时间仓促，本书难免存在疏漏，在此，恳请同行专家和读者朋友批评指正！

作　者

目　　录

第一章　“三全育人”的内涵及理论基础

第一节　“三全育人”的内涵、价值及特征

一、“三全育人”的内涵及其价值

“三全育人”不是一个崭新的教育理念，人们对其都有一定的了解或熟知，但对其具体内涵可能并不全面了解，为了更好地理解本书的主题，我们有必要在开篇之前具体阐释“三全育人”的内涵。

（一）“三全育人”的内涵及提出过程

“三全育人”理念有着丰富的内涵，追溯它的提出、演变过程，可以发现其内涵是随着时代的发展而不断更新、丰富起来的。

1.“三全育人”的内涵

“三全育人”既是一种教育理念，也是一个全面的、系统的育人指导思想和原则。由于“三全育人”理念多以口号的形式见诸于各类文中，因而学者们对于“三全育人”的理念并无统一、一致的界定，偶尔触及的也只是从某一个角度对其进行阐释。基于此，本书在总结学者们关于“三全育人”概念的基础上，试图对其进行界定。本书认为，“三全育人”应从广义和狭义两方面去理解，从广义上而言，“三全育人”是一种教育理念，并非仅仅局限于德育这个范畴，不能将它简单地等同于德育的指导思想。之所以常把它和德育联系起来，那是因为它的内容非常贴切德育的要求，应用于德育实践更能取得成效。从狭义上而言，“三全育人”主要是一种德育理念，它强调在德育这个体系内，从“全员”“全程”“全方位”三个方面来调动德育各方面的力量，齐抓共管，共同协作，构筑一个德育立体结构，形成一股强大的德育合力，发挥德育实效性。具体包括：

（1）“全员育人”。“全员育人”即人人育人，主要从育人主体角度出发，强调每个人都要有育人意识，树立起育人责任感，在自己的本职工作

上发挥育人的职能，并且相互配合、交叉合作，形成一股强大的育人合力，构成完整、全面、和谐的大学生思想政治教育工作体系和格局。这里的“人人”主要指高校里的全体教职员工。

（2）“全程育人”。“全程育人”主要从时间角度出发，强调育人要贯穿大学生学习、成长的全过程，要认真研究大学生从高校入学到高校毕业的每个阶段的特点及其身心发展规律，以及大学生每个阶段所面临的实际问题，有针对性地规划从低年级到高年级不同阶段的思想政治教育的工作重点和方法，促进大学生思想政治教育的发展。

（3）“全方位育人”。“全方位育人”主要从空间角度出发，强调育人要体现在促进大学生全面发展的各个方面和环节，育人工作者要根据大学生的学习和生活实际，将显性德育与隐性德育相结合，通过有形或者无形的手段把思想政治教育渗入到他们学习和生活的各个环节，渗透教学、管理和服务的各个方面，使大学生形成良好的思想品质和人格修养，促进大学生全面发展。

2. “三全育人”的要素组成

（1）人员要素——全员育人。指从人员开始进行整合，全体教育工作者都应自发自觉地承担起育人责任，发动全部育人力量包括学生自己也应参与到育人工作中来。传统的育人理念认为专业任课教师就应该传授知识、教书育人，而相应德育工作和思想政治教育工作则仅仅是班主任、辅导员和思政课教师的责任所在。全员育人使育人主体扩大到高校里的全体领导干部、教师和职工团队，从注重传授专业知识延伸到重视学生人格的正确形成和良好思想道德品质的培养，是对育人主体的突破创新。全员育人要求高校中所有教师和工作人员、家长、社会等多个方面的力量共同参与，产生上下联动的效应，体现学生与教职工之间的良性互动，形成人人参与的、与外界产生联系的开放式育人格局。在学生日常的学习和生活中，完成全员育人的目标离不开管理育人和服务育人的方法，管理服务人员对学生表现出的关心、爱护和尊重，能够起到感化教育的作用，使学生在校期间的学习、生活需要更容易被满足，精神文明建设的地位也更加突出，为“三全育人”总体规划的施行奠定良好基础。

（2）时间要素——全过程育人。联合国教科文组织在《学会生存：教育世界的今天和明天》中就提出了发展终身教育的思想，这是教育史上一个具有历史意义的里程碑。同样，育人并不是一蹴而就，而是一场需要各方面协调参与的“持久战”，需要漫长久远的时间才能看到成效，必须贯穿学生从课上到课下、从入学到毕业的全过程，否则就只是提出了一个形式、一个口号，无法达到真正的育人目的。“三全育人”中的全过程育人体现了育人工作的长期性特点，补充了育人工作的留白期，提高育人效率。作为“三全育人”的组成部分，全过程育人主要是从时间的维度上进行育人，它以大学生成长发展的过程为主线，即从入学开始直到毕业离开学校为止，全程都要对大学生进行思想政治教育。这是对以往育人模式中的时间要素进行了延展，蕴含着“三全育人”的长效性内涵。全过程育人还提倡根据处于不同身心发展水平、发展阶段的学生进行有针对性的教育活动，调整相应的教育内容和教育方法，体现了“三全育人”的连续性。

（3）空间要素——全方位育人。指从不同的角度和维度出发，运用多样化的手段和方法，覆盖育人工作的方方面面，在帮助学生学习掌握专业知识技能的同时锻炼适应社会的才智，塑造新时期立德树人的教育目标所要求学生具备的社会主义核心价值观，全方位、多角度、宽领域提高大学生的综合素质。全方位育人强调的是将教育教学、管理服务、实习实践、思想文化、网络资源等多方面育人因素集合于一个广阔的育人空间，一切能对受教育者的优秀道德品质养成产生影响的直接要素或间接要素都包含其中。高校的物质环境和精神文明会对受教育者产生双重的育人作用，包括校内基础设施、生活学习场所、治学理念制度、科研学术风气、社团文化活动等，都会内化为育人的方法和途径，深深根植于全体师生的行为表现中，这种物质文化和精神文化的双重影响是达到育人成效的重要因素。

（4）“三全”之间的关系。“三全育人”是一个各要素之间相辅相成、缺一不可的有机整体，全员、全过程和全方位是这个体系的三根支柱，三者之间既有联系又各有侧重。

首先，全员育人、全方位育人和全过程育人之间有着内在联系，假设把“三全”放到一个立体坐标图中来看，全员育人就是它的立坐标，代表育人主体的多样性特点；全过程育人则是其纵轴坐标，代表着育人时间的范围；全方位育人则是这个立体中的横向坐标，代表着育人的空间范围。“三全育人”中的各个要素之间存在差异，但本质都是为了立德树人这个目标服务，它们相互补充、互相吸收，扩展成一个宏观立体的系统，任何一个要素的缺失都会造成“三全育人”难以支撑。

其次，从相互区别的角度来看，“三全”的各个要素又有不同的侧重点。全员育人是从育人主体的角度出发，对实施育人工作的队伍建设进行规划。育人队伍的力量是否强大直接决定了育人成果的好坏，如果没有优秀的育人队伍发挥核心作用，就算再宏伟的育人目标也难以实现，再科学的育人规划也是海市蜃楼。

全过程育人则集中于育人的时间，首先，思想政治教育工作绝对不是一蹴而就的，而是一朝一夕贯穿于学生学习和生活中的点点滴滴，是长线的教育过程中慢慢积累起来的，因此在教育教学的全程都不能有丝毫的松懈；其次，育人是一项长期的系统工程，要关注处于不同阶段的学生身心发展的特点和规律，从入学教育到毕业不同时期所呈现出的思考方式、关注点不同，因此要根据这些差异来设计课堂教学和思想指导的内容。全方位育人的重点落在了育人空间和范围上，力求培养德智体美劳全面发展的大学生，育人不仅仅是传统育人目标要教授学生专业知识和培养优秀品质，更要注重学生独立人格和兴趣爱好的培养，突破传统育人方式的狭隘性，将学生放在首要位置。

育人主体究竟要从哪些领域和范围详细开展育人工作、如何使用相应的育人程序和方法等问题，都是全方位育人所要回答的。这既是当代素质教育所呼唤的目标和要求，又是“以人为本”在教育工作中的着实体现，真正地让学生享受到自由发挥的空间，从而最大限度地挖掘自己的潜能，成为一个拥有专业技能又富有高尚道德品质的人。

3．“三全育人”模式的基本理念

我们了解了“三全育人”德育模式的基本含义，有必要进一步探究其基本理念，以全面、完整地理解“三全育人”德育模式的丰富内涵。

（1）以“育人”为核心，重在整合。人是教育的出发点，也是教育的归宿。因而“育人”在德育体系中应当处于中心位置。“三全育人”德育模式的三个要素围绕“育人”这个核心点相互联系、相互依存，从而构成一个有机、有序、和谐、完整的整体。育人既是“三全育人”德育模式的出发点，也是它的归宿，占据德育系统的核心位置处于提纲挈领的地位。其他三个构成要素都是以育人为中心，为实现育人的目标而服务。它们最大目的是最大限度地挖掘潜在的或者现实的德育资源，并将其整合起来，形成合力，以便更好地实现育人目标。如果没有育人这个核心点，那么“三全育人”模式也就成了一盘散沙，没有方向和目标，也没有任何构建的价值和存在的意义。育人的成败，实际上是对“三全育人”德育模式构建成败与否的检验。“育人”对于“三全育人”模式的重要性，无异于经济建设对于社会主义现代化建设的意义。总之，育人是“三全育人”德育模式的重心和归宿。以育人为核心，实质上也是以人为中心、以人为本理念的体现。

（2）全员调动，齐抓共管，形成教育合力。当今教育舞台上，多种多样的德育模式不断演变，说明我国德育研究正在绽放其蓬勃旺盛的生命力，推动了我国德育事业不断向前发展。但是，我国德育实效性不足的问题仍然存在。德育实效性不足是由多方面的、复杂的综合因素所致，但是德育合力的缺乏是最主要的因素。“三全育人”德育模式提出全员育人，通过调动所有人员参与德育工作，形成以党委为统一领导，各部门齐抓共管的新时期思想政治工作格局，形成强大教育合力，这是以往其他模式所缺乏的，是“三全育人”德育模式最大的特色和闪光点。过去我们一直存在一个观念误区，认为德育仅仅是思想政治教育教师的职责，其他的任课教师只需要完成自己的教学任务，而思想政治教育教师在进行德育工作中，也往往采取传统的灌输方式，使得学生对教师所传授的规范、准则仅仅是被动接受，甚至产生抵触、逆反情绪，大大降低了德育效果。当今交通运输、信息通信尤其互联网的高度发展，为促进经济、科技、文化、教育等方面在全球范围日益频繁的交流提供了便利，信息交流日益便捷，使得人们仿佛生活在跨越国界的地球村落里，信息的便捷获得消除了人们交流的障碍，但各种思潮和文化的碰撞也更加猛烈。对新事物敏感的大学生极易受到海量未过滤信息影响，因而仅仅靠思想政治教育教师单方面的思想教育是不足以应付的，必须将全部人员调动起来，才能全面地了解到学生的思想特点，及时解决其出现的问题。全员调动，一方面能激发教育者进行德育工作的积极性，另一方面能通过不同部门及德育工作者之间的分工合作，向着共同的德育目标迈进，无形中凝聚成强大的德育合力，从而增强德育的实效性。

（3）全程跟进，上下联动，抓好大学生教育的关键点。德育是塑造人的灵魂的伟大工程，而由于人的思想观念具有易变性、不稳定性、隐蔽性等特点，以及受教育者原有的价值观念、环境对受教育者的影响等多种因素，使得教育者对受教育者所传授的价值观念、道德准则等内化为受教育者自己的价值准则需要一个过程，不是短时间内就能完成。德育的最终目的是使受教育者将内化的价值规范外化成行为，并形成良好的行为习惯，进而形成稳定的品质。“三全育人”德育模式通过全程育人这一构成要素，鲜明地突出了育人的全程性，通过全程跟进，抓住大学生习惯的关键点进行针对性的教育，既保证了育人时间，又突出了重点，有的放矢，从而更好地帮助学生顺利度过成长过程中的转折点，如入学适应期、离校就业期等，大学生在这些转折时期很迷茫、焦虑，如果不能及时进行教育引导，部分学生容易迷失方向、荒废学业，有些学生甚至因负有严重的心理负担而产生心理疾病。而及时抓好关键点进行教育，能够帮助其解决思想包袱，如迷茫、焦虑等，使学生轻轻松松地学习，享受到学习的乐趣，促使学生身心健康发展。

（4）全方位展开，全面配合，促进大学生全面发展。确立好育人主体，说明德育工作才做好第一步。育人主体如何开展德育工作，关系着德育目标的实现。人是德育的中心，德育的最终目标是为了促进人的健康、自由、全面发展。因此德育工作的开展应围绕人的全面发展而展开。我们知道素质教育是教育者以培养、完善、提高人的全面素质为目的，有计划、系统地将社会的要求转化为受教育者内在需要、促使其身心发展的教育活动。实现人的全面发展也是素质教育的题中之意。新时期德育模式的构建不能忽视时代和社会发展的要求，素质教育是我国教育史上一次划时代的改革，德育所培养的人才应与素质教育的要求相契合。“三全育人”德育模式以人的发展为中心，以实现人的全面发展为目标，通过调动全部人员参与德育工作，运用多种手段和途径，从多种德育渠道着手，全方位地开展德育工作，从而促进大学生的身心健康发展，提升大学生的思想道德素质、科学文化素质、专业素质等，使大学生的知识和能力都得到增长，又能发展自己的个性，从而促进大学生全面、健康地发展。

4. “三全育人”的提出过程

“三全育人”理念不是亘古就有的传统思想，也不是从国外吸收借鉴的思想，而是我国政治、经济及教育发展到一定阶段而产生的与我国国情相适应特有的教育理念。因此，我们追溯“三全育人”的历史发展轨迹，不能忽视我国政治经济及教育文化大背景。基于对“三全育人”相关论文及著作的搜索，本书在学者们研究的基础上，对其进行总结，并以时间为线索，将“三全育人”理念的演变过程划分为五个历史时期。

（1）初步萌芽期（1949—1966）——“三育人”的提出。通过考察，我们发现，“三全育人”这个理念在中华人民共和国成立初期就有了初步萌芽。我们知道教书育人古已有之。韩愈曾说：“师者，所以传道授业解惑也。”韩愈这里强调了教师的工作职责，传授知识和本领、解答疑惑。我国从办学伊始就秉承了教书育人的优良传统，并且根据新的历史条件赋予了它新的内涵。中华人民共和国成立初期，百废待兴，新中国的建设对人才的需求非常迫切，国家意识到教育的重要性和迫切性，对旧的教育制度进行了改革，确立新中国初期“民族的、科学的、大众的文化教育方针”。1950 年 8 月 2 日至 11 日，中国教育工会第一次全国代表大会在北京召开，在与会代表的倡议下，提出了“教书育人、管理育人、服务育人”的口号。口号的提出，是对教育改革的一次历史性超越，也是对教育模式探索的一种新的尝试。它比“教书育人”理念所包含的内容更丰富，也更全面。

中华人民共和国成立初期正是以这种教育口号为导向，培养了一大批参与国家建设的栋梁之材。1957 年，毛泽东就在《关于正确处理人民内部矛盾的问题》中指出：“思想政治工作，各个部门都要负责任。共产党应该管，共青团应该管，政府主管部门应该管，学校的校长教师更应该管。”这里实际上就有了全员育人思想的萌芽。

（2）曲折幻灭期（1966—1977）。由于国家建设进入了特殊时期，我国的教育事业也陷入动荡和混乱之中，这一时期的教育事业基本处于停滞状态。

（3）复苏中探索期（1978—1998）。党的十一届三中全会之后，国家进行拨乱反正，正本清源，重新确立了实事求是的思想路线，教育界又重新提出和恢复了之前的教育原则和理念，如教书育人等。到了 20 世纪 80 年代中后期，教育战线又逐步形成了“教书育人、管理育人、服务育人”的共识。随着国家工作重心转移到经济建设上来，教育也转移到国家的工作重心上来，邓小平强调指出“教育要面向现代化，面向世界，面向未来”，要培养有理想、有道德、有文化、有纪律的社会主义“四有新人”。一定程度上“四有新人”和三个面向为我国的教育确立了目标。党的十四大确定我国经济体制改革的目标是建立社会主义市场经济体制，随着经济体制、政治体制和科技体制改革的深化，必须建立起与经济体制、政治体制和科技体制相适应的新的教育体制，只有这样才能适应经济和社会发展的要求。1996 年 10 月，即在党的十四届六中全会后，中国教育工会为了深化“三育人”活动，大力推进教师队伍建设和精神文明建设，中国教育工会四届七次常委会决定，在全国开展以加强师德建设为中心的“树师表形象，创文明校风，为实现跨世纪宏伟目标做贡献”的活动，使得“三育人”活动向新的深度和广度发展。1998年评出了全国十大"师德标兵"，为教育战线精神文明建设起到良好的推动作用。

（4）蓬勃发展期（1999—2003）。1999年中共中央国务院颁布了《关于深化教育改革，全面推进素质教育的决定》，这是从社会主义现代化建设全局和战略的高度，对我国面向新世纪的教育改革和发展作出的重要部署。江泽民同志在开幕式上发表重要讲话，提出要以培养学生的创新精神和实践能力为重点，努力造就"有理想、有道德、有文化，也有纪律"的德育、智育、体育、美育等全面发展的社会主义事业建设者和接班人。这个决定可以说是我国教育发展史上一个划时代的里程碑。它不仅对我国的教育目标提出了新的方向，即从应试教育转向素质教育，同时也对我国的教育模式提出了新的要求。在这一决定的指引下，学者们对以往"三育人"概念的不足进行总结，同时对"三育人"的概念进行了新的补充与阐释。如有提出"要更新旧的教育观念，改革对教书的理解"，教书不仅仅指传授学生书本知识，还应培养学生的创新精神和实践能力，同时"素质教育还应加强师德教育，提高教师的能力和水平是'三育人'工作新的工作内容。"[①]

此时已有学者很具体地提出了"三全育人"的实施途径，如"建立全员育人的网络系统，建立执行的机制和制度，实施两课，发挥党团支部和两校一会的作用，开展社会实践活动，做好新生入学、毕业以及主干阶段的思政工作等。"[②]

（5）成熟完善期（2004至今）。此阶段"三全育人"模式构建实施的途径和方式更全面，并根据新的形势提出了新的举措，同时研究的范围也更广泛。2004年8月26日，《中共中央国务院关于进一步加强和改进大学生思想政治教育的意见》颁布，文件提出了进一步加强和改进大学生思想政治教育的指导思想、基本原则、主要任务和有效途径，提出了一系列新思想、新思路、新举措。如"坚持与育人相结合""坚持教育与管理相结合""坚持教育与自我教育相结合"等基本原则，通过"服务育人、管理育人""主动占领网络思想政治教育新阵地"等促进大学生全面发展。中发[2004]16号文件是我国在新时期以党中央国务院的名义下

---

① 王文学.对素质教育中加强"三育人"工作的思考[J].中国冶金教育，2000（3）：14-16，40.

② 李国栋，朱灿平．坚持"三全"育人注重思想政治工作实效[J]．党建与德育，1999（24）：14-15.

发加强和改进大学生思想政治教育的文件，它标志着党和政府在新的历史条件下深化了对大学生思想政治教育的重要性及科学性的认识，同时在它的指引下，学者们又掀起了“三全育人”的研究热潮。2005 年 1 月 17 日，胡锦涛同志在全国加强和改进大学生思想政治教育工作会议上明确指出“加强和改进大学生思想政治教育是一项涉及方方面面的系统工程”“各高校要努力形成党委统一领导，党政群团齐抓共管，全体教职员工全员育人、全方位育人、全过程育人的工作机制”。这是党中央第一次在会议上明确提出“三全育人”的口号，尽管这种理念早就达成了共识。2018 年 9 月 10 日，习近平同志在全国教育大会上指出：“培养什么人，是教育的首要问题。”并强调，我国是中国共产党领导的社会主义国家，这就决定了我们的教育必须把培养社会主义建设者和接班人作为根本任务，培养一代又一代拥护中国共产党领导和我国社会主义制度、立志为中国特色社会主义奋斗终身的有用人才。这是教育工作的根本任务，也是教育现代化的方向目标。

（二）“三全育人”的提出价值

社会存在决定社会意识，树立“三全育人”德育概念并非凭空产生的，而是基于当今德育实效性不足这个现实背景。理论源于现实，又超越于现实。“三全育人”德育模式不仅是新时代党和政府对德育发展的期盼，而且是德育理论自身发展的内在要求。

“三全育人”不仅内涵丰富，而且具有理念引领和实践导向的价值作用，“三全育人”工作的展开既是为了更好地实现高校立德树人的根本任务，也是高等教育回归“以人为本”“以学生为中心”的现实诉求。党的十八大以来，“三全育人”的改革创新为国家深化教育综合改革和现代化治理开启了转型的新道路，有助于提高人才培养质量。目前，我国的高等教育初步完成了规模的扩张，重心转移到内涵式发展建设上来，让所有高校都能从自己的实际情况出发，深入分析自身的传统、优势与不足。高校必须以高度的责任感和紧迫感，紧紧围绕立德树人的目标来完善“三全育人”，全面提升育人质量。

从宏观角度出发，“三全育人”是党和国家在中国特色社会主义发展的新时期为了实现立德树人的育人目标而推行的、推进高校思想政治工作的全局性战略部署。2018 年 5 月，教育部办公厅发布的《关于开展“三全育人”综合改革试点工作的通知》中明确提出，要求全国各地要分类开展

“三全育人”综合改革试点工作，从宏观、中观、微观各个层面，着力构建一体化育人体系。教育部做出开展“三全育人”综合改革试点的战略规划，深刻揭示了“三全育人”对实现立德树人根本任务的关键作用，紧紧围绕育人这一主题进行设计部署。从中观角度出发，“三全育人”是在高校实行的育人运作机制，关系到高校的教学管理、育人队伍、问责制度、评价机制、激励手段等因素，调动全体教职人员的育人力量，渗透办学治校的方方面面，贯穿人才培养的开端末尾。“三全育人”的提出着眼于完善高校现行的育人方针政策、优化高等教育管理服务系统，规定正确的政治方向和价值取向，将“三全育人”贯穿教育教学全过程，构建集课程、科研、实践、文化、网络、心理、管理、服务、资助、组织等领域为一体的新时代“十大育人体系”。从微观角度出发，“三全育人”指引高校进行教育活动的开展，教育者将“三全育人”的理念和模式应用于教学管理的过程，延伸到学生学习和生活的各方各面。教育者必须确保用正确的育人思想、育人方法来指导学生的成长、进行专业技能的传授和思想道德教育。只有“三全育人”的理念深入全体师生的心，才能保证立德树人的教育理念落到实处。

1．立足于当今德育实效性不足的现实困境

提高德育实效性，不仅是德育实践的要求，也是德育理论发展的需要。随着市场经济的不断发展，以及在我国党和政府对高校德育的不断重视与关怀下，我国高校德育取得了令人瞩目的成绩。进步是对不足不断弥补和完善的结果，因此我们在看到进步与成绩的同时，也应理性地审视当前高校德育所存在的问题，从而找到相应的对策及解决途径，推动高校德育迈上一个新的台阶。而当前我国高校德育存在一个很突出的问题，即德育实效性不足，主要表现为：

（1）德育工作并未受到充分重视，存在形式主义的弊病。我国高校德育工作历来被党和政府重视，德育工作者也致力进行德育理论研究和创新，但是在我国德育工作实际操作过程中，我们不难发现，德育工作提出的要求和口号要多于具体落实的措施和办法，一些深层次的思想问题以及亟待解决的现实问题，不是没有将解决措施落到实处，就是无力解决。有些学校只在特殊的日子才会开展一些活动，如在学雷锋的日子去敬老院，或者为了应付评估、检查，会采取一些应付的措施等，而一旦评估检查工作结束，一些本该采取的措施、开展的活动又被抛之脑后，德育工作并未真正从理念上受到重视。许多教师甚至认为德育仅是思想政治老师的任务，

他们更多地关注的是学生的学业成绩，忽视了自己应有的德育责任。更多的是虽然认识到了德育的重要性，但是在德育工作中未能采取有效的措施或者具体落实的办法，使德育工作未取得较好成效，“口头上重视，现实中忽视”，存在着“假大空”“花架子”现象。①因此不仅需要重视德育，坚持把德育工作放在首位，而且要采取行之有效的措施，将德育工作落到实处。

（2）德育方法落后，德育手段单一。灌输理论是马克思主义理论很重要的一个部分，是我国高校进行德育工作所采取的主要方法，它在以往的德育中发挥了重要的作用。而随着社会政治、经济、文化的发展，教育水平和受教育者自我意识的不断提高，“人们对权威的态度由过去盲目的依赖崇拜或畏惧转向了冷静的观察和思考，甚至反对，对道德问题的解决和调适，更倾向于主体自觉地根据道德法则加以正确的处理。并且，在未来经济、信息和人际交流交往日益频繁的世界里，日常生活方式及其道德价值观念正经历着由单一、稳定、封闭的状态转向多变、多样和开放。”因而需要外部灌输与自主选择相结合。当前，我国进入了社会转型的新的历史时期，市场经济的飞速发展以及经济全球化浪潮席卷而来，让我们面临着机遇与挑战。外部环境的急剧变化使得我国德育工作也面临着新的难题与困境，德育的环境、对象和内容发生了深刻的变化，因此也需要更新德育方法，才能有的放矢、与时俱进。而“传统的灌输方法重灌输，轻能力培养，重传递，轻思考，强调德育知识性的传授，忽视了道德选择和能力的培养”；②重共性，轻个性，缺少层次性和个体性，忽视了每位学生的思想实际，灌输方法多采取强制说服的方式，轻启发诱导，因而很难将道德行为规范内化成学生的意识，学生极易产生抵触情绪和逆反心理，德育也很容易成为空洞的说教。因此，我们唯有更新德育理念，改善德育方法，拓宽德育渠道，才能适应新时代对教育的要求。

（3）情感教育薄弱，师生关系疏远。德育的立足点与根本目标都是人的发展，以人性关怀为己任，是现代社会对德育的呼唤。思想政治教育的主要目的是将社会要求内化为受教育者的动机和意识，然后再由受教育者将这些意识外化为行为，并产生良好的行为结果。因此，德育的深层本质应当是使受教育者真正从心底产生认同，发于情，出于自愿的

① 刘芳，张义成. 高校德育现状分析及解决途径[J]. 黑龙江史志，2009（13）：142-143.

② 马金岭. 创新高校德育实效性的对策研究[J]. 学校党建与思想教育，2010（16）：63-64.

行为，而非通过外在的强制与约束所产生的被动的服从行为。随着现代性的消解和对“知性德育”的反思和批判，高校德育正处在社会转型的新的历史时期，应重视高校德育情感性教育缺失的问题，更新教育理念，关注大学生在道德生活中的情感体验及品格发展。“只有情感才能使道德教育真正成为一种抵达心灵、发育精神的教育，没有情感道德教育就不可能变成精神发育的活动和生命内在的精神活动。”[①]道德情感在个体道德的大厦中，直接参与道德认识、行为、品质、评价、信念的活动，它本身就是个体道德的存在方式，是全部道德现实化的根本环节。尽管在教育学和心理学理论上，人们一直强调道德教育既要晓之以理，又要动之以情，但是在现实的教育实践中，人们往往弱化了情感的功能。一些教师不懂得、不善于也不屑于实践情感教育，其结果是，现行的道德教育带有明显的唯理性倾向，重理性知识传授，轻感性体验内化；重外在理智控制，轻内在情绪调节。与此同时，受传统教师中心论的影响，教师高高在上，学生以教师为中心，学生对教师的感情多是敬畏，受时空等各种因素的影响，师生间交流与沟通的机会很少，师生间关系比较疏远。新时期的德育必须深化以人为本的理念，以育人为核心，重视心灵、情感的交流对人格的培育。

（4）对于互联网给学校德育带来的冲击，德育工作尚无有效的应对措施。大学生对新生事物及其敏感，其世界观、人生观、价值观尚未真正定型，极易受外界思想文化的影响。而互联网是一把双刃剑，它具有开放性、信息量大、虚拟性等特点，一方面开阔了大学生的眼界，丰富了其知识文化，另一方面也给他们提供了逃避现实的港湾，对其价值观、人生观也不可避免地产生冲击，甚至扭曲。一些大学生过分依赖网络、上网成瘾、逃避现实，依赖网络的虚拟交往，在现实生活却走向自闭；网络恶俗文化、色情、暴力等，对大学生的冲击使德育工作者鞭长莫及、束手无策。另外，西方国家的某些网站发布和传播诋毁和丑化我国社会主义的内容，宣扬西方的“三权分立”，宣扬和传播拜金主义、享乐主义、个人主义等资产阶级思想，对大学生的意识形态进行渗透，腐蚀学生的心灵，对我国主流价值观构成冲击和威胁。因此新时期的德育工作要重视网络德育建设，重视各种德育资源的开发与利用，增强德育的实效性。

“三全育人”德育模式强调以育人为核心，调动一切人员的积极性，发挥各种教育因素的作用，拓宽一切渠道，增强德育合力。它的提出是立

[①] 姚裕萍，李昌祖. 情感德育理念影响下的高校德育创新[J]，教育评论，2009(1)：55-58.

足于当前德育实效性不足这个现实基础，因此应用“三全育人”德育模式，能够使德育工作与时俱进，增强德育的实效性。

2. 满足了党和政府对高校德育提出的新要求

我国党和政府历来十分重视大学生思想政治教育，十分关心大学生的健康成长。因为大学生是一个特殊的群体，是中国社会主义现代化建设的接班人和主力军，事关国家和民族的未来。加强和改进大学生思想政治教育，是推动党和国家事业不断发展的必然要求；是提高党的执政能力，巩固党的执政基础的重要保证。当今全球化浪潮不仅影响全世界各个国家和民族的发展过程，还直接冲击着每一个人，各种思想文化的激荡必然会影响每个人的生活方式和价值取向。我国市场经济的深入改革发展，在加快我国经济飞速发展的同时，唤醒了人们的个人意识，引起利益群体的多元化，人们思想活动的独立性、选择性、多变性、差异性明显增强。科学技术的迅猛发展，尤其网络的普及，它对大学生的强势吸引，引发了一系列的问题，网络德育显得尤为重要。党中央深入分析国内外形势，从中华民族的整体利益出发，召开了全国加强和改进大学生思想政治工作会议，颁布了《中共中央国务院关于进一步加强和改进大学生思想政治教育的意见》，根据新的历史时期、新的任务和要求，从九个方面对大学生思想政治教育提出了一系列指导性的意见和要求，明确了新的历史时期大学生思想政治教育的方向。

（1）加强大学生思想政治教育工作队伍建设。做好大学生思想政治教育工作，必须建立一支高水平的队伍，才能使大学生思想政治教育有一个坚强的组织保证。而大学生思想政治工作队伍主体是学校党政干部、共青团干部、思想政治理论课和哲学社会科学课教师、辅导员和班主任。应加强对他们的选拔、培养和管理。同时，广大教职员工都负有对大学生思想政治教育的重要责任。人人育人，形成教书育人、管理育人、服务育人的良好氛围和工作格局。

（2）加强和改进大学生思想政治教育的指导思想和基本原则。以科学发展观等为指导，坚持教书与育人相结合，坚持教育与自我教育相结合，坚持政治理论教育与社会实践相结合，坚持解决思想问题与解决实际问题相结合，坚持教育与管理相结合，坚持继承优良传统与改进创新相结合。这些原则是在继承我国传统德育经验的基础上，站在新的时代高度，根据素质教育发展的要求提出的高校德育的战略性原则，这些原则包含了教书育人、管理育人、服务育人等内容。

（3）提出了大学生思想政治教育的有效途径。课堂教学在大学生思想政治教育中应占主导作用，抓好“两课”教学，其他各门课程也应发挥育人功能。除此之外，还应深入开展社会实践，加强校园文化建设，占领网络思想政治教育新阵地，开展细致的思想政治工作和心理健康教育，解决大学生的实际问题。

“三全育人”德育模式的基本要求是全员育人、全程育人、全方位育人，它的基本内涵符合党和政府对高校德育的要求，它的提出是为了坚持党和政府对德育工作的指引，响应党和政府关于德育工作与时俱进、创新发展的号召。

3. 促进了德育理论自身的发展

育人为本，德育为先。德育要想取得实效，除了端正德育为首的位置之外，还必须紧密结合现实的社会发展要求，遵循德育本身应有的规律。德育理论的研究发展，是建立在解决现实问题需要的基础之上，不能脱离社会发展这个大背景。21 世纪以来，我国教育理论研究的发展趋势主要体现在三个方面，“走向教育理论自身的批判”“走向丰富的教育实践”“走向多维度的综合”，而伴随着我国市场经济的发展，中国当代德育理论的发展也经历了几次不同的研究重心的转移。有学者将其划分为三个阶段，分别为德育理论研究的科学化阶段，德育理论研究的现代化阶段，德育理论研究的人性化阶段。每一次德育理论研究重心的转移，都是结合新的现实背景，对过去的德育概念、范畴及理论体系的发展。当今，我国进入了社会主义现代化建设的新阶段，德育发展也开始了新的历程。市场经济的深化改革、科学技术的迅猛发展、网络的普及，都赋予了德育崭新的含义，引起了德育概念和范畴发生相应的变化。

全球化的浪潮打破了过去封闭的世界格局，世界各国之间的联系变得更加紧密，更具有开放性。这样的时代背景也对德育提出了新的要求，德育面临的开放的环境迫使德育也必须更新理念，建立与时代相适应的新思想、新方法、新模式，希望能保持其发展的生命力。环境的开放性，使得教育对象接受信息更为便捷，其价值观、思维方式也更易受影响。因此，德育必须打破过去单一的、封闭的模式，建立一个整合、开放的体系，才能适应时代的要求。另外，德育本身也是一项系统工程，它需要调动各方面的力量，整合各方面的资源，才能最大限度地发挥其实效性。而“三全育人”模式正是一种开放的、动态的、整合的德育模式，它契合时代和德育理论本身的发展要求。

（1）推进高校德育创新发展。新中国成立 70 多年来，特别是改革开放 40 多年，中发[2004]16 号文件颁布以来，高校德育在摸索中前进，在改革中发展，并取得了丰硕的成果。但由于历史及现实的各种原因，我国德育理念、德育方法、德育手段等都还比较落后，德育工作要创新发展，必须立足于实际，用先进的理念作指导，将理论与实践相结合，推动高校德育的不断发展。因此，在新的时代背景下，以理论研究和实践探索的结合为切入点，将德育队伍协调、整合起来，形成德育工作合力，进一步推动高校德育创新发展，是当前德育工作者所不能忽视的重大课题。而“三全育人”模式，是一种大德育观，它以理论研究和实践探索的结合为切入点，一方面坚持党和政府对高校德育的指引，坚持调动一切积极因素拓宽德育渠道，加强了德育理论创新；另一方面它又着眼于我国当前德育实效性不足的现实，以新时期社会和德育发展的要求为方向，重视实践探索，建立严密、具体的实践机制，理论与实践相互结合，完善队伍建设，开创新形势下全员育人、全程育人、全方位育人的大学生思想政治工作体系的新格局，形成高校德育的强大合力，从而推动高校德育创新发展。

（2）提高高校德育科学性、实效性。当前，在经济全球化和科学技术迅猛发展的浪潮的冲击下，国际国内环境发生了深刻的变化，开放的网络更加速了各种思潮的相互碰撞，大学生的价值观、人生观、思维方式极易受到不良思想、文化和风气的冲击。另外，我国正处于全面、迅速的社会转型期，社会变革的新发展，在推动社会进步的同时，也不可避免地产生了一些问题，利益群体及其分配方式多元化，人们之间的关系可能会因为利益的驱动或者竞争的加剧而紧张，如何在利益多元化及多元文化共存的情况下，教育大学生树立社会主义核心价值体系，树立以为人民服务为核心的道德准则，德育又如何在开放、自由的环境中，把握教育对象所面临的新冲击及网络时代下德育的新特点，构建与时俱进的德育工程，卓有成效地开展德育，是新时期德育工作者一项十分艰巨的任务。“三全育人”模式是一个开放、系统、严密的德育模式，它强调将校内外的各种德育资源整合起来，形成德育合力，让德育贯穿、渗透在学生学习、生活、成长的每个阶段、每个地方，形成时时有德育、处处有德育的局面，而传统德育显得过于封闭、单一，德育方法与方式相对落后，德育内容相对过时。“三全育人”模式适应当前开放的、多变的时代要求，因而能提高德育科学性。它强调动员全部力量进行育人，形成全员育人的格局，抓住大学生成长的关键时期，建立全方位育人的机制，开展全方位育人，从而最大限度地挖掘了德育资源，拓宽德育的渠道，发挥德育的潜能，提高德育对开放、多变的环境的适应能力，增强德育的实效性。

（3）提升大学生综合素质。当今世界各国的经济发展和科技进步主要依靠人才，尤其我国进入了社会主义现代化建设的新时期，更需要一大批高级知识分子来参与。要想培养高素质的人才，就必须坚持党的教育方针，促进大学生全面发展，提高大学生的综合素质。大学教育的目标不仅仅是使大学生获得专业知识和专业技能，更重要的是让大学生学会如何适应新的环境以及在新的环境中学会不断创新、自我发展与超越。这就需要大学生具有较高的道德文化素质、较强的专业素质以及健康的心理素质等。“三全育人”模式不仅调动全部力量参与德育工作，确保工作发挥实效，而且从各个方面对大学生开展全方位育人，育人的内容包括思想道德教育、心理健康教育等；育人渠道既有教师的课堂教学为主渠道，又有校园文化、课外活动、社会实践活动等多种渠道，多管齐下，全方位展开，使大学生不仅掌握应该学好的专业文化知识，形成良好的思想品德，还通过丰富多彩的校园文化活动以及社会实践活动锻炼了他们的才干以及人际交往的能力，开阔了眼界，促进大学生全面、健康地发展，促进大学生综合素质的提升。

二、“三全育人”的特征

（一）“三全育人”的重要特征

1．系统性

“三全育人”在作用形态上具有系统性的特点。“三全育人”中的所有因素都是为了育人这一目的而存在，这之内的一切因素相互融合产生整体大于局部的作用，集中于“三全育人”的理论、机制建设中，根据立德树人的现实需求形成具有独特内涵的体系。“三全育人”中的任何因素都不是孤立存在的，各因素之间既有联系，又有不同的重点，全员育人的重点在于育人主体因素的全参与，全方位育人的重点在于空间因素的全覆盖，全过程育人的重点在于时间因素的全贯通，其内部实现机制所进行的活动也不仅仅是单独某一方面的活动，而是这个体系中各环节齐头并进的系统性活动。在“三全育人”的系统性建设中，根据各因素之间的差异性，取长补短、内外兼顾，强调整体育人的作用。

2. 连续性

“三全育人”在时间、空间和内容等方面呈现出连续性的特征。“三全育人”填补了过去学生成长成才过程中教育的许多空白。首先,“三全育人”试图打造一种课内与课外育人并行的模式，教育者不仅在日常的课堂教学中对学生授予专业知识、进行思想政治教育，同时还以个人高尚的道德情操去感染影响学生；课下，教师通过对学生的关心爱护、友好沟通，帮助解决他们生活上、课业上遇到的困难，所进行的是一种心灵的沟通，也能起到“管思想”的作用，育人过程得到充分延展。其次，教学理论与教学实践相结合，教育者所讲授的理论知识要与实践教育充分结合，育人不仅在校园内进行，思想政治教育不仅局限于课堂形式，还要加强学生实践能力的培养，以理论指导实践，以实践充实理论。最后，统筹多方育人资源，显性育人手段与隐性育人手段、校园物质环境和精神文明相结合，时刻凸显育人主题。

3. 网络性

“三全育人”在结构上还具有网络性的特点。与强调“三全育人”的系统整体性的不同是，构成“三全育人”的各个因素之间还会呈现出向外辐射的网状特征，有横向也有纵向、有单向也有多向的互动。其中，“三全育人”各因素之间虽然是分散分布的状态，但如果任一因素发生了改变，均会引起在这个网络中的结构全面波动和变化，产生“牵一发而动全身”的连锁效应。与此同时，在这个交织错杂的网络中，各因素之间所展现的网络结构并不是完全一致的，相互之间的作用程度有近有远，所发挥的作用分主次、大小，作用关系还会因为时间、环境等条件产生不同的区别。但不论内部因素如何变化多端，“三全育人”的重点依然要落在学生这个中心，将思想政治工作贯穿教育教学全过程，最终的育人目标仍旧是为了立德树人。

4. 开放性

任何一个系统都具有开放性的特点，需要与外界持续进行物质、能量和信息的置换，这种不同程度的开放是“三全育人”得以循序发展的基础，才能与系统外的其他环境产生联系和交互，从而产生内因与外因的交换作用，也因此让“三全育人”体系处于连续向前的变化之中。从这个角度看，高校“三全育人”作为思想政治教育系统的重要组成部分，更不应是与世隔绝的封闭性系统。一方面，外界环境面临着互联网工具等媒介的普及使用，增加了环境的不确定性，在这种不确定的、开放的环境之中，大学生获得信息的方式更加便捷迅速，这样的过程会对学生产生更有冲击性的、多元的全方位影响。此外，大学的一个重要职能就是服务社会，所培养出的人才最终都会走向社会并为社会的发展而服务。外部环境处于不断变化中，即将步入社会工作的大学生需要能够快速进入状态适应社会环境，因此高校育人工作应当把“三全育人”时刻放置于一个动态的、开放的系统中，这样才能更好地增加育人工作的针对性和效率，所培育出的人才才能更大限度地满足一切的社会需求。

（二）“三全育人”模式的特征

“三全育人”模式是一种大德育模式，它动员所有的力量进行育人，具备以下特征：

1. 育人的整体性

育人是项系统工程，需要各方力量的支持与配合，才能拧成一股绳，形成育人合力。“三全育人”德育模式正是基于大德育观的前提所建立的，它从德育系统整体着眼，将全部人员调动起来参与德育工作（参与德育工作并非放弃自己的本职工作，专门进行德育工作，而是在自己原本的职位上，将德育渗透其中，发挥育人的职能），形成教书育人、管理育人、服务育人的德育工作新格局，拓宽德育渠道，将家庭、学校、社会相互联系起来，把各种德育力量整合起来，充分挖掘德育资源，通过以党委为龙头，上下联动，各部分相互协作，形成一股强大的德育合力，是一种宏观的、整体的德育模式。

2. 育人的全面性

人的全面发展不仅仅是个人的人生追求，也是当今教育目标所达成的共识。素质教育也提出了要根据人的发展和社会发展的实际需要，尊重学生的主体性，必须把德育、智育、体育、美育等有机地统一在教育活动的各个环节中。学校教育不仅要抓好智育，更要重视德育，还要加强体育、美育、劳动技术教育和社会实践，使诸方面教育相互渗透、协调发展，促进学生的全面发展和健康成长。“三全育人”德育模式以人的全面发展作为目标，它通过拓宽德育渠道，采取各种途径和手段，采用不同的方法，将显性德育与隐性德育相结合，开展全方位育人，使学生掌握必备的科学文化知识，锻炼适应社会的能力和才干，具备良好的身心素质和道德品格，健康自由地全面发展。

3. 育人的全程性

当今随着德育研究的深入，学者们提出了多种德育模式。其他的德育模式有些也涉及德育要持之以恒的问题，但是“三全育人”却将它明确地作为模式一个重要的构成要素加以强调。根据思想品德形成、发展规律，人的思想品德的形成具有长期性和反复性的特点，这就需要德育工作贯穿学生成长的始终。全程育人要求将德育贯穿学生成长的全过程，并且在不同的时期实施不同的教育内容，从而使德育更有针对性，更能取得预期效果。体现了育人的全程性。

第二节　“三全育人”的现状

自改革开放以来，高校的“三全育人”相关工作在党和国家的高度重视和方针政策的正确指导下取得了亮眼成绩，并呈现出勃勃生机的发展态势。“三全育人”一直深受重视，研究者们也致力于相关理论和实践的创新研究，但在这片生机的背后逐渐呈现出很多问题，不难发现当前“三全育人”存在形式主义的弊病，所提出的口号、要求要远大于具体落实的办法措施，一些现实中亟待解决的问题和深层次的理论思想问题，大多都存在无力解决或是无法将解决措施落到实处的问题。因此，本小节重新审视了高校“三全育人”的现状，对当前“三全育人”工作所存在的问题进行深入分析。

一、“三全育人”取得的成绩

（一）开阔了育人视野

总体来看，经济全球化和多元文化的影响，使“三全育人”拥有了更广阔开放的发展视野，其成效主要体现在学生个体发展和高校教育理念革新这两个方面。从个体的角度来说，“三全育人”无疑为高校学生提供了一个更加开放的教育环境，致力于促进学生多元思维的发展，使大学生的思想状态更加饱满成熟，表现出与以往不同的开放、独立、活跃等特点，具备全面看待问题、冷静分析问题、探索创新问题的能力；不再墨守成规，能够大胆的表达自己的看法，拥有不同的个性。在“三全育人”的教育理念下，学生能够通过实践育人、科研育人等途径，更加密切地关注外部社会环境的变化，表现出更强烈的求知欲，喜欢接触新鲜事物并有较强的学习动手能力。随着科学技术和网络环境的迅猛发展，高校学生在思想上也不断进步，单一的文化课程学习形式已经不再是他们的主要诉求，而是更容易接受隐性教育模式，同时期望在学校中受到潜移默化的熏陶感染，以提高自己的修养素质和能力水平。“三全育人”将立德树人理念融入大学生学习生活的方方面面，通过“知识能力+道德品行”的评价方式提高学生的综合素质，使新生代大学生学会做人做事，具有适应社会的能力，拥有更大的竞争优势。

从教育理念角度来说，“三全育人”的育人模式正在逐渐克服传统社会应试教育带来的一系列弊端，取而代之的是以更加全面、更加开放的姿态迎接高等教育改革，强调高等教育要做到以人为本、尊重个性差异，让学生得到全方位、立体化的发展。传统教育模式下的思想政治教育具有鲜明的工具性，教育手段以灌输式手段为主，教师占据主体地位掌握权威，一定程度上扼杀了学生的自主性、独立性发展。在现代的“三全育人”机制下，高校育人模式开始回归“以人为本”，注重育人方式的创新转变，在立德树人理念的引导下注入新的活力，激发学生的自主能动性，更新育人理念，消除传统教育模式对学生个性发展的限制，推进育人理念的改革、创新，实现思想政治教育工作的有效渗透。

（二）提高了育人队伍素质

截至 2019 年，我国的高等教育毛入学率已超过 45%，即将由高等教育大众化阶段迈入普及化阶段。随之而来的主要问题是由数量扩张到内涵质量的转变，尤其是我国进入特色社会主义新时代后，对人才培养的质量要求也越来越高，急需高校引进一批具有高素质的专业人才。实行“三全育人”后，高校对教师和各部门职工的科学文化素质要求大幅度提升，对人才引进的需求门槛有所提高，教职工学历层次有了显著提升，进而使全体育人队伍的教学、科研、管理能力稳步上升。人创造环境，环境同样创造了人，专职教师、辅导员等在承担日常教学管理事务过程中起到“活教材”的作用，能够让学生从高学历人才的学术、学业成就中切身感受到榜样的力量，激励学生在良好的育人氛围中学习。育人队伍的科学文化素质的全员提高为“三全育人”奠定了坚实的人力资源基础，进一步实现“教书育人”，使高校更加容易通过学风建设等开展大学生思想政治教育。大学生既是教育对象，也是教育的主体。在“三全育人”机制下，学生占据教育的主体地位，更加配合育人工作开展，更加积极主动参与教学全过程。在现今，社会主要矛盾已经由物质文化的一元化层次转向美好生活的多元化层次，参与高等教育人才培养逐渐变成全社会的广泛共识，很大程度上提高了教师、家长的育人意识和育人素质，为学生营造学校、家庭、社会等多方共同努力的育人氛围。

（三）延伸了育人范围

“三全育人”贯穿大学生入学到毕业的始终，在时间上表现出持续性，育人工作覆盖到教育教学的所有环节、所有时段，甚至一些高校将育人范围延展到在校学习范围以外的假期实践，体现了“三全育人”的连续性。新时期立德树人的根本任务对人才培养提出了更全面的要求，提倡育人工作的精细化开展，更注重育人的每项工作细节展开，高校思想政治工作也需要不断扩大教育范围。在传统育人理念下，思想政治教育应该从学生接受入学教育的那一刻开始，但新时期“三全育人”的理念，认为这一开端早已超越了开学的界点，众多高校在“三全育人”理念的指导下纷纷展开新的尝试。例如，清华大学在给新生邮寄录取通知书时写上“要在平凡的世界努力做一个不平凡的人”的寄语，激励学生不忘初心、努力奋斗，规定教师和学生的“开放交流时间”，提倡每位教师都从一周中抽出一小时的时间专门与学生交流互动，教师对学生的各种问题进行解答，搭建一个师生沟通思想、生活、学习的开放平台，体现了时时、处处有育人；南开大学电光学院自 2014 级入学以来，每个寒暑假都会分层分类的为不同年级学生布置“作业”，将思政教育延伸到学期之外，2019 学年的寒假作业采用了网络热门的话题“集五福”，分别对应寒假学业科研、复盘规划、社会实践、人文素养提升以及孝老爱亲五个专题等。传统的育人模式一般认为教育工作的终点学生毕业离校，而在新时代“三全育人”的模式下，大部分高校在毕业生离校后会对其后续就业、升学的情况进行跟踪调研，了解毕业生对母校教学质量的满意程度；一些高校还会定期通过校友会或校园公众号、QQ 号向毕业生推送母校各类消息等，加强校友之间的沟通。“三全育人”使高校育人的起点向前延伸、终点向后延伸，有利于引起全社会对高等教育工作的关注，拓展了立德树人的时间范围。

（四）拓展了育人资源

“三全育人”充分利用了各种教育资源和教育载体来开展育人活动。

新时代中国特色社会主义的新使命不断助推立德树人内涵的深化与外延，对于社会主义新时期出现的高等教育难题，我们到底采用何种方式、何种方法予以解决，如何实现培养社会主义建设者和接班人的任务，成为“三全育人”亟待解决的难题。

一方面，随着科技和网络环境的飞速发展，“三全育人”逐渐填补了育人资源上的部分空缺，产生了“网络育人”的途径，借助于网络载体开展大学生思想政治教育是新兴的育人模式。如“慕课”的出现对传统课堂教学形式提出了新的挑战，高校纷纷反思传统课堂教学形式带来的问题，结合“慕课”的新形式对大学生进行思想政治教育；得益于“大数据”时代的来临，基于我国“大数据”战略实施开展，高校开始利用精准便捷的科技优势对学生进行高效便捷的教育、管理等。这些现实问题成为新的研究课题，使“三全育人”的意蕴更加丰富，给立德树人带来了更多机遇与挑战。另一方面，“三全育人”利用丰富的网络资源，使教师可以从海量资源中查找相关资料来丰富教学内容，学生在任何时间、任何地点都可以与教师沟通交流学习和生活上的问题，有效改善了传统课堂教育教学的刻板枯燥，进一步提高了思想政治教育的实效性。

同时，“三全育人”将家庭、社会与学校教育融为一体，形成强大的教育合力，为获取更多教育资源、开展更大范围的立德树人工作提供了更广阔的空间，高校学生吸收各种先进思想和优秀文化，强化了自身修养，提升了道德品质，形成现代化的价值观念。“三全育人”的教育机制使教育者和受教育者在学习、生活的沟通交流中保持相对平等的状态，教师的教和学生的学是双向互动的，利用更多的交流平台减轻学生的顾虑负担，更加尊重学生的隐私，能够在一个相对轻松的环境中，更加自在地畅谈自己的想法、发表自己的观点，解决生活、学习中遇到的困难和问题，有利于形成融洽的思想政治教育氛围。

二、“三全育人”面临的现实困境

（一）绩效评价机制不完善

对于如何评价“三全育人”是否取得育人成效，需要高校在“三全育人”内部建立起系统、科学的绩效评价制度。开展绩效评价的最终目的是为了优化“三全育人”的人员参与性，让学校的领导、教师、职工甚至学生都更加积极地参与其中，同时提高育人参与者对自我工作的认同感和成就感，进而达到立德树人的目的。如此一来，绩效评价机制不仅需要考虑到最终育人成果的产出，还需统筹兼顾“三全育人”工作的阶段性成果，按照合理规范的评价标准进行综合考评，检验是否达到了既定育人标准，为之后进一步改善“三全育人”的各方面工作提供有力参考和方向目标。但以当前的状况来看，“三全育人”的绩效评价机制在理想和实践上还存在较大差异、存在许多问题，无法达到预期效果。因此，在绩效评价层面，还需进行改进以更好地辅助于“三全育人”工作。

完善“三全育人”的绩效评价机制需要遵循以下几个方面的原则：

一是坚持客观事实的原则。绩效评价的过程实际上就是客观反映育人参与者的实际工作情况，必须做到“用事实说话”，避免“光环效应”，着眼于真实的育人效果。在“三全育人”的过程中，一些高校仍存在评价标准不一致的情况，容易产生“一刀切”的问题，或者将“三全育人”的绩效评价简单等同于对教育教学的评价，没有抓住“三全育人”绩效评价真正的内涵实质。

二是遵循整体性原则，将育人工作的各方面要素都纳入绩效评价的范围，形成一体化评价，真正达到绩效评价的预期效果。当前部分高校“三全育人”的绩效评价存在仅依靠科研量来进行的现象，忽略教师有没有完成思想政治教育，这显然对高校教师是极为不公的，只有将科研成果、教学质量和思想政治教育完成情况等多项工作相结合进行的整体性评价才更具说服力。

三是坚持实效性原则，即绩效评价的时间等要有计划、有规范，严格按照规定的时间范围来验收育人效果，不能不作评价也不能过多评价，以免给师生造成过多负担和压力。当前，一些高校在进行“三全育人”绩效评价工作时布置了过多的任务，“一周一评”“一月一批”，导致教师疲于应付形式化的评比；还有些高校制定了年度考核，真正实行起来“雷声大、雨点小”，容易造成育人时间的留白，最终导致评价结果诚信缺失。在制定“三全育人”绩效评价的周期时，各高校应从自身的实际情况出发，综合考虑育人的进度和师生的接受程度。

四是公开性原则。我国是社会主义国家，公开性原则是社会主义民主的基本特征，在社会主义大学中开展“三全育人”，同样也关系到我国社会主义民主的建设和发展。一些高校“三全育人”绩效评价的透明度仍然较差，存在考核标准、程序或结果不公开或者半公开的现象，导致出现争议或问题，严重影响“三全育人”的真实度。育人主体应清楚了解自己的考评结果，并对全体绩效评价情况有清晰的认知了解，才能使其意识到自我价值，产生对比和紧迫感，只有逐步完善“三全育人”的绩效评价机制，才能更好地提高全员育人积极性，增强育人创新能力。

（二）奖励激励机制不完善

奖励激励机制是在系统运作过程中为了刺激参与者更有效率地工作设置的一种手段，在模式上具有规范化的特点。创建激励机制需要对被激励主体进行全面考察，除了对被激励主体的个人需求进行综合的调查、对比、分析、预估外，还需要对设置激励机制的机构所能给予的资源进行评价，综合当前社会发展概况来设置激励机制。任何个体在发展中都会表现出独特性的特征，每个人所期望得到的激励也不尽相同，其中既包括物质层面的需求，还包括精神层面的满足。因此，“三全育人”的奖励激励机制不仅要满足育人主体和育人对象提出的要求，还需要在建立“三全育人”的激励机制时，从组织结构上具有大局意识，统一协调各部门全员参与，充分询问作为被激励主体的教职工人员的意见建议，充分发挥多种奖励激励形式的功能作用。当新的激励机制开始试行后，对人员的接受程度进行长期的调查追踪，若出现实行起来困难或达不到预期效果的情况，则需要注意对激励机制进行调整，查缺补漏、不断改进，使这种激励机制之在今后的工作能更好地发挥作用，为高校“三全育人”的发展服务。但就现有情况来看，高校“三全育人”的激励机制仍存在不足之处，达不到预期效果，且极易产生不公正、效率低等现象。

完善“三全育人”的奖励激励机制需要遵守以下几个方面的原则。

一是公平性原则，所有的激励实行和评比过程都要公正、公平和公开。如今高校中仍然有一些反面教材，激励制度在不同的育人群体中有不同的方法和标准，这不仅起不到鼓励创新的作用，反而会产生负面影响，使被教育者对教育者的教育行为产生不良情绪，打击学生的学习积极性。对于能够认真完成育人工作并取得良好绩效考评结果的教师，以及能主动地参与“三全育人”工作的受教育学生，要适当奖励他们积极配合“三全育人”工作的精神，起到鼓舞人心的作用。

二是直观性原则。这一原则是指在设置“三全育人”激励机制的过程中，要注意采取透明公开的措施、方式，指明激励目的，以直观易懂的方式呈现给教职工和学生。公开直观的做法会对参与“三全育人”的教育者和被教育者产生潜在的积极影响，收获的效果的加倍的。但目前一些高校对于“三全育人”的激励机制设置还是缺乏重视，导致一些教师和学生甚至不清楚有这项工作的存在。

三是时效性原则。实际上“三全育人”本身就具有时代性，会随着社会的发展不断进步、变化和发展，因此，设置“三全育人”激励机制时更要关注激励时机的问题，做到与时俱进，即时效性、针对性越好，后续所产生的效果也就更加明显，从而达到协同发展、持续创新的目的。但当前许多高校的激励机制仍不完善，并不能精准找到时间和空间上的平衡，在最需要进行激励奖励的时候错失机会，甚至根本不重视激励制度的作用，这在一定程度上令教师和学生感到失望，打击了“三全育人的”积极性，因此“三全育人”的奖励激励制度设置完善的工作亟待改进。

（三）实践育人机制不健全

实践育人是高校“三全育人”的重要工作方法，在育人的实践过程中帮助学生树立正确的世界观、人生观和价值观，提高学生的认知能力和思想觉悟，以提高知行合一的能力，更好地适应社会，从而达到“三全育人”的目标。现前形势下我国高校“三全育人”的实践教育机制仍存在许多问题，基础建设还不健全，关键在于无法保证实践教育机制的长效性。从某种意义上来说，高等教育已经进入一种“消费时代”，学生不仅仅作为学习者，更是教育的消费者，有着更多方面、更高标准的教育诉求，其中既包括知识层面、思想层面的需求，还拥有更强烈的参与实践的意愿。要想在实践育人上取得良好的教育成果并形成积极的良性发展势态，就必须对其长效性作出有力保障。健全“三全育人”的实践机制需要做好以下几点：第一，必须落实责任制度，领导实践教育稳步前进。对高校大学生进行“三全育人”的实践教育方式方法多种多样，如图书馆助理、勤工俭学岗位等方式都可以为大学生提供更多的实践渠道，对学生实践能力的培养和思想政治教育的延伸都具有积极作用。第二，还需要“三全育人”的各系统组织共同努力，加强实践教育相关部门的领导带头作用，具体落实责任所在，才能取得长足发展。第三，“三全育人”的实践育人需要我们加强对受教育者实践能力、实践意识的启发培养，将实践教育理论深入课程和教学过程，加强实践平台的创设，使理论与实践、知识与能力有效结合，在实践中开展思想政治教育工作，保证“三全育人”的实践育人机制平稳有序进行。

（四）心理育人机制不健全

心理育人是近几年在高校中受到很大关注的育人方法，主要针对学生心理上出现的问题，是高校“三全育人”不容忽视的关键教育方法，推动高校思想政治教育的“大思政”格局形成。心理育人机制符合立德树人的需求，成为高校“三全育人”的重要实现载体。心理育人主要运用了心理咨询的方法，不同于医学领域的心理咨询治疗，心理育人主要应用心理学的相关理论知识，以高校学生为对象进行教育活动，帮助他们获得愉快的心理体验，以健康的心理状态面对学习和生活，进一步解放思想上的负担，适应内部外部环境。当前我国高校心理育人的现状还不容乐观，缺乏科学性的机制建设，学生中存在一些心理状态比较不健康的群体，骇人听闻的极端事件时有发生，这种现象为我们敲响了警钟，呼吁高校进一步重视心理育人的重要性。

目前，关于“三全育人”的心理育人建设问题主要表现在：一是校方没有高度重视心理育人对学生、教师带来的影响，未能敏锐察觉到在当前快节奏工作、学习、生活的状态下滋生的心理压力，这些压力、焦虑无法得到缓解，就容易导致心理疾病，如抑郁症、焦虑症，影响日常生活和学习，严重时还会爆发负面情绪甚至轻生。二是高校缺乏对心理育人机制的推广宣传，虽然现在大部分高校都按照相关规定开展心理育人工作，也安排了专门的教师、场所，搭建了心理育人的平台，却形同虚设、无人问津，根本原因在于高校未能将心理育人的政策和重要性及时宣传到位，学生对心理学的相关专业知识知之甚少，又畏惧将这些问题宣之于口，自以为问题并不严重，不需要专门的辅导调节，即使知道自己出现了心理疾病症状也讳疾忌医，耽误了接受辅导的最佳时机。因此，高校要充分完善和创新心理育人机制，探索更适合高校师生的心理健康教育教学方法，落实预防干预政策，结合心理学、教育学等多学科的相关知识对师生进行定期辅导，以便更好地达到“三全育人”的效果。

（五）管理服务机制不合理

管理育人和服务育人都是“三全育人”的重要方面，这些日常的管理、服务工作使“三全育人”的系统有序运行，为“三全育人”工作在高校的开展提供相应方法路径。从目前的育人现实来看，管理育人和服务育人都存在一定的强制性，管理和服务又太过分散，存在“走过场”的弊端。

一方面，高校管理育人的意识和理念较为淡薄，一些高校认为既然学生是被管理的对象，只要学生服从了管理决策，就相当于完成了育人的任务，更多的体现管理者的上级地位，从而忽视了学生的主体地位；管理人员在执行育人任务时，往往会采取强硬的态度和方式，用强制要求甚至警告的方法使学生接受，有时甚至会激化师生间的矛盾。“三全育人”以育人为中心，以实现立德树人为根本任务，因此在对学生的管理上也一定要体现和贯彻全员、全方位、全过程的育人思想，转换管理者的角色定位，多理解、关爱、尊重学生，运用更多隐性、柔性的管理方法进行教育。

另一方面，服务育人是高校后勤部门一项重要职能，应该为“三全育人”提供相应的保障，使育人工作井然有序地展开。当前一些高校的服务育人理念仍然不清晰，相关人员常认为育人是专职教师的事，与自己的工作关联不大，一些后勤人员甚至丝毫没有服务育人的意识，过于官僚主义做派，为教师、同学服务也存在着“门难进、事难办、脸难看”的“踢皮球”现象。这些现象不利于高校“三全育人”的开展，更是对新时期的立德树人任务具有消极影响。

（六）教师教育界限过于分明

高校“三全育人”的育人队伍大致可以划分为三个阵营，即专业课程教师、思想政治教师和其他行政教职人员。这三大育人队伍虽然都同属“三全育人”的教育者，但各自分工不同、各司其职。虽然育人队伍的划分有利于提升各自的工作效率，但造成了缺乏沟通交流的局面，对“三全育人”的展开产生负面效应，对学生综合素质的培养没有好处。课程育人是“三全育人”体系的重要组成部分，专业课教师在教育教学活动中育人，而思政课程专攻思想政治教育，具有较强的意识形态属性，有专业的教师进行理论、思想的传授；高校的其他行政人员和职工虽然有育人的任务，但由于较少与学生接触，很难把握育人的现实状况，无法真正起到育人的作用。这三者之间有着十分明显的人员界限，专业课程教师的关注点更多在于专业性知识讲解和科研任务，很少甚至从未涉及对学生的思想政治教育，育人的理念实际上存在缺失，其他人员又缺乏育人意识，只靠思政课教师进行思想政治教育，是无法完成“课程思政”将各类课程与思想政治理论课程形成协同效应的要求的。由此可见，太过于泾渭分明的育人队伍，不利于学生思想政治教育工作的推进，更不利于新时期高校“三全育人”机制的运行和创新。只有着眼于当前的工作实际，充分调动育人队伍之间的协调作用，让各个阵营的教师在各尽其职的同时融合成一股强大的育人合力，着力于高校思想政治教育，实现你中有我、我中有你，对于实施“三全育人”具有重大意义。

第三节 “三全育人”的理论基础

根深才能叶茂,“三全育人”德育模式之所以能与时俱进，与其深厚的理论根基密不可分。它吸收了理论的精华，再应用于现实，因而具有旺盛的生命力。

一、系统论理论

系统是指处于变化、联系、交往、互动中的各要素的总体，它的价值应大于单一个体的总和，即整体大于部分之和。系统论强调处于关联互动中的各个要素和整体系统之间存在着何种关系，系统绝不能完全等同于要素的简单相加，系统与要素在特征、效用、活动等属性上既有联系又存在差异。系统就是要突出整体的作用，强调整体是由相互关联和相互制约的各个要素组成。系统论的基本思想方法，就是把“三全育人”当作一个系统，分析它的结构和功能，研究系统、要素、环境三者的相互关系和变动的规律性，并优化系统观点看问题。同时，系统具有不断与外界环境进行物质、能量、信息交换的性质和功能，开放性是系统演化的前提，也是系统稳定的条件。系统的要素之间是由于相互作用而联系起来的，在整个“三全育人”的过程中都需要协调和调动育人的所有要素，发挥系统的整体性功能，整合各方面的资源共同参与并完成。“三全育人”可以看作一个整合的系统，内部各个要素之间相互联系又产生反向作用力作用于系统整体，激发系统产生最大功效，进而提升高校立德树人的实效性。

系统论是 20 世纪 40 年代末兴起的综合性学科，它的基本思想方法，就是把所研究和处理的对象当作一个系统，分析系统的结构和功能，研究系统、要素、环境三者的相互关系和变动的规律性，并用优化系统的观点看问题，世界上任何事物都可以看成是一个系统，系统是普遍存在的。无论大至渺茫的宇宙，抑或小至微观的原子，甚至一粒种子、一群蜜蜂等都是系统，整个世界就是系统的集合。系统论认为，整体性、层次性、开放性、目的性、稳定性、突变性、自组织性和相似性等是所有系统的共同的基本特征。

（一）系统论整体性原理

系统论整体性原理指系统是由若干要素组成的具有一定新功能的有机

整体，各个作为系统子单元的要素一旦组成系统整体，就具有独立要素所不具有的性质和功能，形成了新的系统的规定性，从而表现出整体的性质和功能不等于各个要素的性质和功能的简单相加。系统工程就是从系统的认识出发，设计和实施一个整体，以求达到我们所希望达到的效果。这里强调了系统的整体性的重要性，整体性是系统的最为鲜明、最为基本的特征之一，系统之所以成为系统，首先必须要有整体性。一般系统论的创始人贝塔朗非曾说，当我们讲到系统，我们指的是整体或统一体。他强调，任何系统都是一个有机的整体，它不是各个部分的机械组合或简单相加，系统的整体功能是各要素在孤立状态下所没有的。他还用亚里士多德的“整体大于部分之和”的名言来说明系统的整体性，同时认为系统中各要素不是孤立地存在着，每个要素在系统中都处于一定的位置上，起着特定的作用。要素是整体中的要素，如果将要素从系统整体中割离出来，它将失去要素的作用。正如手在人体中是劳动的器官，一旦将手从人体中砍下来，那时它将不再是劳动的器官了。系统功能依赖于要素活动，但任何功能归根到底起源于系统内各要素之间的相互作用。我们知道社会是一个大系统，而道德是社会巨系统的一个子系统，相对于社会这个大系统而言，道德仅是社会大系统的一个要素；对于组成道德的诸要素来说，道德又是一个系统。和社会巨系统一样，道德系统也是一个复杂的、开放的动态的系统，是个超自组织的全息系统。因此德育是一项系统工程，需要方方面面的支持与配合，需要整合各种资源、协调各方面的力量来共同参与，协作发挥系统的整体性功能。“三全育人”德育模式强调在德育系统内，将各要素整合起来，使其相互联系、相互制约、相互作用，形成德育合力，优化德育系统结构，发挥德育系统的整体性功能，从而实现德育工作的成效最大化，增强德育的实效性。

（二）系统论开放性原理

系统的开放性原理指的是，系统具有不断地与外界环境进行物质、能量、信息交换的性质和功能，系统向环境开放是系统得以向上发展的前提，也是系统得以稳定存在的条件。我们生活的世界是一个系统的世界，现实的系统都是开放的系统。我们所面对的世界是一个开放的世界，形形色色的各种系统，无论它是物理的、化学的，还是生物的，乃至是社会的，都处在开放之中。不与环境接触的、不向环境开放的系统是不存在的。自然科学早在19世纪就已经严格证明，一个系统如果处于封闭状态，与外界全然没有任何交换，那么这个系统就只会自发地走向混乱无序，或迟或早总会走向“死亡”。现实世界中的系统，总是存在着不同程度开放性的系统，因而总是发生着系统与环境的相互联系和相互作用，总是存在着内因和外因的相互作用、相互转化，因而系统总是处于发展演化之中的。科学的发展和社会的进步，使得信息概念史无前例地重要起来。我们的时代常常被称之为信息的时代，互联网的横空出世，打破了疆界和国界的壁垒，使得信息的传播和交流更为方便、快捷。整个世界不再是封闭的体系，各国、各地之间的联系变得更加紧密。我们的德育系统也不再是封闭的、与世隔绝的系统，一方面，开放多变的社会环境以及互联网等通信媒介的普及使用，迫使身处开放的环境之中的学生获取信息更为便捷，身心尚未完全成熟的学生很容易受到外部环境的影响；另一方面，高校所培养的人才最终都将走向社会，为社会主义现代化建设服务，推动社会发展。为了使培养的人才适应开放多变的社会环境发展的要求，与社会发展形成良性互动，我们必须把德育系统置于一个开放的、动态的系统中进行考察，以增强德育的针对性、实效性。

二、思想政治教育的协调控制理论

协调控制原理是思想政治教育理论的规律之一。所谓协调控制原理，指的是在思想政治教育过程中，教育者既要协调各方面、各阶段的自觉影响，又要努力控制各方面、各阶段的自发影响，实现自觉影响与自发影响的辩证统一发展。教育者和受教育者既要积极主动地协调各方面、各类别、各发展阶段的自觉影响，又要控制自发影响，这一过程是一个立体、开放的过程，对这一过程的协调控制，并非是教育者一方的事情，而是教育者和受教育者双方共同承担的任务。

“三全育人”是一个诸多因素相互作用的矛盾运动过程，这种矛盾运动过程中还包括各种各样的矛盾，如教育要求与社会环境之间的矛盾、教育者与受教育者之间的矛盾等。在当前高等教育立德树人的重点要求下，“三全育人”的教育理念和教育机制应用于高校思想政治教育的全过程、各方面，全员育人体现了人员要素的多元化，全方位育人体现了育人目标的一致性，全过程育人体现了育人时间的持久性等特性，将学校、社会和家庭各方面的教育功能结合为一体，最大程度拓展育人路径，使显性育人手段与隐性育人手段同时深入。在“三全育人”的教育工作中，教育者和受教育者之间不再是教师对学生的单向的教学关系，受教育者可以主动参与教育活动、选择教育内容，进行自我理解、自我消化。“三全育人”这种贯穿学生成长成才的整个过程，并根据受教育者身心发展不同阶段、不同需求给予不同教育内容、方法的机制，体现了协调控制原理，符合协调控制原理的基本内涵。

与其他科学一样，思想政治教育也有它特定的系统体系和规律。协调控制律是思想政治教育具体规律之一。所谓协调控制律，指的是在思想政治教育过程中，教育者既要坚持和协调各方面、各种类、各阶段的自觉影响，又要努力控制各方面、各种类、各阶段的自发影响，实现协调自觉影响与控制自发影响的辩证统一。我们知道，思想政治教育过程是一个诸多因素相互作用的矛盾运动过程，这种矛盾运动过程中包括各种各样的矛盾，如教育要求与社会环境之间的矛盾、教育要求与受教育者本人思想行为之间的矛盾、教育者与受教育者之间的矛盾等。这些矛盾之间的对立与冲突会直接影响教育效果，因此，我们在思想政治教育的过程中，必须认识这些相互对立的矛盾关系，并有预见性的加以协调控制，才能使思想政治教育形成比较协调一致的合力。

（1）思想政治教育要做到协调自觉影响与控制自发影响的辩证统一，必须坚定地坚持正确的政治方向。思想政治教育的教育目标、教育内容、教育任务的制定必须从我国的国情出发，思想政治教育活动的开展不能脱离现实社会发展的要求，因此，思想政治教育必须正确判断社会需要、社会形势以及社会发展的趋势，及时地、有预见性地规定教育任务、教育要求和实施教育活动，防止思想政治教育与社会实际需要出现背离。“三全育人”德育模式的构建，是基于现实德育实效性不足以及新的时代德育发展的需求基础之上，同时也是响应了党和政府对新时期德育提出的新要求，是一种立足现实并致力于解决现实问题的德育模式，符合社会发展的需要，符合我国的国情，因此，它是一种理论与实际紧密相结合的模式。

（2）思想政治教育要做到协调自觉影响与控制自发影响的辩证统一，必须要坚持社会影响、学校教育与家庭教育三者的一致性和协调性。社会影响，主要是指大学生所处的社会环境直接或间接对大学生施加的影响，比如说互联网、报纸、电视等大众媒介所产生的有意识的教育影响。当前科学技术的迅猛发展、网络的普及打破了过去世界的闭塞状态，使得信息的传播与交流更为便捷、迅速，身处其中的大学生由于世界观、人生观、价值观尚未真正定性，极易受到周围环境的影响。学生在学校接受的思想教育与大众媒介所宣传的部分理念可能存在冲突，因此，在现实生活中，社会影响、学校教育和家庭教育相互矛盾或不协调是导致教育低效的重要原因之一。“三全育人”德育模式是一种大德育观，其最大的优势是动员全部人员参与德育，挖掘一切德育资源进行德育，拓宽育人渠道，家庭教育、学校教育、社会教育相结合，显性德育与隐性德育双管齐下，全方位地开展育人工作，使德育无时不在、无处不在，形成一股强大的德育合力，增强德育的实效性。

（3）思想政治教育要做到协调自觉影响与控制自发影响的辩证统一，还必须做到前后连贯和一致。社会的向前发展有着一定的阶段性，而每个阶段的矛盾各有其特点，因此，它决定了根植于社会发展要求的思想政治教育也发生相应的转变，在每个不同的阶段所抓的重点应有所侧重。但是把握重点与思想政治教育的连贯性和一致性并不冲突，因为在突出重点的同时，还必须坚持系统化规范性教育。“三全育人”德育模式中的“全程育人”强调思想政治教育贯穿于大学生思想政治教育的全过程，在其成长的特定时期实施不同的教育，每个阶段的思想政治教育侧重点都有所区别，但是除了抓住成长的关键点之外，它还注意把思想政治教育贯穿到大学生成长的始终，这也是思想政治教育前后连贯的体现，是遵循思想政治教育协调控制律的表现，其内涵符合思想政治教育的协调控制律的内容。

三、人的全面发展理论

人的全面发展理论是马克思主义的基本原理之一，也是我国教育方针的理论基石。所谓人的全面发展，即人的体力、智力等充分、自由、和谐地发展。人的能力最主要的有两个方面：人的体力以及人的智力。人们在社会中通过体力劳动达到自己的所需之外，还可以通过从事科技、艺术类等脑力工作来发展自己各方面的能力，体智相结合发展以提高个体的劳动能力和创新能力，在体智相结合发挥作用的基础上从事社会活动，只有这样才能使人的能力得到提高和发展，同时也推动社会的进一步发展。

人的全面而自由发展理论包含着广泛而深刻的内容，它既是人不断完善自身、超越自我应追求的目标，更是我们的高等教育所应追求的目标。教育的出发点是人，最终所追求的目标还是要落在人身上，达到学生的德、智、体、美、劳自由协调发展，形成良好的道德修养，综合素质得到全面提升的教育效果。而“三全育人”内化了人的全面发展理念，它以育人为核心，全方位地开展育人工作，将显性影响因素和隐形影响因素协调并用，使“三全育人”潜移默化到所有育人环节。因此，人的全面发展既是“三全育人”的理论基础，也是其追求的目标。

四、马克思主义关于人的全面发展理论

“人的全面发展”是马克思主义的基本原理之一，也是我国教育方针的理论基石。所谓人的全面发展，即人的体力和智力的充分、自由、和谐的发展。人的全面而自由发展理论包含着广泛而深刻的内容。在《经济学手稿（1857—1858）》中，就人的存在状态，马克思把人的发展区分为三个阶段：人的依赖关系（起初完全是自然发生的），是最初的社会形态，在这种形态下，人的生产能力只是在狭窄的范围内和孤立的地点上发展着。以物的依赖性为基础的人的独立性，是第二大形态，也是第二阶段，在这种形态下，才形成普遍的社会物质交换、全面的关系、多方面的需要以及全面的能力的体系。建立在个人全面发展和他们共同的社会生产能力成为他们的社会财富这一基础上的自由个性，是第三阶段。人的全面而自由的发展，是马克思所论述的人的发展阶段中最高且最理想的阶段。

人的全面发展包括人的个性的全面发展。人的个性的全面发展主要包括个人自主性、独特性以及创造性的全面发展三个方面的内容。自主性是人的个性发展中一个很重要的方面，是相对于压迫性与奴役性而言。人们通过逐步克服自然压迫和社会压迫而获得自主性，人只有拥有了自主性，摆脱了人身关系的依附性和奴役性，人的个性的全面发展才具有意义。人的独特性是人区别其他人所特有的属性。正如世界上没有两片完全相同的树叶一样，世界上也不会有两个完全相同的人。人通过与世界的接触、与他人的交往比较，个体逐渐产生了“自我”意识，进行对自我的反思，从而更加明确自己的地位和价值。创造性是人在创造活动中的能动性，是人的本质属性之一，指个人将潜在的创造力转化为现实的创造力，并且将其进一步转化和提高。培养人的创造性既是我国素质教育的要求，也是我国德育的目标。现代德育是以促进人的德行现代化为中心的德育，以人为本，尊重人的主体性、人的个性的差异性，以促进主体德行发展为根本目标。

人的全面发展既是人不断完善自身、不断超越自己应树立的信念和追求的目标，更是教育包括德育所应追求的目标。德育的出发点是人，最终

目标还是为了促进人的体力、智力等协调发展，交往能力增强，社会关系更加和谐、完善，形成良好的社会所要求的道德品质，人的综合素质得到全面提升，人得以充分、自由、全面地发展。“三全育人”德育模式内化了以人为本的理念，它以“育人”为核心，运用系统的力量，动员一切力量，形成教书育人、管理育人、服务育人的格局，显性和隐形德育两种手段相结合，让德育无形地渗透到每个环节，全方位地开展育人，促进人的综合素质全面协调发展，形成良好品格。因此，人的全面发展既是“三全育人”德育模式构建的理论基础，也是其所追求的德育目标。

第二章　高校"三全育人"工作的环境分析

马克思有句名言："一切都取决于它所处的历史环境。"无事不与环境相联系，无事不与环境有着交互作用，环境是"三全育人"教育系统中不可或缺的要素。马克思指出，人创造环境，同样环境也创造人，人的价值观正是在一定的环中形成和发展起来的。不论是人的生存发展，还是人的"三全育人"的形成与发展，都离不开环境。

第一节　"三全育人"的宏观环境

宏观环境是指政治、经济、文化等占统治地位的大环境，是一种能对人的思想行为与"三全育人"建设产生影响的社会环境。它独立于人的思想和精神领域之外，具有客观实在性。列宁说："这种客观实在是人通过感觉感知的，它不依赖于我们的感觉而存在，为我们的感觉所复写、摄影、反映。"[①]高校"三全育人"建设宏观环境是物质的、客观的、实物的。我们必须将其与实践活动相结合去确证、去理解，而不是只是从感觉直观层面认识。"三全育人"建设宏观环境为"三全育人"建设提供了实践条件、时空环境，是"三全育人"建设能够顺利开展的客观实在环境。

一、经济环境与高校"三全育人"建设

社会经济的好坏决定高校"三全育人"建设的水平，良好的经济环境为"三全育人"建设提供了坚实的基础，是高校"三全育人"建设的环境支持。列宁指出："当问题触及剥削者的经济权力的基础的时候，触及使他们可以支配千百万工农的劳动、使地主和资本家可以发财致富的私有制的时候，再说一遍，当问题触及资本家和地主的私有制的时候，他们就把自

[①] 中共中央马克思恩格斯列宁斯大林著作编译局．列宁选集：第四卷[G]．3 版．北京：人民出版社，1995：5．

己说过的爱祖国、爱独立之类的话统统忘记了。”[①]列宁的这句话充分体现了经济对人的政治观点、政治立场、政治方向所反映出的人的思想政治素质的影响与制约。

（一）经济环境影响着高校“三全育人”建设

1．经济环境决定着高校“三全育人”建设的水平

马克思主义实践观告诉我们，经济的不断发展能促进人们的生活质量，满足人们的生存和发展需要，客观上刺激人们对精神文化生活的需求，从而进一步提高高校的“三全育人”水平，使人们形成正确的人生观和价值观。

2．经济环境引导着高校“三全育人”建设的方向

不同的经济社会对应不同的统治思想。如在封建社会，封建地主统治阶级为实现其统治地位，将“三全育人”建设作为其实现统治的隐蔽手段，将“君权至上”的思想观念贯穿于“三全育人”建设始终，并且这种“三全育人”建设的定位仍然比较模糊与盲目，在历史发展中还未获得其自觉地位；中国共产党在长期的革命实践斗争中，充分认识到“三全育人”建设的重要性，将党的思想政治工作定位为其他一切工作的生命线，被认为是团结全党进行伟大政治斗争的中心环节；新中国成立后，经济发展水平不高，经济环境的不稳定导致“三全育人”建设工作曾经受到一些因素的影响，面临严重的困境，遭受沉重的打击；直至改革开放以后，随着社会主义市场经济的建立，我国的经济环境出现了前所未有的发展形势，分配方式、所有制形式、社会组织形式等的发展，一方面使人们的物质生活得到极大的改善，另一方面带来了思想价值观念的多样化。

在新的经济环境下，“三全育人”建设需重新寻求自身发展的新方向。我们党在总结“三全育人”建设过程中遇到的问题，结合历史经验，在认真分析研究我国对高校“三全育人”建设的定位，为我国当前经济环境下的“三全育人”建设指明了发展的方向。高校“三全育人”建设只有紧紧围绕当前经济环境中的社会主义市场经济建设这个中心，才能为社会发展提供各方面，包括政治、思想以及人才的保证，使“三全育人”建设焕发出新的生机和活力。

[①] 中共中央马克思恩格斯列宁斯大林著作编译局．列宁全集：第三十五卷[G]．2版．北京：人民出版社，1985：9．

3. 经济环境主导着高校“三全育人”建设的发展运行轨迹

传统的“三全育人”建设主要是以行政主导式的方式运行，也就是说通过行政命令的方式，将权力中心配置的全部“三全育人”建设资源自上而下地实施。在这样的运行方式下，高校“三全育人”建设运行轨迹不可避免地带有浓厚的行政色彩以及主观意志。如中国古代政治的大一统导致思想的大一统。新中国成立以后，在高度集中的计划经济环境的影响下，“三全育人”建设发展的运行方式主要是标准行政式的“三全育人”建设运行方式，与当时的社会发展相适应，促进了“三全育人”建设的发展。但随着时代的发展，经济环境也发生了很大的变化，经济体制转变为市场经济，这种僵化而单一的“三全育人”建设运行方式也必须随之改变，以更好地适应社会发展的需要。高校“三全育人”建设运行方式的转变必须遵循经济环境发展的客观规律，其运行机制必须与市场经济体制相适应。充分考虑经济环境对“三全育人”建设的需求，将社会资源引入到高校“三全育人”建设中，调动社会各方面的教育力量，形成社会合力。使“三全育人”建设形成高效化、规范化、制度化以及社会化的新运行轨迹。

（二）经济环境对高校“三全育人”建设的积极意义

高校的“三全育人”经济环境主要包括由生产力发展水平、生产关系、人们的经济观念以及当前所处的经济制度、科学技术水平等要素构成，影响和制约着人们的思想政治意识的形成和发展。经济环境是环绕在人周围的物质经济要素总和，具有客观实在性。

高校的思想政治水平是建立在良好的经济基础之上的，为促进经济环境的良好发展，最根本的是要解放和发展生产力，摒弃生产关系中的各种不合理因素，尤其是暴富、贫富悬殊等社会现象，解决好各个利益群体之间的矛盾与冲突，使高校“三全育人”建设有坚实的经济后盾，避免成为“镜中花，水中月”。

1. 生产力水平夯实了高校“三全育人”建设的物质基础

人们的物质生活水平是由生产力决定的。当生产力水平低下时，人们的物质生活水平不高，只限于满足于基本的生存需要。但是当生产力发展到较高水平时，人们在满足物质生活需要的同时，更进一步追求精神文化的提高，在客观上促进了精神文明建设，增加了人们对高校“三全育人”工作的期望值，从而使高校“三全育人”的功能得到充分发挥。

改革开放以后，中国特色社会主义市场经济体制逐步建立和完善，极大地促进了社会生产力的发展，为社会生产力的发展提供了广阔的发展平台。人民的物质生活水平也随之得到极大的改善，整个社会呈现繁荣、充满活力的景象，为高校“三全育人”建设提供了良好的外部环境和坚实的物质基础。

2. 生产关系指明了高校“三全育人”建设的大方向

当前，我国所处的经济环境是以公有制为主体，多种所有制经济并存。这种所有制关系是实实在在客观存在的，是高校“三全育人”建设活动的基础。改革开放以来，随着我国所有制关系的重新确立，也引起了高校“三全育人”建设的内容、形式、方向、目标等的转变，从而进一步引起人们思想观念、道德观念、政治素质、价值取向的变化。经济所有制关系是高校“三全育人”建设经济环境的核心内容。生产关系不同于其法律形态，它是人再生产条件的关系，是人们把生产条件当作他们的意志支配领域而发生的一系列关系行为，必须借助现实的经济过程才能实现。在资本主义社会，生产关系以私有制为基础，在这种生产关系所有制中，社会成员只追求满足自己的利益，为追求个人的利益而忙碌，当个人利益在与社会利益、他人利益发生冲突时，首先选择的是自身利益。我国是以公有制为主体的社会主义国家，人与人之间的利益从根本上来说是一致的，人们在追求自身利益的同时，也会估计集体利益和社会整体利益，各个利益群体之间不存在不可调和的矛盾。由此可见，生产资料所有制关系对高校“三全育人”建设有着决定性的影响，而我国以公有制为主体，多种所有制经济并存的所有制形式决定了我国高校“三全育人”建设的社会主义性质，为高校“三全育人”建设指明了方向，提供了良好的发展条件。

3. 科学技术推动了高校“三全育人”建设的新发展

科学技术是第一生产力，是精神文明建设的重要基石，科学技术的发展，不仅能促进社会经济的发展和进步，还是高校“三全育人”建设经济环境的主要内容，尤其技术的发展更是客观上为高校“三全育人”建设水平的提高提供了先进的物质基础和技术保障。随着第三次技术革命时代的到来，进行“三全育人”建设的手段、方式、形式越来越多样化、先进化，“三全育人”工作开始借助更多的物质手段和载体。计算机网络的飞速发展是第三次技术革命的重要标志，“三全育人”建设呈现信息化、网络化的发展模式，转变了高校学习方式、生活方式以及思维方式等，对“三全育人”建设提出了内容、形式、方法上的新要求，促进了高校“三全育人”建设功能的发挥，提高了高校“三全育人”建设的效果，推动了“三全育人”建设的现代化发展。

二、政治环境与高校“三全育人”建设

高校“三全育人”建设政治环境是社会环境的重要组成部分，是直接与高校“三全育人”建设紧密联系、关系密切的环境，一头连着人的思想政治素质，另一头连着整个社会环境，对高校的“三全育人”建设产生影响。

（一）政治制度对高校“三全育人”建设的影响

政治制度是统治阶级通过组织政权以实现其政治统治的原则和方式的总和。我国是人民民主专政的社会主义国家，代表的是广大人民的利益，在社会主义国家，是人民当家做主的国家。但人民要更好地当家做主，发挥其主人公的权利，承担其相应的责任，就必须提高其自身文化修养、道德修养、政治修养等，人的全面发展是社会主义社会的本质要求。但要实现人的全面发展目标不能一蹴而就，盲目推进。我国现在正处于社会主义初级阶段，更应该重视人的全面发展，将其作为奋斗目标，在不断满足人们现实的物质文化生活需要的同时，也要着眼于促进人们整体素质的提高。

在这样的政治制度背景下，一方面，有助于人民主人翁意识、责任感的形成，有助于高校形成良好的思想品德；另一方面，社会主义的本质要求促使政府不断加大对高校“三全育人”建设的重视程度与投入程度，促进了“三全育人”建设的发展。

（二）政治体制对高校“三全育人”建设的影响

政治体制是政治制度的表现，是指一个国家以何种组织制度形式组织国家政权，对“三全育人”建设的整体方向有着重大的影响。我国实行的是人民代表大会制度，它是我国人民当家做主的根本政治制度，是我国的政治体制。人民代表大会制度是一种民主型的政治体制，在这种体制下，我国人民群众的言论相对自由，有更多的机会表达自身意愿。虽然这在一定程度上为“三全育人”建设带来一些困扰，但从长远来看，这种体制更能适应人的需求和思想变化发展规律。对高校“三全育人”建设来说，这种体制环境更是其发展的“良性土壤”，在这种“土壤”的影响下，高校“三全育人”建设必定会迈向更为广阔的空间，获得历史性的发展。

（三）政治现状对高校“三全育人”建设的影响

目前，我国学生群体的思想觉悟已经有了显著提高，高校“三全育人”建设活动取得实效性的进展。但由于我国还处于社会主义初级阶段，社会主义政治制度、政治体制还需要经过不断发展和完善，并且这一过程还将贯穿社会主义初级阶段始终，因此，在发展、完善的过程中，政治制度在具体实施时可能会产生一些问题，与规定还有一定距离，由此形成的现实状况制约了“三全育人”建设活动的开展及其成效。

当前，我国社会主义法制还不完善，各项制度建设还存在一定曲线，不能充分体现人民的主人翁地位和当家做主的权利，在这种现实的政治状况下，“三全育人”建设面临的是一个复杂的社会环境。我国目前的社会现实警示我们，要实现高校“三全育人”建设的良性发展的目标，就必须大力建设和完善社会主义制度，加强社会主义经济建设和政治建设，保证政治生活的有序进行。

三、人文环境与高校“三全育人”建设

马克思主义认为，人是社会的动物，不能脱离一定的社会传统、社会关系和文化氛围而生活。这种一定的社会传统、社会关系和文化氛围，构成了人生活其中的人文环境。

（一）人文环境对高校自身的积极影响

1．优化学生内在认知图式

认知图式是学生在以往的学习和实践活动中逐渐构建而成的、具有相对稳定性的意识因素的总和。大学生的认知图式具有某种稳定性，但却绝不是僵化不变的，它处于不断的变动中。大学生正是以自己的内在认知图式为基本依据，决定自己选择思想政治理论教育内容的具体取向，决定自己是认同、同化还是拒绝、排斥“三全育人”教育的内容。一个能与“三全育人”教育形成良性互动的人文环境，所蕴含的人文因素将会推动大学生内在认知图式朝着有利于接受教育内容的方向改造和强化，而这种改造和强化又会成为他们自觉选择相应的教育内容、认真理解“三全育人”教育内容的重要内在条件，进而促进“三全育人”教育活动的正向展开和良性运行。

2. 优化学生知识准备基础

高校“三全育人”既要对大学生进行专业知识教育，更重要的是对大学生进行综合素质的教育与提升。当前，我国高校教育内容体系还不完善，这在很大程度上成为影响高校“三全育人”教育效果的重要因素。一个能与高校“三全育人”形成良性互动的人文环境，能够给大学生提供与“三全育人”教育内容同向、同性的新信息，从而形成新的知识准备基础，使高校能够以更广的视域、更深刻的思维力来理解“三全育人”内涵，不断扩展、深化，并构成“三全育人”教育内容体系，从而推动着“三全育人”的持续进行。

3. 优化学生相应需要动力系统

大学生的接受活动是在相应需要动力系统的支配下进行的，需要动力系统在个人接受活动发展的过程当中，不断地提供接受动力。随着高校接受行为的发展，随着大学生对教育内容及其背景意义认识的不断深化，其需要逐渐由不甚明显向愈益强烈的方向发展。构成需要动力系统的另一重要因素——情感，同需要一样具有因变量的身份，它在发挥着对学生认识活动的调节、驱动作用的同时，也随着认识的深化而不断得到调整。一个能与“三全育人”教育形成良性互动的人文环境，能为德才兼备者提供用武之地，使学生由于相应需要的实现、被满足而促使更高层次需要的产生，从而对其发展、教育目标的实现产生强有力的、持续不断的驱策作用。

4. 强化学生自我教育能力

自我教育能力是学生自觉地进行自我提高的基础，是学生有效进行意识活动和实践活动的基础。是否能引导学生形成自我教育能力或使他们即有的自我教育能力进一步强化和提高，是判断高校“三全育人”教育实效性高低的一个重要标志。高校“三全育人”不仅要增强和提高学生接受教育的针对性、实效性，更重要的是启迪和激励学生自我教育的自觉性、主动性，使学生从被动接受教育走向主动自我教育。一个能与“三全育人”教育形成良性互动的人文环境，可以让学生根据社会对个体的思想政治素质要求、社会个体或群体良好的行为示范，形成“自我意象不符”意识。所谓“自我意象不符”，即学生所认识到的自己的思想行为方面的实然状态与应然状态间的差距。“自我意象不符”意识会使他们向“自我强迫性教育”

即自我教育意识与冲动转化，自我设定应该达到的思想政治素质的理想状态及自我发展的目标，由此，高校的“三全育人”教育就由外化转化为内化了，对于构筑以自我教育为主体的“三全育人”教育模式具有重要的现实意义。

（二）高校“三全育人”教育人文环境建设

在高校“三全育人”教育人文环境建设中，应做到以下几点：

第一，坚持系统论中关于整体性和关联性的原则，把参与高校“三全育人”教育人文环境建设的各方面力量组织好、部署好，形成思想统一、步调一致的整体，从而发挥各方面力量在高校“三全育人”教育人文环境优化中的整体效应，以形成合力。

第二，在高校“三全育人”教育人文环境建设的过程中，要顾及环境差异、学生思想和行为的不同层次，有针对性、分层次地建设人文环境，尽可能地关照到全体学生，从而确保在加强人文环境建设的过程中，能够从实际出发，区别对待，提高针对性和有效性。

第三，在高校“三全育人”人文环境建设中，要根据高校“三全育人”教育的目标，在深入调查研究的基础上，制定建设高校“三全育人”教育人文环境的计划，对建设高校“三全育人”教育人文环境的任务和要求、步骤和进程、方法和途径等作出具体的安排和部署，保持环境建设的连续性和稳定性。在建设高校“三全育人”教育人文环境的过程中，会出现新情况，遇到新问题，这就要求教育者在实施计划的过程中，不断研究新情况、解决新问题、探索新经验，在保持计划相对稳定的基础上，依据情况变化，作出适当的调整和修正。

第四，高校“三全育人”人文环境建设应该追求实际效果，避免走向形式主义。人文环境建设的根本目的是为了高校“三全育人”建设的顺利进行，为教育对象综合素质的提升创造一个良好的环境，不是为了建设而建设。

四、社会环境与高校“三全育人”建设

（一）高校“三全育人”教育的社会环境分析

高校“三全育人”教育的宏观环境主要是指影响其的社会环境，主要包括国际社会环境和国内社会环境。

1．国际社会环境

国际环境是指一定时期内的时代主题、重大事件、国际格局和发展态势。国际环境对马克思主义理论教育具有直接的、重要的影响。国际环境的变化对大学生日常“三全育人”教育产生直接的、重要的影响。

（1）政治环境。首先，时代主题的变化，为马克思主义理论教育提供了相对稳定的国际环境，但开放的国际环境也使马克思主义理论教育的必要性受到部分人的怀疑。20 世纪 80 年代开始，和平与发展成为时代主题，经济建设和社会发展成为国际环境中的主流。和平与发展的时代主题，客观上减轻了来自帝国主义国家的直接的政治和军事压力，缓解了国际紧张局势，使我国能集中精力于自己的事情，在把社会主义建设事业不断推向前进的同时，把马克思主义理论教育不断推向普及、系统、深入。与此同时，随着经济全球化程度的不断加深，国际中的思想文化通过不断交流，不同制度的国家，在和平共处的国际关系准则下竞争、对话、合作。不同国家的文化相互碰撞、相互融合，这使得国与国之间的互相沟通和理解更加容易，在互相借鉴对方在思想文化、生活方式以及经济和社会制度方面的优秀成果也更加方便；同时也有助于不同制度的国家在交往中逐步制定和形成一些彼此都认可的价值观念和行为规范，如法治、诚信、博爱、自由和民主等观念。但是，在新形势下，以综合国力竞争为主要形式的国际斗争，对马克思主义理论教育的社会需求也带来一些负面影响。这种大环境使大学生“三全育人”教育主体对教育内容的选择、组织以及教育对象对马克思主义理论的关注点随之发生变化。

其次，国际格局的变化，引起了全面准确地把握和学习马克思主义理论的热潮，但同时导致了教育对象的思想困惑。

一方面，20 世纪 80 年代以来，随着东欧剧变和苏联解体，社会主义国家数量、共产党员数量大幅减少。冲击波遍及世界各地，尤其在思想领域，遭到了资本主义的攻击和诋毁。世界社会主义运动遭受第二次世界大战以来最严重的挫折，处于低谷。在重新分化组合之后，国外共产党虽然整体上从东欧剧变初的动荡、混乱、衰退到后来稳住了阵脚，少数国家共产党的力量能保持过去的水平，总的来说，国外共产党的力量还比较弱小且日益边缘化，大多数国家共产党的生存、发展仍很艰难，现实中的内外环境并不乐观。与此同时，借助 20 世纪 70 年代兴起的新技术革命，主要资本主义国家获得了高速发展，实力得到极大增强，处在历史上少有的繁荣时期，社会主义力量比较弱。世界社会主义运动遭遇挫折，引发了人们对马克思主义理论教育的总结和反思，从反面促进了人们对马克思主义理论的全面深入学习研究。这使得马克思主义理论教育的科学性得到进一步重视和加强，有效纠正了长期存在的一些错误认识和做法。

另一方面，社会主义制度和资本主义制度和平共处，共存、共荣已成为当前世界局势的主流。在这种情况下，实行两种制度的国家之间出现了非制度性交融的新形式，即社会主义和资本主义在政治、经济、文化、社会生活等方面相互影响和吸收，一些社会主义的东西可以被资本主义利用，与此同时，一些资本主义的东西也可以为社会主义服务。这种情况，必然会使人们在思想上淡化两种制度间的差异与斗争。且多极化的国际政治格局，使两种制度的较量由波澜壮阔的世界范围的阶级斗争，转为经济领域、意识形态领域的尖锐斗争。斗争的方式主要表现为渗透与反渗透、颠覆与反颠覆、和平演变与反和平演变的斗争。在这些情况下，一些人的社会主义、共产主义的理想信念产生了动摇，对社会主义的发展趋势、发展前途感到迷茫，产生怀疑甚至否定，转而崇拜西方的意识形态和社会制度，对马克思主义理论的怀疑也滋生增长。也有一部分人，虽然接受和平与发展的主题，但一有风吹草动就会对这种信念产生怀疑和动摇。这种状况也影响着高校“三全育人”教育的对象——大学生，当代大学生的思想受西方文化的影响，对其中的一些负面价值观有着不同的看法，这对于检验马克思主义理论真理性、科学性的现实依据，对于他们确立对马克思主义理论的信仰、提高他们接受马克思主义理论教育的积极性、自觉性，有着重要影响。

（2）经济环境。20 世纪 90 年代以来，世界经济发展的一大特点就是经济全球化趋势加快。经济全球化是指贸易、投资、金融、生产等活动全球化。全球化是当今世界活动最重要的特征和最突出的发展趋势，它正日益影响着各国、各地区的政治、经济、文化，并为其提供新的发展平台。中国作为国际社会的重要一员，也卷入了全球化的进程，并为我国经济的快速发展提供了良好的外部环境，我国也是全球化过程中的受益者。近年来，我国逐步发展成世界重要的经济大国。高盛证券公司首席经济学家吉姆·奥尼尔将中国、印度、俄罗斯、巴西称为“金砖四国”，并预言，作为新兴经济体的代表和发展中国家的领头羊，中国可能会在 2041 年超过美国，从而成为世界第一经济大国。尤其我国平稳渡过 2008 年世界金融危机，经济体量不断攀升，中国的经济能力备受世人关注。

这种经济全球化背景给高校“三全育人”教育带来机遇，但是更多感受到了沉重的压力。经济全球化的实质是发达资本主义国家的新一轮对外扩张。西方资本主义发达国家为了在全世界掠取更多财富，为了最大限度地配置资本，凭借其经济、科技、传媒、政治、文化以及在国际机构中的优势，竭力操纵以资本和贸易自由化为主的经济全球化进程。西方国家利用经济全球化中的主导地位，通过经济渠道进行资本主义意识形态的渗透，这使得我国在进行马克思主义理论教育时承受强大的国际压力。随着与世界经济的接轨，我国必须向世界经济、政治组织让渡部分权利，这在某种程度上模糊了国家界限，冲淡了民族观念和民族文化。

（3）信息环境。在经济全球化的背景下，网络信息化成为这个时代的一大特点。互联网所具有的及时性、综合性、开放性和虚拟性等特点，给高校“三全育人”教育既带来了新的发展机遇，也带来了严峻的挑战。

在信息全球化的时代，互联网是全球信息共享的主要载体。互联网是对外、对内的重要舆论阵地，是人们把握国际动态、了解信息的新渠道。作为新媒体，网络的多媒体功能可以增强大学生日常“三全育人”教育的辐射力、吸引力、感染力，使教育形式多样化、教育功能综合化。另外，互联网的特性为高校“三全育人”教育充分利用全球网络资源提供了新的机遇。互联网也可以成为政府与社会之间相互交流的桥梁，通过互联网，普通人可以表达自己的各方面意愿。这样，将使新时期高校“三全育人”教育的政治优势更加巩固。另外，在信息全球化的时代背景下，我国新时期高校得“三全育人”教育的文化优势将得到更加充分地发挥，也将强化已经觉醒了的民族文化意识，将自己的民族文化展示给世界。同时，全球文化发展的趋势也为今后我国的文化建设提供了一定的参考坐标和思路。

但同时，一些发达资本主义国家凭借其网络优势，向全世界推销自己的价值标准、意识形态、商业理念、外交政策和社会文化。在当前的网络媒体中，一些自由主义言论在很大程度上对青年大学生产生了巨大的诱惑，个人的人生观、价值观逐渐发生了变化，甚至自身的思想被腐蚀而浑然不觉。因此，高校“三全育人”教育面临着新闻宣传、媒体舆论导向控制能力的挑战。信息全球化使得媒体不仅在党和政府手中，也在大众手中，大众是被动接受者的舆论控制格局被改变。这不仅扩大了大众接受信息的自主权，同时也增强了大众对信息的发布能力，从而使舆论导向的控制更加困难。

2. 国内社会环境

（1）社会主义市场经济体制的建立。社会经济条件，主要指物质资料生产方式，包括生产力和生产关系等。社会经济条件主要是从物质利益角度对高校“三全育人”教育产生影响。经过 40 多年的改革开放，我国经济持续、健康、快速发展，人民群众的生活有了很大的改善。从我国社会主义初级阶段的基本国情出发，我国对所有制结构逐步进行调整，形成了以公有制为主体、多种所有制经济共同发展的格局，社会主义市场经济体制逐步建立，极大地促进了社会生产力的发展。经济体制的转变带来了人们生活多个方面的变化，更给高校“三全育人”教育所面对的环境带来了深刻变化。

第一，市场经济体制给高校“三全育人”教育带来了一些负面影响。负面影响主要是市场经济对马克思主义理论教育和大学生的思想认识、观念等方面带来的不利影响。关于这一方面，不同的学者有不同的认识，但大致有以下几方面：一是有政治热情，但存在模糊认识；二是价值趋向重视物质利益，以自我为中心；三是参与意识增强，但心理素质较差；四是有强烈的求知欲，但易顾此失彼。另一方面，在经济转轨条件下，传统马克思主义理论教育也出现了一些问题：传统的马克思主义理论教育工作的职能与当今社会现实的要求不相适应，存在着滞后性；传统的思想道德规范与人们的思想实际不相适应；传统的马克思主义理论工作的方法手段与当今人们内在精神世界的发展不相适应。

第二，市场经济体制给高校“三全育人”教育带来了一些机遇。这里的机遇主要是指市场经济环境对大学生思想的积极影响：人们享受着改革开放带来的物质和精神的伟大成果，进一步增强了对建设有中国特色社会主义的决心和信心；给传统的高校“三全育人”教育注入了新的活力，开拓了新的视野，丰富了高校“三全育人”教育的内容，为改进和加强高校“三全育人”教育提供了新的思路；鼓舞了人们勇于开拓创新的精神竞争意识、自主意识、开放意识、法治观念的增强；更加关注社会的诸多实际变化和现实问题，普遍认同中国特色社会主义理论实践，认同中国三十多年来的改革开放所取得的成就。

（2）社会政治形势。从国内环境看，现阶段我国正处在改革的攻坚阶段和发展的关键时期，整个社会状况发生了复杂而深刻的变化：经济利益多样化、利益分配方式多样化、社会组织形式多样化、社会生活方式多样化、就业岗位和就业形式多样化日趋明显，民主的价值观念也日益多样化。

我国当代“意义最大、最为根本的变化莫过于社会结构的变迁”。社会结构变迁的核心是社会分层结构的变迁。一方面，伴随着我国市场经济制度的逐步确立，原有的“两大阶级、一大阶层”发生分化与重组，社会阶层结构日趋复杂化、多元化，也更富开放性。这使得人们对各项改革举措的期待与评价随着具体的阶层地位和获益多寡而彰显出差异与分歧，人们都期盼能获得更多的自主表达意见和利益的机会。这些情况在客观上有利于锻造社会成员个体的独立政治人格、增强其参政意识与能力，有利于一个更为宽松、民主的社会政治环境的形成，有利于推进当代中国的政治文明建设。但是，另一方面，社会阶层不断分化，使得社会利益关系更为复杂，人们的思想观念、价值观念、生活观念等也日益多元化，以后很难用同一种尺度去要求和规范思想观念、价值取向日趋多元的利益群体，马克思主义理论教育的层次性更加明显和细化，价值导向功能面临重大考验。当前社会不同群体之间频发的冲突、一些地方政府和社会群体之间的突发性公共危机等，加剧了人们的剥夺感、焦虑感、挫败感以及对社会流动机制公正性的质疑等，诸种负面心理、情绪在社会各领域不可避免地滋生、蔓延。党内存在的腐败现象和不正之风没有得到根治，尤其是一些高级领导干部的腐败，直接影响到党和国家的形象，从而影响大学生思想导向。这表明，加强和改进大学生马克思主义理论教育已是非常紧迫的任务，必须引起高度重视。

（3）社会制度环境。制度是由权威部门或机构制定，要求组织或社会成员共同遵守的规范体系。政策和制度反映着一个国家统治阶级的意志及对事物的价值评判。一定制度环境中的人，总是要受到制度权威性和强制性的影响。与此同时，制度也反映和体现着理论本身的价值取向。人们在感受制度带来的深刻影响的同时，也对制度倡导的理论进行评判。我国是社会主义国家，人民当家做主，党的宗旨是全心全意为人民服务，他们所做的工作就是为了提高人民的生活水平，维护人民的根本利益。人民从中感受到社会主义制度的优越性，就会自然地接受、认同、信仰作为社会主义制度指导思想的马克思主义理论。在我国，马克思主义理论教育的地位和实施，都由国家制度作了规定，成为一种国家行为，有着人力、物力、财力以及时间上的充分保证。制度环境对马克思主义理论教育活动的规模、途径、效果都产生极为重要的影响。

（4）社会精神文化环境。社会精神文化，是社会经济政治状态在意识形态上的反映，包括传统文化的积淀及民族心理氛围、国民素质及其受教育程度，精神产品的质量与丰富程度，大众文化传播媒介影响等。在市场经济体制下，我国传统文化受到了挑战，在追求经济利益的过程中，一些人迷失了自我，为了名利而丢弃了道德心，中国传统文化“义利合一”的价值取向被颠覆，“正其义以谋其利”被畸形发挥到“谋其利无所谓义”，一些人甚至利欲熏心，完全放弃了自己的道德底线，给社会带来巨大的困扰和损失。其次是经济文化的全球化发展，使人们的生活、生产、思维方式和价值观念发生极大改变，异化与冲突日益凸显。这些不利因素对青年大学生的马克思主义理论教育产生了很大的负面影响，部分地动摇了大学生的马克思主义信仰，使他们的社会主义理想信念受到挑战。因此，在对大学生的教育中，要提高对马克思主义理论教育重要性的认识，分清文化环境对大学生影响的利与弊。

文化传媒具有信息含量大、传递快捷、时效性强，与现实政治生活联系紧密，且艺术感染力强的特点，因此更能引起人们思想和情感的共鸣，容易被人们认同和接受。文化传媒信息的多向性，在为高校“三全育人”教育提供了选择、比较的机会的同时，也给高校“三全育人”教育的定向带来了干扰。伴随着新兴大众媒体的迅速发展，特别是网络的普及，人们每天接受着大量的信息和各种各样的思潮。开放的社会环境使得国外的文化渗入，文化信息的多元化带来媒介环境的复杂化，人们的思想变得多元化。在快节奏的社会环境下，大众文化受到了人们的欢迎。这种文化追求感官刺激、个性自由、娱乐享受、和全球趋同，却忽视精神需求、消解社会价值、忽视神圣崇高和民族特性。它的信息价值越来越不可控制和不可预测，且多选择性，日益造成人们的无选择性，导致人们价值判断和价值选择上的迷惘。可以说，令大众文化正在逐步肢解、动摇着主流教育的权威地位，侵蚀和消解着传统的价值观念，最终导致崇高被消解、理想被消散、信念被弱化。从国内看，我国社会正处于转型期，各种非常态现象大量出现，这使得负面新闻信息在新闻传播中占有一定分量。为了利益，吸引受众“眼球”，一些媒体刊载的负面新闻信息呈渲染媚俗之势，打着“纪实”的口号大力宣扬暴力、色情、隐私，在标题上极尽渲染之能事，在内容上尽显庸俗之面目，过多地渲染了社会的阴暗面。一些学生将这些信息整合起来，得到的是一幅令人失望的“现实环境”的画面，从而对客观现实产生怀疑，动摇从前受教育的观念认知，降低了马克思主义理论教育的效果。在市场经济的利益动力机制的驱动下，大众传媒的商业趋势越来越明显，大多数媒体的政策宣传、理论教育的社会功能萎缩。

宏观环境主要指宏观社会环境，它包括社会经济环境、政治环境、文化环境等，对“三全育人”教育产生了十分明显的影响。

（二）社会经济环境对“三全育人”教育的影响

经济环境是“三全育人”教育环境诸因素中最基本的因素，它包括社会经济制度和社会经济生活条件。社会经济制度是指人类社会一定发展阶段上占统治地位的生产关系的总和，包括生产资料所有制形式，由此产生的人们在生产中的地位和相互关系，以及由以上两个方面所决定的产品的分配形式。社会经济制度也叫社会经济形态、社会经济结构。社会经济环境是社会物质生产活动赖以存在的基础。

我国社会物质生产力发展的水平决定了社会对“三全育人”品质的要求，所以经济基础直接影响着“三全育人”品德的要求和规格，决定着人们“三全育人”教育的发展水平。不同性质的社会经济环境对人的“三全育人”品德的要求不同，对人产生的影响也不同。同时，它还通过对环境中的政治因素、文化因素的影响，间接地影响人的“三全育人”品德的形成和发展。

我国正处在中国特色社会主义建设的经济环境，我国社会的经济制度运行、生产力的发展水平、生产资料的占有关系、产品的交换关系和分配关系、物质产品的满足程度，以及我国经济体制改革的进一步深化，都必然反映到人们的头脑中，直接或间接地影响着人们的“三全育人”品德的形成和发展。同时，随着改革开放的深化，我国同国际社会的交往与日俱增，国际经济环境，特别是发达国家的经济环境对人们“三全育人”品德也产生了十分重要的影响。由于各种历史原因，我国的经济发展水平还不及西方发达国家的水平，这就容易使人们产生一些与我国社会发展要求不一致的思想认识，甚至是错误的判断。这些无疑都会增加“三全育人”教育的难度和成本。

（三）社会政治环境对“三全育人”教育的影响

社会政治环境是指环绕社会成员的社会政治境况，它是形成政治观的外在重要因素，也是实现政治社会化的客观条件。社会政治环境包括政治制度、政权性质、政治体制和政治思想、政治准则等。政权性质、政治制度决定着公民在社会生活中的政治地位、政治意识、政治理论、政治纲领，规范着公民的政治行为，并影响着公民的政治思想观念。每个人处在一定的政治环境之中，必然要受政治环境的影响和制约。

我国宪法规定：“中华人民共和国是工人阶级领导的、以工农联盟为基础的人民民主专政的社会主义国家。”同时，我国宪法还规定了人民代表大会制度、中国共产党领导下的多党合作和政治协商制度以及民族区域自治制度为我国的四大政治制度。我国的国体和社会政治制度是建立在生产资料社会主义公有制经济基础之上的上层建筑的核心，它对“三全育人”的影响也最大。

（四）社会文化环境对“三全育人”教育的影响

文化是一种极其广泛复杂的社会现象，它承载、体现的是人类的经验、智慧、理想追求、认识世界和改造世界的能力。文化由人们创造，且一经形成，就会发展成为某种固定的模式。这种文化模式和文化传统会形成特定的社会文化环境氛围，通过各种社会形式渗透到学生的精神生活和物质生活中，潜移默化地影响和改变着学生的思想观念和行为方式。

归纳起来，文化大致的内容有：包括高校的世界观、理想信念、思维方式、宗教信仰、心理特征、价值观念、道德标准、认知能力在内的观念形态、精神产品、生活方式等方面的文化；具有物质的形式和精神实质的物化产品；包括人们的衣食住行、婚丧嫁娶、生老病死、家庭生活、社会生活等诸多方面的文化因素。这三个方面的内容也可以概括物质文化和精神文化，其中对人们的思想和行为直接起影响作用的主要是精神方面的文化。

文化环境对学生思想品德的形成和发展产生了重要的影响。它能促进学生形成共同理想和精神支柱。且良好的文化环境能促进高校尤其是大学生提高文化素质，特别是思想政治素质。文化环境对人们思想品德形成和发展的影响，表现出广泛性、时代性、民族性等特点。

文化环境对高校思想品德形成和发展的影响作用，启示“三全育人”教育工作者要把握好文化认同机制和信息过滤功能，引导学生学习其他民族的优秀文化，消除不同文化的冲突，用全人类的文化来培养“三全育人”品德。

（五）传媒环境对“三全育人”教育的影响

传媒环境是现代社会文化环境中的一种。传媒是传播媒体的简称，又称“媒体”或“媒介”，指传播各种信息的载体。换言之，传媒是指信息传播过程中，从传播者到接受者之间携带和传递信息的一切形式的物质工具。

它可分为印刷媒体（如报纸、杂志和书籍等）、电子媒体（如电影、广播、电视、网络等），也可以分为报刊媒体、广播媒体、电视媒体和网络媒体，其中，前报刊媒体、广播媒体、电视媒体为传统媒体，网络媒体为新兴媒体或“第四媒体”。

“传媒”一词，首次使用于美国图书馆协会的《战后公共图书馆的准则》中。随着现代科学技术的发展，传播媒体正以前所未有的速度广泛而深刻地影响人们的社会生活，潜移默化地改变社会，改变人们的工作、学习、生活方式和思想观念。

由于传播媒介传播信息、舆论引导、娱乐的功能，使得“三全育人”教育完全可以利用传播媒介来实现其目的。传播媒介对“三全育人”教育的影响特点主要有影响的广泛性、引诱性、反馈性、被选择性以及导向性等。传播媒介的导向功能、传媒的传播强度和广度相结合，就会形成良好的舆论环境，而这种强大的社会舆论导向和舆论环境，会使得我国社会提倡什么、限制什么、反对什么、禁止什么变得显而易见，从而影响“三全育人”环境的形成和发展。

五、“三全育人”教育宏观环境的优化措施

宏观环境的优化主要是在党和政府的领导下，对国内大环境的优化。这种优化包括经济政治方面、文化方面和社会舆论方面。

（一）政治经济环境的优化

从经济方面来说，宏观环境的优化就是要大力发展经济，优化经济环境。从政治上来说，就是要推进体制改革，加强反腐倡廉和领导干部职业道德建设，加强民主法制建设和党风廉政建设。“三全育人”教育的核心内容是政治观教育，其效果直接受到党风状况的影响。所以，优化“三全育人”教育环境不能不加强党风廉政建设。此外，一些不良的社会风气影响了社会集体的健康发展，阻碍了良好社会风尚和个体健全人格的形成。因此，优化“三全育人”教育的环境也不能忽视对社会风气的优化。

（二）文化环境的优化

优化文化大环境，就是要引导高校去寻找与建立同经济体制改革、政治体制改革相适应的新的思想观念和文化观念，将价值观教育持久地渗透到文化活动载体之中。通过大力发展文化事业来优化文化大环境。文化环

境的优化，可以通过发展文化事业来进行。如建设好各种教育场馆和社会教育基地，使各类博物馆、纪念馆、展览馆、烈士陵园等爱国主义教育基地，对全社会开放；各级政府、企事业单位要鼓励和支持面向大学生的公益性文化活动等。

（三）社会环境的优化

“三全育人”教育作用的发挥，离不开大众传媒和社会舆论。没有这种客观的“大势”和风气，“三全育人”教育就难以发挥好作用。然而，现代社会的大众传媒集新闻性、商业性、娱乐性和教育性于一体，无差别地向全社会的各类成员传递信息。受经济利益的驱动，各利益方必然通过各种感官刺激吸引受众，无限地追求收视率和发行量导致娱乐性和商业性冲击教育性。为此，必须要优化传媒环境，为“三全育人”教育创造良好的舆论氛围。优化社会舆论大环境，必须坚持“以科学的理论武装人，以正确的舆论引导人，以高尚的精神塑造人，以优秀的作品鼓舞人”的原则，依靠大众传媒，强化舆论监督管理，促使社会环境的净化、育人环境的优化。

第二节　“三全育人”的微观环境

高校“三全育人”的微观环境包括家庭环境、学校环境、社区环境和人际环境。在教育过程中，要处理好学生与环境之间的关系，努力建设有利于“三全育人”工作的各种微观环境。

一、家庭环境与“三全育人”

家庭是社会的细胞，家庭是人生的起点，家庭是教育的启蒙，家庭对人的教育影响是终身的。研究“三全育人”微观环境问题必须探讨育人的家庭环境。

（一）家庭教育环境的重要性

1．家庭教育影响具有先主性

这里指家庭教育影响在一个人的成长过程中起着某种先入为主的定势作用，奠定其接受教育的基础。家庭影响在儿童的生活习惯、语言发展、行为模式、最初的道德观念、性格态度的发展上，表现出显而易见的铭刻性，这种铭刻性的品质给他们终身发展烙下了不易改变的印记。

2．家庭群体中教育和生活的统一性

家庭教育与家庭生活合而为一、联于一体的。家庭教育不是通常意义上的那种正规的、有着严密计划性和系统性的教育，它与家庭生活各方面交叉渗透，家庭中教育和生活的统一性，决定了家庭教育有力地且连续性地潜移默化地影响着年轻一代的身心发展，最终形成其相应的个性、态度和品行。

3．父母对子女了解和影响的深刻性

“知子莫若父，知女莫若母”，正是如此，与子女朝夕相处的父母就可以通过子女的一举一动去把握他们思想活动发展的脉络，在教育中可以因事指导、因时施教，具有很强的针对性。

（二）家庭文化对子女全面成长的影响

家庭文化包括家长的职业类别、家长的文化程度、家庭气氛、信息的选择、家长对子女的期望、家风等。这些都对学生全面的思想形成与发展有很大的影响。

1．家长的职业及其文化程度

家长的职业差别，是家庭教育影响的一个客观指标。由于职业的不同，带来了不同生活、工作方式，同时也形成了不同的家庭环境、学习条件、学习气氛，对子女的指导能力及教育的自觉程度和教育方式均存在差别，这种差异都会影响子女的学习成绩和全面发展。研究资料表明，家长的职业活动可以产生特殊的定势作用，它对家庭成员感知社会信息的类别有影响。值得注意的是，知识分子的职业类别，在教育子女问题上有着特别有利的条件，如家长本身接受较多的学校教育、学习和工作融为一体、文化上的优势等，这就使得其子女在学习上往往能取得较好的成绩，从而影响到他们的个人发展。

家长的文化程度，以家长所接受的学校教育水平为指标，在很大程度上决定着整个家庭的文化思想，也是影响子女学习成绩、品德面貌及抱负水平的主要因素之一。有调查结果表明：高等文化程度的父母其子女的学习成绩与品德表现优于中等文化程度父母的子女，中等文化程度父母的子女又优于低等文化程度父母的子女。家长文化水平的差异，对子女的关心、指导及教育方式方法的不同，带来了家庭文化生活、学习气氛及品德修养等方面的差别。

2. 家庭气氛

家庭气氛是家庭成员的职业、经济、性格、文化教养以及彼此间感情关系的综合产物。家庭气氛是无形的，但对家庭成员的影响却是有形而深刻的。

家庭是人类爱情的产物。家庭成员间相亲相爱，家庭气氛会温暖和睦；相反，家庭成员间感情隔阂，甚至钩心斗角，家庭气氛必定冷漠无情。因此，家长要不断提高自己的文化水平和思想修养，努力创设良好的家庭气氛，使孩子在良好的家庭氛围中形成讲礼貌、爱劳动、守纪律、爱集体、热情、活泼、勇敢、正直、社会适应性强的健康人格。

3. 父母对子女的期望

期望是作为产生个体行为动机的决定因素而起作用的。父母的期望会促使子女产生强烈的成就动机。期望又是一种心理定式，父母对子女的期望使得子女要求上进的动机保持在一定水平，从而影响其学习和其他行为。家长对子女的期望常产生一种强化作用，让子女深刻地感受到家长的关切和信赖，于是产生较持久的学习努力。子女将自己与家长所期望的形象作对比调整学习与行为，从而影响到他们的学习成绩和全面思想，同时子女的学习成绩和全面思想的现状，也可反过来作为原因调节家长对他的期望水平。

（三）家风

家风是指一个家庭在世代繁衍过程中，通过言传身教，逐渐形成的较为稳定的传统习惯、行为规范、处世之道和生活作风等，主要指一个家庭的思想意识方面的传统。家风不是人的生物性遗传形成的，而是通过有形的或无形的家庭教育传统保持、流传下来的。中国古代有众多家训之类的典籍，可以说是家风的文字记载，是有形的，而绝大多数家庭家风的保持和流传是无形的、无意识的。

家风形成以后，不仅对当代的家庭成员有深刻影响，也会继续影响下一代人，往往世代相传，成为一种顽强的、稳定的习惯势力，其影响相当深远。我们常说的“诗礼传家”“家学渊源”就是这个意思。

家风对于子孙后代的影响是无形的，子孙后代接受这种影响是无意识的，是“潜移默化、自然似之”。而一个家庭的家风主要反映家长的作风或风格。家风的形成，需要家庭所有成员的共同努力，但主要责任者是家长。因此，努力培养和形成良好的家风，给子女创造一个良好的生活环境，也是家庭教育成功的重要保证。

（四）家规与各种社会关系

家规是家庭利益的具体体现，是家庭全体成员必须遵守的办事规程和行为准则。家规作为家庭成员需要遵守的生活准则，在家庭教育中有着重要作用。

在制定家规时，要围绕社会主义核心价值观，处理好以下几个方面的关系。

1．家庭成员之间的关系

家庭成员在相互帮助、相互照顾的基础上，共同承担自己应尽的义务和责任，同时享受应该享受的民主权利，以建立良好的家庭关系。

2．家庭和亲朋邻里之间的关系

在处理这种关系时，讲究文明礼貌，努力做到互敬、互信、互帮、互让，平等团结，和睦相处。当亲朋邻里遇到意外或其他重大事情时，尽自己的力量帮助解决。

3．个人和家庭、家庭与社会之间的关系

个人、家庭与社会从根本利益上是一致的，它们之间是一种相互照顾、相互协调、相互促进的关系。当个人利益与集体利益出现矛盾时，个人利益服从家庭利益，家庭利益服从整个社会的利益。家庭成员要以整体利益为重，才能够实现家庭幸福、民族复兴、国家富强的宏伟目标。

4．处理好家庭经济问题

一方面要本着民主协商、勤俭节约的原则，对家庭的经济生活合理安排、统筹兼顾，以满足家庭生活的共同需要；另一方面要遵循不铺张不浪费的原则，保护资源、保护环境、保护地球。

5．处理好家务问题

家务夫妻既要共同分担，又要合理分工。在对待家务问题上，夫妻之间既讲分工，又有合作，并积极发挥各自的特长。夫妻双方在家务事上要相互体谅。

6. 处理好社交活动问题的

坚持既尊重又限制的原则，明确社交活动权利。作为夫妻双方，要互相信任，对于任何一方的正常社交活动要给予支持和帮助，不要抱着怀疑猜测之心；任何一方的社交活动都要与家庭的正常生活紧密地结合在一起，不要影响家庭生活，伤害夫妻感情。

总之，每个家庭都有自己的家规，父母要为子女做出榜样，要树立符合自己家庭特征的家规，要营造积极健康的家庭氛围，使子女在潜移默化中受到教育。

（五）注重家教艺术，优化家庭环境

家庭教育不仅是一种启蒙教育，而且是一种终身教育；父母不仅是子女的第一任老师，也是子女的“终身教师”。

1. 营造和睦的家庭环境

良好的家教必然出自和睦的家庭环境，家庭和睦是孩子健康成长所必需的生活环境。要使家庭幸福和睦，首先要处理好家庭内的人际关系，夫妻的感情融洽，长辈和晚辈之间应有一定的礼节，相互信任和尊重，养成互相学习、互相帮助、互相鼓励、互相理解的良好家风。在一个充满亲情和爱的氛围里，子女能得到健康的发展，能形成健全的思想和人格。相反，在家庭关系紧张或者夫妻感情破裂导致离异的家庭中长大的孩子，由于得不到家庭的温暖、正常的教育，容易形成悲观、孤僻、不自信等不良性格特征，思想和行为问题也较多。因此，和睦健康的家庭环境，不仅给子女的生活创造良好的客观条件，同时也为他们今后的发展提供必要的准备，使他们在充满民主、平等、和睦的家庭环境中健康成长。

2. 家庭要理解和尊重子女

父母要根据子女的性格特点顺应孩子的生理和心理成长的需要，逐渐改变教育方法；同时要尊重子女的独立性，给他们一定的自主权利，与子女的对话应平等商讨，放下家长的架子，与子女进行平等的心灵沟通，努力去了解子女的内心世界，做子女的知心朋友。

3. 父母要注意发挥表率作用

父母对子女所负的责任重大，不仅承担着子女身体的健康、安全和正常发育，还承担着向子女传授科学知识、生活知识、发展智力，培养子女

适应社会生活的各种能力，进行思想品德教育，培养高尚的审美情趣，进行多方面的教育和训练。在子女教育过程中，父母起着主导作用。父母在日常生活中必须严于律己、以身作则，以身教代替言教，运用榜样的力量强化父母的威信，使子女从内心迸发出强大的道德力量，这有助于孩子良好思想品德和行为习惯的形成。而且要提高家庭教育的效果，必须切实加强父母自身的修养，父母的行为让子女感到父母是可敬可信的，才能达到“其身正，不令而行”的效果。因此，家长应该不断提高自己的文化层次和思想觉悟，形成良好的家风，以自己的言行熏陶子女，按社会的要求调节家庭生活，自觉地发挥家庭的社会功能和教育功能。

4. 对子女的期望值不要过高

由于历史和现实的种种原因，中国的家长普遍存在望子成龙、望女成凤的心理，将子女的成才之路单一化、片面化，造成子女很大的精神压力，导致焦虑、抑郁、恐惧等心理障碍。作为家长应该正确评价、尊重子女的个性，为子女的成才和发展确立一个科学、可行的目标，切不可好高骛远、揠苗助长。

5. 合理安排家庭经济

家庭经济状况是家庭环境优化的重要物质条件之一。我国人民的家庭经济条件日益好转，收入逐步增多，生活水平大大提高，都成为教育子女的有利因素。家长为开发子女的智力大力投资，无疑对子女的身心发展具有积极的作用。但是任何事物具有两面性，优越的经济条件是教育子女的物质保障，可是管理利用不当，有可能成为孩子滋生惰性、恶性的温床。因此，家庭经济条件的好坏对于子女的教育而言，关键在于家长如何安排使用。如果家长对于较为优越的物质条件陷入盲目性，不能科学地安排并合理地使用，给孩子提供过于优裕的生活，则会造成不良后果。如果家长能做到从实际出发、量入为出、勤俭持家，这对子女是一种很好的财商教育。其次，要让子女参加家庭经济管理，在此过程中，培养子女的参与意识，从中学会管理与支配家庭生活，养成独立自主、艰苦奋斗的良好思想品质和行为习惯。

家长是孩子美好心灵的塑造者，是美育的启蒙者，让孩子在美化生活中成为一个热爱生活的人。家庭教育不仅是一种启蒙教育，而且是一种终身教育。因此，高校“三全育人”工作的展开必须注重家庭环境的优化。

二、学校环境与“三全育人”

（一）学校的物质环境

校园的物质环境属于校园文化的物质文化范畴，主要指学校里的教学设施、生活设施。如校舍、运动场地、建筑物及其他附属设施。再详细地划分，如教室、实验室、办公室、图书馆、运动场、宿舍及其内部设施，校园绿化、道路等其他环境设施，以及校办工厂、农场等。这些以物质形态存在的文化设施，既是校园教学活动的场所和设备，又体现学校独有的文化特征。校园的物质环境不同于工厂、农场、街道、机关，它以其独特的风格和文化内涵，影响着师生的观念、行为。学校的物质环境对学生的影响主要表现在两个方面：

一是求知欲望的激励。学校建筑及室内外的布置都应与教育目的相配合，体现教育意识，激励学生的求知欲望。学校的教室、教研室、办公室、实验室、会议室、报告厅等是日常教育活动正常进行的保证，在这些场所悬挂科学家、学者、名人、政治家以及英雄模范人物的画像及其生平简介、名言警句，能够发挥启迪学生的智慧、激发学生的求知欲望和引导学生正确理解人生的重要作用。

二是优良品质的陶冶。学校、家乡、祖国，由小及大，连接成一体。学校建筑及其各项物质设施，无论是古老的、普通的，还是现代的，都是现实的反映。传统的建筑意味着祖国发展的历史，可鼓励学生奋斗、进取；现代的建筑有助于学生开阔眼界、想象未来。此外，宁静的地理位置、精巧的校园布局、雅致的装饰、整洁的地面、小桥流水、假山喷泉、鲜花林荫……校园环境的优化、绿化、美化、园林化，能够给学生以美好的意境，置身于美的校容校貌之中，自然会生发留恋校园、乐于学习生活的缕缕情丝，同时必然会培育高尚的道德情感，形成全面发展的身心思想。

（二）学校的精神环境

校风建设作为校园精神文化建设和隐形制度文化建设的一项重大内容，对师生员工行为的巨大影响是无形地，是人们前进的内在动力。在校风建设的过程中，各级领导必须大力营造崇尚科学、严谨求实、善于创造、具有时代特征和学校特色的良好校园风气。

1．教风建设

教风建设是引导学校校风的一个重要内容。教师通过其职业道德、工作态度、专业知识、教学能力、教学方式、文化素养的综合表现，对全体学生具有身教的重要意义，能够在无形之中实现道德育人的重要目的。

2．学风建设

学风建设是校风建设的主要组成部分，是大学生在学习上表现出来的精神风貌和行为作风。学风建设能够督促高校内部各个独立的群体之中形成一种积极向上的良好治学态度，激发学生参与学风建设的自主性，培养勤奋、严谨、求实、创新的优良学风。

3．校园秩序建设

校园秩序，是指校容、校貌、校纪及学校师生的生活秩序和学校的教育教学活动秩序。优良的校园秩序既表现在学校空间的整洁、优美上，也表现在时间上。学校一日、一周、一学期里各项活动的稳定、有序，师生严明、自觉的纪律性则是校园秩序的核心内容。校园秩序是校风的显性指标，给人以强烈的“第一印象”。对校园秩序的了解，不能停留在校舍、设备等硬件上，简陋的硬件，也可能具有高水平的整洁、有序和严明的纪律性。

4．校园文化活动建设

学校要通过多种多样的校园文化活动，为学生提供一个展现自我、锻炼自我的平台，以丰富学生的课余文化生活，陶冶学生的情操，提高学生的精神境界。

文化活动是校园文化的突出表现，也是营造校园文化氛围的有效方式。校园活动建设能够起到课堂教学上德育、智育、体育、美育等多项内容的补充作用，使学生在活动中受到潜移默化的影响。教育工作者要多组织开展一些活动：①思想教育类活动，教育工作者可以利用重大节日（五四青年节、七一建党节、十一国庆节）开展文化活动；②文艺活动，通过参与文艺活动，能够锻炼学生自己的审美能力，获得自我实现感；③学术科技活动，学术科技活动是大学校园文化活动对智育和创新教育的一个有效补充。在学术科技活动，学生能够深化、扩展课堂所学知识，培养自身的创新精神和实践能力，领略新学科知识。学术科技活动的主要形式有学术讲座、科技创新大赛、科学文化节、科技成果展等。

5．精神面貌建设

人们的精神面貌，是指在工作、学习和生活中，是满足现状、得过且过，还是精益求精、力争上游，即人们不同的抱负水平，对科学文化的态度及追求的程度有所不同。学校成员的精神面貌因素是校风中比较隐性的因素，它是学校成员的思想道德水平、精神状态、视野、气质、风度等方面的综合反映。精神面貌是形成校风的动力因素，是学校整体思想最深刻的表现。

学校成员的思想道德水平反映学校“三全育人”教育工作的效果。学校里具有浓厚的政治氛围和要求进步的风尚，是非明确，正气高扬，是高水平。将政治思想和文化素养内化为个人的自觉行为，逐步树立科学的世界观、人生观、价值观、道德观，则是更高一级水平。学校成员的精神面貌还包括他们的视野和胸怀。“胸怀祖国，放眼世界”，就是学校成员的一种视野和胸怀；教育的“三个面向”，即面向现代化、面向世界、面向未来，更是一种视野和胸怀。

6．学生成长平台建设

学校作为培养中国社会主义事业合格建设者和可靠接班人的重要基地，应该帮助学生跨越生活和学习、物质和心理的难关。兰州大学在“三全育人”工作中，建设学生奖助中心，构建“奖+榜样、助+感恩、贷+诚信、捐+社会责任感”的“四+”资助育人模式，全力推进资助育人工作。建设就业创业中心，加强校地人才合作，通过举办双选会、专场招聘会、实习招聘会等方式，提供大量就业资源；通过职业规划课程、“职慧”训练班、职眼世界、就业困难学生帮扶等方式，提升学生就业能力；构建“学生—教师—学院—学校”“四位一体”联动的创新创业激励机制，营造敢为人先、敢闯会创的积极氛围。建设心理咨询中心，构建“学校—学院—班级—宿舍”四级危机干预防控体系，及时、有效干预帮扶重点学生，通过课程教学推动心理健康教育工作，实现“大学生心理健康”课程全覆盖。建设易班发展中心，统筹网络思政工作，建设和优化“智慧学工”系统，创新教育内容、形式，旗帜鲜明弘扬主旋律，让网络思政教育活起来、潮起来、强起来、智起来。

（三）优化校园环境

学校作为育人基地，是进行“三全育人”工作的主阵地，学校生活时期是学生品德素养社会化的重要时期。因此，优化学校环境，创造良好的育人环境是优化大学生“三全育人”工作的关键所在。

1. 学校领导要足够重视校园环境的优化

学校领导的足够重视是“三全育人”工作的资金投入和人员投入的重要保障。领导足够重视，教育者才会不断深入开展教育工作，贯彻落实“三全育人”工作方针，不断改革和优化新形势下的大学生全面教育的方式方法。

2. 加强校园文化建设多元化

学校应从培养合格人才的高度，树立全员育人的观念，切实采取有效措施、齐抓并管，进一步优化学校育人环境，努力创造有利于学生健康成长的良好氛围。既要创建积极的校园文化精神和作风，又要把校园文化建成学生联系社会的纽带，提高学生对各种社会思潮、道德观念的分析、比较、鉴别能力，还要组织开展丰富多彩的文体活动，丰富学生的课余生活，繁荣校园文化，使学生获得健康的精神食粮，从而促使他们形成良好的心态和健全的人格，培养积极向上的竞争意识、参与意识、团队意识、奉献意识和创新意识。

三、社区环境与“三全育人”

学生总是生活在具体的空间和时间里，影响他的社会环境是看得见、摸得着的社会区域环境，学生的主要活动是在一定的社区中进行。

（一）社区环境的教育特点

1. 内容的具体性

社区内各种环境因素对青年学生的影响具有生动形象、具体可感的特点，最容易为学生所接受，成为他们成长中真正的“水”“空气”“土壤”和“阳光”。在社区环境内，有助于真正做到全员育人、全程育人、全方位育人的“三全育人”。在市场经济的大潮中，将“三全育人”的教育内容、方向和重点同社会生活实践的脉搏紧紧地连在一起，将理想、信念、价值观、道德修养具体化、形象化，能使学生在社会生活的具体实践过程中，验证所学的理论知识，缩短学生心目中“理想王国”与“现实王国”认识上的反差。社区环境能把抽象的思想认识同社会实践相结合，深化学生对马克思主义、毛泽东思想、邓小平理论以及社会主义核心价值观的理解和掌握，有助于学生把学到的知识、技能应用于实践，形成全面发展的思想，培养出德智体美劳全面发展的社会主义建设者和接班人。

2．时空的广阔性

社会生活实践提供给学生更广阔的空间。将社区环境纳入“三全育人”环境的范畴，学生们在五彩缤纷的世界里，时间、空间都延伸了，视野更加开阔了。教育者可充分利用社区广大的时空条件，借助社区的力量，组织学生进行社会调查、劳动实践、参观学习、社会服务等，置身于广阔天地的学生可以对千姿百态的社会现象进行鉴别、筛选、判断、取舍，培养正确的世界观、人生观、价值观，具备对各种信息和思潮的甄别能力，潜移默化地受到教育、影响和熏陶。

3．资源的丰富性

社区地域宽广，各种社会实践条件广泛，各类人才应有尽有，蕴藏着丰富的教育资源。社区政治、经济、文化、教育、科技状况构成了学生赖以生存和成长的社会“土壤”。来自各行各业的教育因素，为学校实施“三全育人”工作提供了雄厚的智力资源；富有特色的社会实践是广阔的立德树人教育基地；富有传统特色的历史遗迹、文物景观等是丰富的理想信念教育文化资源。深入挖掘，合理统筹，把潜在的教育资源转化为现实的“三全育人”教育资源，有助于学生培养正确的世界观、人生观、价值观，具备对各种信息和思潮的甄别能力，这是研究社区环境教育特点所面临的重要课题。

4．结果的实效性

社区环境内教育内容的具体性、时空的广阔性、资源的丰富性、影响的综合性，是潜在的社区“三全育人”教育优势。把社区环境与实施“三全育人”工作统筹起来，坚持社区协调下的学校、家庭、社会“三位一体”的联合工作，形成育人合力，即可把潜在的社区教育优势转化为现实的“三全育人”工作优势，真正塑造学生的全面思想。

（二）社区环境的教育功能

1．塑造功能

建立社区环境的运行机制、充分利用社区资源对学生进行塑造，是社区环境“三全育人”的集中表现。社区环境内有丰富的教育资源，无论何等规模的社区，都有社区的基本特征和元素，它们都是可对学校实施“三全育人”产生影响的环境因素。

社区首先是一定地域的人群和集体的构成物，在这些人群和集体中，能人巧匠应有尽有。尽管他们未必都有高深的理论，但他们在各自行业都有非常丰富的经验。他们能从各自不同的角度、亲身经历中悟出哲理，为学生提供极其丰富的营养，达到学校教育所不能代替的塑造功效。另外，社区环境内还具有独具特色的社会实践基地。每个社区都有大量的工矿企业、事业单位、文化设施，对于那些认识高、条件好、富有教育因素的单位可首先定为社会实践基地。社会实践活动可以缩短学生对社会的认识过程；实践基地是对青年学生进行教育的重要阵地，是青年学生向社会实践学习的课堂。最后，社区都有传统的教育因素，一个社区就是一个小社会，每一个小社会都具有源远流长、富于传统的历史遗迹、文物景观等，要深入开掘和充分利用社区内的优秀资源，努力塑造学生全面发展的思想。

2．陶冶功能

社区环境不仅蕴藏着丰富的教育资源，而且具有广泛的教育影响力。在社区环境中，社区文化的影响尤为突出。人创造了文化，文化又塑造了人。社区将校园文化、街道文化、企业文化、家庭文化等融为一体，形成社区文化。它不仅促进了社区精神文明建设，而且直接影响着青年学生的健康发展。“陶冶是通过创设和利用有教育意义的情景，对学生施以潜移默化的影响，使其耳濡目染，心灵受到感化，从而形成良好品德的方法。”[①]不管人们是否认识，社区都以自己特有的规律性释放能量，产生“随风潜入夜、润物细无声”的效果，而且这种影响作用必将在广度和深度上日趋明显地展现出来。沈阳市的“秧歌节”、大连市的“服装节”作为社区文化，它们对所在社区学生的陶冶作用不可低估。我们要充分发挥社区环境对学生思想的陶冶功能，一方面，通过社区组织各种有益的文化活动，达到寓教于乐的效果；另一方面，对那些滋生消极腐蚀作用的封建迷信、陈风旧习等文化垃圾，要协同有关部门予以清理和取缔。

3．管理功能

长期单一、封闭式的管理，学校、家庭、社会教育相脱节，一些学生课内外、校内外言行不一，甚至判若两人，这里既有教育影响的非一致性问题，也有管理上的疏漏问题。学校对学生业余生活的管理受到一定的限

[①] 郑国庆．教育学教程[M]．北京：中国文史出版社，2007：345．

制，有些问题鞭长莫及。社区是学生校外活动、成长发育的环境，社区对这些自然常态下的孩子及其家长都有深入的了解，而且彼此之间存在着一种时空上的特殊人际关系，加之社区居民中也有许多具有不同风格的教育热心人，这些都是社区参与管理的重要条件。现阶段要深化社区环境的管理职能，要从单一式管理向协调与行政指令相结合的方式转化，从拓宽区、街、居委会（村委会）的职能上强化，这样才能使社区环境中的“三全育人”工作管理功能最大限度发挥作用。

4．保护功能

建立整体的防范、保护网络，维护青年学生的合法权益是社区环境的教育保护功能的具体体现。保护功能表现在两个方面，一是防范，二是保护。防范是指社区各有关部门在贯彻、执行有关法律、法规过程中，教育青年学生遵纪守法，并对各种犯罪隐患采取有力措施予以防范。保护是指社区各有关部门用法律手段维护青年学生的合法权益，教育青年学生用法律手段维护自身合法权益。优化社区环境，对危害青年学生身心健康的行为（流氓滋扰、文化污染）予以清理。随着社区环境日益受到“三全育人”工作的重视，无论是从保护的范围上、保护队伍的组织上、保护网络的构建上，还是保护渠道的畅通上，都亟待深入探讨，使保护功能发挥更大的作用。

5．监督功能

社区环境下“三位一体”的管理体制，是从单一的“条条”管理向“条条”与“块块”相结合的管理体制过渡的一种尝试。社区内的社区委员会组织本区人大代表，对所属学校的“三全育人”工作进行定期或不定期检查、评估、监督，这就是社区环境的教育监督功能。监督的依据是党和政府的有关政策及党的教育方针，监督的重点是端正办学指导思想，培养什么人的根本问题。社区环境的“三全育人”工作监督体制的建立，为端正办学指导思想、加强“三全育人”工作产生明确的导向作用，为落实“三全育人”增添了活力，增强了动力。

（三）优化社区环境

社区是个大千世界，社区环境也纷繁复杂。青少年学生的成长每时每刻都受到社区环境的影响。因此，优化社区环境对高校“三全育人”工作的开展至关重要。

1．动员社区各方力量，加强综合治理

各级领导、社会各方面，都要把“三全育人”工作视为无可推卸的责任。还要建立健全实施大学生全面教育的责任网络，在各级党委、政府的领导下，研究和指导高校“三全育人”工作。要为大学生提供良好的教育环境，吸引其参加健康有益的科技活动、文化娱乐活动、体育活动。

2．优化社区教育环境要树立正确的舆论导向

鼓励社区创建优秀的社区文化，通过大众媒体和社区宣传栏等途径，树立正面典型，宣传先进人物、先进事迹，创造积极健康的良好社会氛围，引导大学生树立正确的思想观念、价值取向、行为方式、生活情趣。

3．以优化社区的文化环境为中心

社区环境中对大学生影响最大的是社区文化环境。近年来，由于党和政府的努力，社会文化事业蓬勃发展，社区内人民的文化生活丰富多彩，它对建设社区的物质文明和精神文明产生了积极的作用。但是也应看到，社区文化环境存在着不少问题。因此，必须切实加强社区文化环境的建设和管理，为全面实施大学生“三全育人”创造条件。要加强社区各种文化设施的建设，丰富人们的精神文化生活，提高娱乐活动的水平与质量，努力做到趣味性、知识性、娱乐性、教育性的结合，使之真正起到教育、调节当代大学生身心健康的良好作用。还要加强社区文化设施的管理。随着市场经济的发展，社会上也出现了一股“一切向钱看”的拜金浪潮，社会上的不正之风，尤其是各种严重经济犯罪、行贿受贿等行为，助长了人们对金钱的追求。只有加强管理，才能维护社区正常的文化环境，从而保证社区文化设施发挥良好的教育作用，以至达到优化社区文化环境之功效。

总之，社区是大学生从家庭、学校走向社会的一个过渡舞台。他们良好思想道德品行的养成需要良好的社会环境和文化氛围来支撑，因此，优化社区教育环境是加强“三全育人”的重要部分。

四、人际关系与“三全育人”

（一）人际关系在“三全育人”工作中的意义

人际关系是学校全面实施“三全育人”工作的一个重要环境。人际关系，是指在共同的活动过程中，可以直接观察到的人与人之间的关系，或称心理上的距离。两个人之间的关系可能是亲密的、疏远的、敌对的，这些都是心理上的距离，统称为人际关系。人际交往是人们为了彼此传达思想、交换意见、表达情感和需要等目的，运用语言符号而实现的沟通。人际关系是在人们交往中表现为内部的、本质的特征；人际交往则是它们的表现形式和方法。不同的人际关系会引起不同的情绪体验。人与人之间心理上的距离越接近，双方越感到心情舒畅。

在学校中存在着各种各样的人际关系。如校长与学校各个组织间的关系、各个组织彼此之间的关系、各组织内部成员之间的关系、各个成员与组织间的关系等。这些关系有上下级、领导与被领导、管理者与被管理者、教育者与受教育者之间的关系，有同级间、领导与领导、部门与部门、教师与教师、学生与学生之间的关系。因此，它是一种较为复杂、涉及面较广的人际关系系统。这些关系的好坏，不仅能够影响全体人员的工作、学习和生活，影响到整个学校教育职能和组织效能的发挥，最终还影响到全面实施“三全育人”、培养人才的全面思想。

人际关系在实施“三全育人”工作中的意义，由其心理机制的形成与发展规律所决定。人际关系是社会关系的一个侧面，其外延很广，包括朋友关系、夫妻关系、亲子关系、同学关系、师生关系、同志关系等。它受社会生产关系的制约，是社会关系中较低层次的关系。同时，它又渗透在社会关系的各个方面之中，是社会关系的“横断片”，因而，又反过来影响社会关系。它对群体内聚力的形成、心理环境的好坏有直接的重要作用，是直接影响个人身心思想形成与发展的微观环境。人际关系包含三种成分：一是认知成分，反映个体对人际关系状况的了解，是人际知觉的结果，是生理条件；二是情感成分，是关系双方在情感上满意的程度和亲疏关系，是人际关系的基础；三是行为成分，是双方实际交往的外在表现和结果。

影响人际关系的因素是多方面的。主观因素有：价值观的一致性；个人的性格、气质、能力等心理因素；彼此间的相似程度，一般情况下越相似越容易吸引，形成密切的关系；彼此在需求上的共同性或互补性，越能取长补短，越容易形成良好的关系。客观因素有：空间距离的远近，一般情况下距离越近，越容易结成亲密关系；交往的次数，一般情况下交往次数越多，越能增进关系的形成和发展。

人际关系的活动中介理论说明，在任何现实的发展群体中，人际关系都以这个群体有社会意义的活动内容、目的和任务为中介。群体在通过具体活动对象实现自己的目的时，改变自己、完善自己的结构和内部关系，而改变的性质和方向则取决于它们的活动内容和共同活动的社会价值。

人际关系的心理机制及其理论启示我们：人际关系是学校实施“三全育人”的重要条件和影响学生全面思想形成与发展的重要环境。

首先，和谐的人际关系是集体形成和发展的基础。人际关系性质反映出集体的质量，如果一个学校领导与教师、教师与教师、教师与学生、学生与学生之间的人际关系和谐，那么，这所学校一定是一个优秀的教育集体。反之，人际关系紧张，矛盾重重，危机四伏，势必破坏团结与协作，没有统一的目标与追求，学校集体就失去了建立和发展的基础。因此，要建立良好的教育集体，必须首先建立起和谐的人际关系。

其次，良好的人际关系是调动群体成员积极性的重要条件。教育集体中的人际关系和谐，领导与教师之间、教师与教师之间、师生之间、同学之间心理上的距离越近，双方越会感到心情舒畅，这种积极的情绪情感体验，转化为努力向上和实现集体目标的内部动力，激起教育者和受教育者在集体活动中的积极性与创造性，提高教育的效率。

再次，良好的人际关系是群体成员身心健康的重要保证。人际关系对人的身心健康与思想发展具有重大影响，只有生活在一个相互信任、相互关心的集体里，群体成员才会感到温暖，身心才有可能得到健康发展。如果人与人之间经常发生矛盾与冲突，心理上距离大，就会感到心情抑郁、孤立、忧伤，从而影响个人的身心健康，严重的还会导致心理疾病。

学生思想形成与发展的规律揭示了人际关系在“三全育人”工作中的意义。学生的全面思想是在社会总体环境制约下，通过他们所处的具体生活环境影响而形成和发展的。学生具体生活的环境，即是家庭、社区、学校的生活环境。学生在这些环境中结成了各种直接的人际关系（如家庭关系、师生关系、伙伴关系等）。人际关系是以活动和交往为中介，通过活动与交往把主观世界与客观世界联系起来。因此，一定的社会活动和交往，既是人的全面思想形成的条件、因素和依附的客体，又是“三全育人”工作的手段及表现形式。学生的全面思想在人际关系的活动与交往中形成，同时又在活动与交往中表现出来。

（二）良好师生关系的建立和发展

良好师生关系的建立与发展是在“三全育人”过程中实现的。它的实现有赖于教师、学生、学校管理干部等多方面的共同努力，但从根本上说，取决于教师的教育水平，包括专业知识、教育能力、教育机制、思想品德修养等因素。从“三全育人”环境的角度看，关键在于教师的全面思想。一个具有热爱教育事业、忠于职守、热爱学生、勤恳工作、处事公正、处处能为学生做表率的优秀教师，不仅给学生留下难忘的印象，而且使学生的行为受到深刻的影响，也会为良好师生关系的建立和发展奠定情感基础。为此，建立和发展良好的师生关系，要求教师必须做到以下几个方面：

首先，树立科学的学生观，正确、科学地认识学生和理解学生，正确地对待、尊重、关心、爱护学生。

其次，树立为学生服务的观念，努力教好功课，努力为满足学生的求知欲望、开阔学生的眼界、发展学生的个性特长创造一切有利条件，为学生的学习、工作和生活提供方便，全面关心学生的成长。

再次，发扬教育教学民主，善于倾听学生的意见和建议，善于与学生沟通与交往，与学生一起讨论、研究，与学生打成一片。

最后，善于控制自己的情绪，坚持耐心教育，勇于批评和自我批评，敢于承认错误，敢于承担责任，正确处理师生间的矛盾。

第三章 “三全育人”理念下高校育人工作的价值追求

第一节 “三全育人”主体的价值追求

一、高校“三全育人”主体的价值追求本质内涵及相关概念

（一）共同体

1. 共同体的构成要素

根据《现代汉语词典》详解，“共同”一词是指“属于大家的；彼此都具有的”，而“体”的用法相对复杂，既可以指身体、事物的本身或局部、物质存在的状态或形态，也可以指事物的格局和规矩等。“共同体”则指“人们在共同条件下组成的集体”。在西方，“共同体（Community）” 一词的含义相对复杂，其由拉丁文“Communis”引申而来，拉丁文前缀“Com”表示“一起、共同”，伊特鲁亚语单词后缀“Munis”表示承担，意为共同的、普遍的（地域、关系、身份、利益等）。

虽然“共同体”这一概念在经济、政治、文化和社会意义上日益拓展，出现了利益共同体、经济共同体、政治共同体和民族共同体等多种衍生概念，其规模、内容和特征也发生了不同程度的变化，但共同体的基本构成要素大致呈现出以下核心内容：

首先，共同体是由不同个体组成的集体或群体，单一的个体不能称之为共同体；其次，共同体中的成员通常都具有共同的（经济、政治或社会等方面）利益诉求或共通的情感体验；再次，共同体成员之间一般具有互动关系，且遵循共同的规则或法律；最后，共同体成员一般居住在一个地方（共同区域）。[①]

客观而言，随着工业革命和资本主义全球化的发展，新的生存条件在加强社会资本流动性的同时也增大了日常生活的不确定性，社会个体的活

[①] 胡必亮．关系共同体[M]．北京：人民出版社，2005：6．

动范围打破了时空的局限，向着更加广阔的范围延伸拓展。因此“共同体成员居住在同一区域”的地域性原初特征，逐渐成为构成共同体的非必要条件。不同地域的社会个体也可以组成共同体。

但是，不管时代条件如何变化，“共同态”一直是共同体得以形成的充分且必要条件，是共同体成员之间得以凝聚集合的关键因素。这个“共同态”被普遍视为共同的利益诉求或共通的情感体验，它既可以是物质性的实质获得，也可以是非物质性的精神愿望，即只要个体之间存在某种共同的“价值认知”或“情感共鸣”，就具备形成共同体的基础条件。例如，出于对动物的怜爱之情而自发形成的流浪动物保护组织，或因为同一权益诉求而形成联合的消费者权益维护组织等，都是不同形式的共同体。

当然，共同体的“共同态”并不是凭空而生的，它依赖于共同体成员之间的互动关系（即交流交往）。漫无目的的人群或是在某些条件下聚集的，但不存在互动关系的人的集合并不能称之为共同体。如火车站周围集中出行的人群、繁华街道上购物游玩的人群，虽然形成了人的聚集，但并不具备在互动关系基础上的共同的利益诉求或共通的情感诉求，因而并不能称之为共同体。“共同态”是共同体的生命力所在，其包含着一定的群体性心理和整体性情感，外显为一定的组织化行为和集体行动。

从人类历史发展进程来看，社会个体的交往互动是建立在生产实践的基础之上的，社会实践的发展水平决定了人与人之间交往互动的范围和强度。同时，在社会实践活动过程中，共同体内部逐渐形成普遍认同的交往规则，而这些交往规则往往发展成为一定的道德规则和法律条例，用以约束和规范成员的行为，促使共同体朝着更科学、更先进的方向发展。共同体作为众多个体基于共同需要而形成的人的集合，一方面提供集体资源来满足个体生存发展的需要，另一方面又给予成员强烈的心理归属感和安全感。

2. 马克思的共同体思想

目前，因为在全球化发展语境下对“共存”问题的追问，使得共同体在理论层面和实践层面都受到了广泛的关注。马克思虽然没有关于共同体的专门著作，但他在论述私有制、阶级、市民社会、国家和共产主义等问题时，都在不同程度上体现其共同体思想的独特性和超越性，是人们认识和把握“共同体”的重要思想来源。

马克思并不是一般性地谈论共同体，也不是将共同体归结为某一类具体的形式。他认为原始部落、家庭、氏族、劳动公社、国家、阶级等都是共同体，共同体的规模可大可小、形态多样，既可以是实体，也可以是虚幻的关系。因为“在马克思看来，所谓共同体就是人们的群体结合方式或曰集体存在方式或组织形式，而无论它以实体还是关系表现出来，无论它以什么样的形态存在，也无论它的规模的大或小，也无论它处于何种发展阶段，这些通通都无妨。”①

纵观人类历史发展进程，马克思将共同体分为“自然形成的共同体（自然—本源共同体）”“虚幻共同体（国家和阶级等）”或“抽象共同体（货币和资本）”以及“真正共同体”三大类。这三类共同体分别对应了人类发展的三大阶段，即“人对人的依赖、以物的依赖性为基础的人的独立性以及人的自由全面发展阶段。”②在前资本主义阶段，由于劳动工具和生产力发展水平的限制，个体的生存极大程度上依赖着集体，相对强大的共同体和相对弱小的个体的结合形式，强调个体对集体的绝对服从，人们往往缺乏自我意识和独立意识，并受到共同体单方面的支配和统治。随着生产力水平的提高，商品交换和私有制的出现推动了社会的进步，人类进入资本主义社会。个体逐渐摆脱原始共同体的交往形式，私有财产和个人自由不断张扬，个体的独立性和幸福感成为大众关注的热点。但是，劳动异化的经济和社会现实造成了个体发展与社会发展的不一致。虽然个体在精神上的自我意识逐渐觉醒，但物质上分配及占有的不平衡，致使多数成员仍处于压迫和剥削之中，并没有获得“真正的自由”。

在马克思看来，以上两类共同体都不适合个体的成长和发展，因为个体与共同体、自我意识和集体意识、安全感与自由始终处于相互博弈、相互矛盾且相互斗争的状态，容易引致各类社会问题。马克思认为，只有在“真正共同体”中，各类尖锐的矛盾才会得到解决，也才能真正实现个体的解放和共同体的发展。

在《共产党宣言》中，马克思这样描述：代替那些存在着阶级和阶级对立的资产阶级旧社会的，将是这样一个联合体，在那里，每个人的自由发展是一切人自由发展的条件。马克思认为共产主义社会即“真正共同体”，是实现个体个性自由且全面发展的最佳形式，是个体生存和发展的内在前提。在理想的共同体中，实现了“现实的个人”的自由联合，且个体的联合并不是为了反对另一阶级的阶级联合，而是为了获得自己的自由并实现个体的发展。马克思指出，“现实的个人”是指能够从事生产活动或进行物

① 秦龙．马克思对“共同体”的探索[J]．社会主义研究，2006（3）：10-13．
② 秦龙．马克思从“共同体”视角看人的发展思想探析[J]．求实，2007（9）：11-15．

质生产的，不受其他意志支配的个人，是具有自我“人格”和意识的个体。在“真正共同体”中，各种冲突矛盾和对立被消除，特殊利益和普遍利益、个体和共同体实现了真正的、有机的统一。

马克思关于“真正共同体”的认识是建立在对人的本质的创造性理解之上的，这是马克思共同体思想超越性的关键所在。马克思认为人的本质既不来源于上帝，也不是抽象的精神性存在，更不是费尔巴哈所理解的脱离现实的“感性的存在”，而是“一切社会关系的总和”。马克思以人的劳动为出发点，强调个体在实践活动中认识世界、改造世界的能动性，以及人在社会实践过程中创造出的生产关系。对于个体与共同体之间的关系，马克思曾强调：人是最名副其实的政治动物，不仅是一种合群的动物，而且是只有在社会中才能独立的动物。他认为人是“社会化”的个体，只有在同他人的关系中，个体才能成为人，也只有在社会关系中，个体才能够获得发展。

总结而言，马克思共同体思想的超越性不仅体现在他对于资本主义社会各种社会关系的批判，更是体现在马克思深厚的人文价值关怀，即人的自由全面发展，这是马克思共同体思想的核心内容。

（二）高校“三全育人”共同体

1. “三全育人”共同体的本质内涵

经过以上分析探究，较为全面地理解并掌握了“三全育人”和“共同体”的基本含义，那么何为“三全育人”主体？何为高校“三全育人”主体？厘清这两个概念，是本文深入探究的关键一步。

“三全育人”主体既不是现有名词的简单组合，也不是随机创造的时髦新词，而是凝聚了时代发展要求、具有深度内涵的教育理念和育人机制。因此，它不能简单地以“三全育人”和“共同体”的含义之和来加以阐释，而是要根据历史条件和时代背景综合考虑。“三全育人”的主体是一种基于共同的育人目标和价值追求，涉及学校、家庭、社会等各方面，全员参与、全过程衔接、全方位联动的育人有机体，体现了思想政治教育力量共聚、责任共担、资源共享和协同互动的育人格局。

高校“三全育人”的主体则是在高校育人视域下，基于高校教育和思想政治教育的实践目标与价值追求，涉及高校工作方方面面的，全员参与、全过程衔接、全方位联动的育人有机体。它从整体性视角为高校思想政治工作勾勒了一个立体化发展形态，目的在于调动高校工作各方面、各环节的育人要素，从而实现育德育心的教育目标。从《高校思想政治工作质量提升工程实施纲要》来看，高校“三全育人”的主体包含课程育人、科研育人、实践育人、文化育人、网络育人、心理育人、管理育人、服务育人、资助育人和组织育人在内的“十大育人体系”，要求围绕学生、关照学生、服务学生，增强思想政治教育的生命力。不同于其他形式的育人共同体，高校“三全育人”的主体视角更宏观、范围更广泛，要求教育主体在共同的价值信念和目标的指引下，参与到育人工作中。

2. 三全育人共同体的基本特征

（1）组织结构上的多元层级性。在现实生活中，共同体呈现出来的主体结构复杂多样，如家庭作为最小的社会单位是由具有一定血缘关系的个体组成的，而同一区域内的众多家庭单位又可以通过一定方式发展成为地缘共同体、民族共同体、国家共同体甚至是人类命运共同体。可见，涵盖主体范围的大小和主体构成的多元决定了共同体的大小和复杂程度。一般来说，较大范围或较高层次的共同体包含较小范围或较低层次的共同体同一层次共同体涵盖着不同形态的（小）共同体，从而呈现出一种多元层级的结构样态。

同样，高校“三全育人”的主体作为完整的共同体形式，其主体构成并不是高度同质化或单一化的某一类群体，而是多元、多样（小）共同体交叉的组成结构。这是由社会分工的差异性和成员实践活动的专门化决定的，如从主体职能维度来看，高校“三全育人”的主体一般可视为行政管理共同体、教学科研共同体、学生学习共同体和后勤服务共同体四大类。行政管理共同体又可以分为学校层面的管理共同体、学院层面的管理共同体、年级层面的管理共同体等更为具体的形式。再如高校思想政治教育工作被分为理论和实践两大主要领域，在不同的领域和职业活动中又分化出社会（社区）思想政治教育、企业思想政治教育、学校思想政治教育等多个方面。较大的共同体由承担着不同具体职能的小共同体联合构成，大共同体与小共同体之间相互影响、共同作用。离开具体形式的小共同体，如教师群体、职工群体和学生群体，高校“三全育人”的主体就会失去原有的意义和价值。

（2）发展形态上的开放包容性。在我国小农经济的传统式家庭共同体和古希腊城邦共同体时期，由于生产力水平低下，人们的社会生产活动和交往活动受到限制，往往形成较为封闭的、固定的和排外的信息交流机制和资源供给系统。但是，可以明显感受到，随着生产力的高速发展，人们日常生活的流动性增强，生产方式和生活内容逐渐跨区域化、跨民族化，加上国际市场的不断碰撞和信息技术的飞速发展，不同区域的人之间的交流互动愈加频繁，传统共同体的固定“边界”被不断打破、重塑，外部资源和内部资源、同质资源和异质资源之间的相互转化、流动更加频繁。

高校“三全育人”的主体同样具有现代共同体的开放包容性特征，就如社会学家费孝通的“差序格局”理论，共同体的边界并不是绝对的，而是如同生物细胞的细胞壁一样，能够纳入需要的、相似的成分，保持一种开放的性质。从共同体成员这一要素来讲，新成员可以通过相互交往、沟通、学习，在实践过程中理解、认识共同体，并逐渐参与到共同体的建设当中，实现从边缘区到核心区的转换，从而不断充实和发展整个工作队伍。当然，共同体内部的原生成员若是在实践的过程中无法达成共识或完成集体行动，也会面临被共同体和其他成员摈弃，最终退出共同体的危险。

（3）功能目标上的政治文化性。思想政治教育是一项政治文化实践活动，主要从文化上、思想上和精神上给予教育对象一定的影响力。从根本上来讲，意识形态性是思想政治教育的本质属性，思想政治教育的发展依赖于文化的育人力量。这些基本特性也决定了高校“三全育人”主体在功能目标上的政治文化性，主要体现在以下方面：

一是“三全育人”的主体依赖于坚定的马克思主义信仰和一定的历史文化传统。任何一个共同体组成的核心条件就是共同的利益追求或共通的精神需求，这体现在共同体行动上的目标一致性，即“共同的立场、共同的价值标准和目标”[①]。共同体成员所持有的普识性价值观、精神信念是成员之间的“黏合剂”，能够凝聚各种资源并使之发挥有效功能。从高校思想政治工作这一层面来看，坚定的马克思主义信仰是“三全育人”主体强大的精神纽带，它使成员具备了共同体的政治信仰、文化信仰、理论信仰和教育信仰，形成了强大的思想政治教育合力。而这些信仰又植根于深厚的文化传统之中，是促使共同体成员产生安全感、归属感和增进彼此了解的源泉。

二是“三全育人”的主体服务于一定的政治意识形态目的，并依靠一定的行政措施才能加以实现。不同于其他社会共同体，“三全育人”主体的现实要求在于提升高校思想政治教育质量，即提高教育对象的马克思主义理论、中国特色社会主义理论的认知水平，引导学生树立远大理想和高尚

① 李德顺．人类命运共同体理念的基础和意义[J]．领导科学论坛，2017（22）：26-34．

爱国情怀等。同时，思想政治教育活动一直以来都是同党政工作相伴相随的，党和国家的相关政策是思想政治教育合法性和科学性的重要支撑，也是思想政治教育理论的重要来源。因此，只有在学校党政的领导下，高校“三全育人”主体才能最大限度地发挥育人功能，实现人才培养的目标，这是构建高校“三全育人”主体的重要保障。

二、“三全育人”主体的价值追求

从以上分析探究中已经得知，“共同态”是共同体的生命力所在，是共同体存在和发展的基础。“共同态”的完整程度直接影响着个体之间的凝聚力，也决定了共同体的凝合状态。一般来说，“共同态”以共同体成员之间共同的利益诉求、价值取向、自我认同和归属感等呈现出来。本书所谈的高校“三全育人”主体的价值追求就是该共同体“共同态”的表征之一，是贯穿于高校思想政治工作的主线，对共同体的存在和构建发挥着至关重要的作用。

服务于社会建设和人的发展始终是思想政治教育的鲜明特征，高校“三全育人”的主体也不例外。从个体层面来讲，高校“三全育人”的主体始终关涉人的精神成长，力求推动个体的社会化进程、实现立德树人的根本任务、满足人自由而全面的发展。从社会层面来讲，高校“三全育人”的主体服务于新时代的改革深化，其目的在于提升高校思想政治工作质量、促进高等教育内涵式发展、维护社会秩序并推动发展。这两层六维的价值追求始终围绕着“人与社会”这两大逻辑点，呈现出层层递进，理想与现实交叉的基本形态。

（一）个体层面：以人的发展为逻辑起点

任何形式、任何事业的发展都离不开“人”这一最宝贵的因素，人的发展决定着社会发展的水平。因此，将人的发展确立为高校“三全育人”的主体价值追求的逻辑起点，既是社会进步的现实要求，也是思想政治教育发展的基本遵循。

1．推动个体的社会化进程

个体社会化是人发展的第一步，是指个体在不断地学习与交往过程中，通过知识、技能的积累和运用，逐步适应社会环境并被社会所接纳，由自然人向社会人转变的过程。对于个体而言，社会化是生存和发展的内在要求。个体只有在与他人、社会群体的互动过程中形成“自我—他我”的关系复合体，才能成为适应社会建设的独立性存在。对于社会而言，若没有那些具备与社会发展相适应的知识、能力和素养的个体，社会就不能成为社会，也无法维持正常的运行。当个体的自我期待与社会期待逐渐趋于一致时，个体的社会化程度就达到了一种理想化的状态，个体与社会的和谐关系能够最大化地促进彼此的发展、进步。

众所周知，每一个个体在成长的过程中都会出现与主流价值或道德规范相左甚至相悖离的思想、行为。思想政治教育作为促进个体社会化的重要手段和基本途径，正是依据社会发展的要求引导个体在一次次纠正和自我教育中实现个体的成长，促使个体亲近社会、融入社会。一般来讲，思想政治教育促进个体社会化主要是指在思想政治教育活动中，对社会个体的思想、精神施加影响，促使个体形成与社会发展相一致的价值观念、道德品质、思维方式和行为规范，成为具有一定社会性特质的社会人。作为提升高校思想政治工作质量的建设策略，“三全育人”的主体与思想政治教育具有内在的一致性和统一性。因此，促进个体社会化同样是“三全育人”主体的重要职能和价值追求。

值得注意，高校内部个体的社会化不仅仅局限于青年学生，而是包括学员、教员、职员在内的全面、整体的社会化。对于学生群体而言，除了通过各种途径、采取各种方式获得社会生活所必需的知识、技巧和专业技能，学生还需要具备一定的沟通能力、合作能力、自我调节能力以及面对挫折的能力等，才能够良好地适应社会生产活动。尤其是在纷繁复杂的社会思潮中，引导青年学生如何抵御和防范错误思潮的影响，选择正确健康的价值观、增强其政治文化意识，是“三全育人”的主体应该关注的重点内容。对于高校内部的教职员工而言，虽然已经具备了一定的社会生活能力和社会地位，但是其社会化进程远远没有结束，而是需要在前期基础上继续学习、继续社会化。“三全育人”的主体作为全员育人的教育实践，同样需要关心和关注教职员工在面对自身生存现状、职业诉求和具体实践时的心理状态和情绪变化，及时进行相关引导和教育，促进其社会化的进一步“成熟”，使其能够更加明确育人责任，更好地完成育人工作。

2. 实现立德树人的根本任务

教育是不断引导社会个体认识事物、掌握规律并探索真理的实践活动。但是纯粹的知识集合并不能作为教育活动的逻辑起点，也不能作为个体发展的最终归宿。自古以来，人们常常以德论英雄，品德高尚的人为世人所称颂，美名远扬；品德低劣的人则被众人所唾弃，为人所不齿。可见，德行与智行往往相伴而生、互相影响。高尚的心性和品质不仅能够为行为活动保驾护航，更能够丰富和充盈个体的内心世界。同时，个体的道德水平对于社会的发展也至关重要。一个民族、一个国家，若多数成员具备较高水平的道德品质，社会矛盾与问题就会减少，人们的生活也更加和谐。

对个体德行的培育归结到底就是要实现立德树人的教育目标。2016 年，国家领导在全国高校思想政治工作会议上指出，高校立身之本在于立德树人，要坚持把立德树人作为中心环节，把思想政治工作贯穿教育教学全过程，实现全程育人、全方位育人。十九大进一步强调要落实立德树人的根本任务，培养德智体美劳全面发展的社会主义建设者和接班人。这一战略定位不仅科学回答了我国社会主义教育事业“培养什么样的人、怎样培养人和为谁培养人”的根本问题，更是确立了新时代背景下高校加强和改进思想政治工作质量的根本任务。

立德树人是我国传统教育思想中的核心理念，“立德”与“树人”二者互为条件、辩证统一。立德树人，以德为先，讲究的是以“立德”为条件，以“树人”为目的的教育思维。立德树人是当检验高校教育工作质量和成效的根本标准，其不仅要求教育对象具备一定的道德知识、形成一定的道德情感、承担一定的道德责任，更需要理解和掌握社会主义思想道德的核心内容、作出正确的道德判断、坚定社会主义道德信仰、自发形成高尚的道德行为，引导教育对象在日常生活和学习工作中向往和追求讲道德、尊道德和守道德的生活。

3．满足人的自由而全面发展

马克思强调人的自由而全面发展应是理想共同体（共产主义社会形式）的永恒主题和崇高理想，并且指出“每个人的自由发展是一切人的自由发展的条件”，这同我党我国在社会主义革命、改革和建设过程中始终将人民的利益放在首位是一致的。思想政治教育作为根源于人的精神生产的实践活动，是个体的存在样态和活动方式，其在实现人的自由而全面发展过程中，发挥着关键性的作用。高校“三全育人”的主体作为新时代思想政治教育的新理念和新举措，聚焦于每一个内部个体自我价值的实现，遵循着构建以人为本的现代思想政治教育的发展趋势。

人的自由而全面发展应该包含两个方面的内容。首先，自由而全面的发展是科学的发展、和谐的发展、可持续的发展。自由，代表着现代社会生活的理想状态和最高价值。马克思认为“自由”是人类个体生存实践的应然状态，是主体自我的充分展现，表现为一定的支配外部现实和内部自我的能力。简单来说，自由的发展是指个体在正确认识外部世界（自然界与社会）的基础上，能够合乎目的和理性地支配对象和自我的能力。在马克思看来，全面发展包括了身与心的全面发展、人的需要的全面满足、人的能力的全面发展、人与自然的和谐统一，涵盖了人与自然、人与社会、人与人及自我之间的方方面面。

但是，人的自由而全面发展并不是片面地、一味地强调个体主观意志，而是体现了人的发展与社会发展、物质发展和精神发展、个体外在价值和内在需求的辩证统一。人的发展是实现社会发展的前提条件，只有个体不断进步、蜕变，社会才能不断前进。反之，社会发展是实现个体发展的基本保障，社会营造着个体成长的生活环境，外部条件的提升必然有助于个体更加全面科学地成长。同时，人的自由而全面发展是随着人类在掌握客观真理、认识自我的进程中逐步得以实现的，是长期性目标和终极理想。以现阶段的不可实现性来否定人的自由而全面发展的合理性和科学性，是没有认识到人的发展与社会发展之间规律的偏见认知。

（二）社会层面：功能性作用的最大发挥

服务于中国特色社会主义国家建设和改革发展是教育现代化的现实要求。同样，高校“三全育人”的主体也必须发挥其社会功效和建设功能，才能充分体现思想政治教育作为党和国家生命线的重要作用。

1．提升高校思想政治工作质量

为全面贯彻落实党的十九大精神和全国高校思政会议精神，中共教育部党组印发《高校思想政治工作质量提升工程实施纲要》，以当前高校思想政治工作领域中存在的短板弱项和不平衡、不充分问题为焦点，力图在高校构建以“十大育人体系”为基础的协同育人机制和一体化育人体系，切实打通“三全育人”“最后一公里”，提升高校思想政治工作质量。高校思想政治工作质量直接反映出高校思想政治工作的性能水平、发展程度、价值彰显和预设目标的达成等，深刻影响着人才培养的质量层次和高校发展的基本方向。

提升高校思想政治工作质量是《实施纲要》的出发点和着力点，也是“三全育人”的主体价值追求的现实旨归。只有不断提升高校思想政治工作的质量水平，才能充分真正发挥思想政治教育在人才培养中的引领作用。长期以来，我国高校思想政治教育过于专注规模扩张和思想灌输，“多投低产”的育人思维和育人方式不仅削弱了思想政治教育的质量和效果、打击了思想政治教育工作者的积极性，更是影响到了青年学生的思想道德素质和精神成长水平。新时代高校“三全育人”的主体要求坚持育人导向、突出价值引领，将思想政治教育与学生成长成才规律、教书育人规律有机结合，在着眼于思想政治工作“量”的积累的同时，更加注重思想政治工作“质”的提升，要求以“‘优质’‘精良’‘高效’为追求，更加自觉地树立以人为本、以德为魂、服务发展、全面综合的科学质量观。”[①]

科学的质量观不仅有助于提升高校思想政治工作的实效性，更有助于提高人才培养质量，而人才培养质量的高低又直接影响着社会发展和建设的水平。社会个体在学习培养中成为人才，不仅需要具备专业的技能知识，要需要具备较高水准的思想道德素质，也就是说高校教育不仅需要智育、更需要德育。高校“三全育人”的主体这一新的教育理念和实践策略，以满足学生成长成才的需求为前提，全面统筹高校各领域、各环节的育人资源和育人力量，推动实现知识传授、能力培养与理想信念、价值理念、道德教育的有机结合，是提升高校思想政治工作质量的必要手段。

2. 促进高等教育内涵式发展

党的十九大报告明确指出要“加快一流大学和一流学科建设，实现高等教育内涵式发展。”高等教育作为培育高素质社会人才的基本途径，肩负着人才培养、科学研究、社会服务和文化创新的多重任务。实现高等教育内涵式发展是党中央、国务院在新时期为推动我国实现从高等教育大国到高等教育强国转变的重大举措，努力使我国高等教育走上世界一流的行列，成为教育领域的引导者和领军者。

高校思想政治工作与高等教育工作紧密联系，二者互为表里，相互影响。高校思想政治工作渗透高校教育工作的方方面面，是高校教育工作的重要组成部分，是引领教育对象形成科学的理想信念、价值理念和道德观念的主要手段。创新高校思想政治教育工作方法、优化教育内容供给、激活高校思想政治教育工作内生动力，对于高等教育内涵式发展具有极其重要的促进作用。高等教育内涵式发展也是提升高校思想政治工作质量的必要条件。高等教育在国家建设和民族发展的进程中占据着重要的地位，教育事业的科学化发展意味着教育资源配置的科学性、教育环境营造的合理性等，是滋养其他方面教育工作的优良土壤。

[①] 沈壮海，董祥宾. 论新时代高校思想政治工作质量的提升[J]. 思想理论育，2018（8）：11-15.

虽然高校“三全育人”共同体直接服务于提升高校思想政治工作质量的现实要求，但同时也间接性服务于高等教育内涵式发展的基本目标。统筹推进“双一流”大学建设、实现高等教育内涵式发展离不开高校思想政治工作的全面助力，高校思想政治工作的质量提升也离不开高等教育内涵式发展的实施保障。只有不断促进高等教育科学化、合理化发展，才能始终在人才培养中占得先机，为国家建设和社会进步提供强有力的储备力量。

3. 维护社会秩序并推动进步

教育从来就不是孤立的活动，而是与社会经济、政治和文化发展紧密相连、相互作用的。教育对社会的影响不是即时性的，而是延时性的、渐变性的，这是因为人才培养的周期较长。思想政治教育作为培养社会人才的重要实践活动，其发展程度直接影响着社会建设的质量和水平。同样，“三全育人”共同体作为提升高校思想政治工作质量和促进高等教育内涵式发展的全新理念与育人格局，本身也服务于时代发展、社会建设和国家进步。从根本上来说，“三全育人”共同体从何种程度上满足社会发展的需要，不仅是其存在合理性和社会价值的体现，更是共同体的价值追求。

整体来看，“三全育人”共同体价值追求的最高层次在于维护社会秩序与稳定、推动社会建设与发展，主要通过培养德智体美劳全面发展的社会主义合格建设者和接班人、培养担当民族复兴大任的时代新人实现。从经济建设角度来看，社会发展的根本动力在于生产力的发展，而生产力的发展又与人的发展紧密相连。换句话说，劳动者的素质在一定程度上决定了经济发展的质量和水平。高校“三全育人”的主体坚持以育人为导向，为社会主义建设输送具有高水平科学文化素养和劳动技能、思想道德素质和职业道德的综合性人才，积极调动其在社会建设中的积极性和责任感。从政治建设的角度来看，“三全育人”共同体的重要价值在于培育具有强烈社会主义政治意识和主人翁意识的接班人，鼓励青年人坚定共产主义信仰，积极参与到国家建设中，成为社会主义合格建设者。同时还要引导青年学生在复杂的意识形态斗争中保持清醒的头脑，能够有辨别地接受先进思想、摈弃消极思想。从文化建设的角度来看，高校“三全育人”共同体秉承着高校教育的部分职能，在继承和弘扬传统文化中发挥着不可忽视的积极作用。在思想政治教育过程中，我们不仅要批判继承传统文化，还要传播和弘扬优秀文化，着眼于时代精神对文化发展进行创造性转化，从而使优秀的传统文化获得新的生机与活力。

第二节 影响“三全育人”价值追求的主要因素

影响高校“三全育人”共同体价值追求得以实现的现实因素是复杂的，不仅包括现代性社会生态、高等教育发展状况，同时还受到思想政治教育内部矛盾的影响。本书从以上三个方面详细梳理了实现该共同体价值追求的现实困境，以便对症下药，提出具有可行性的建设性路径。

一、现代性社会生态阻碍了主体价值追求的再构

现代性社会生态同现代化社会进程相伴而生，是由农业文明走向工业文明过程中社会生态的总体趋势，一方面表现着生产力飞速发展带来的社会经济、政治和文化等领域的制度变迁或改革，另一方面又呈现着社会精神价值、文化生态和伦理道德等的不断解构与重塑。这一现实环境于高校“三全育人”的主体及其价值追求的实现来说，是无法回避且不容忽视的。

（一）关系网络的扩大化削弱了社会个体的责任感

尼采言：“从本质上讲，人类社会就是一个关系社会。”马克思主义认为，人的本质是一切社会关系的总和。所谓关系，一般意义上是指人与人之间所具有的某种性质的联系，这种联系建立在人的实践活动和交往行为上。区别于具有较强中国特色的社会性和文化性含义的“关系”，是一个中间性概念。在长期的历史发展过程中，人与人之间的互动交往形成了一个复杂且庞大的关系网络，所有的要素都处于这个关系网络当中。从某一方面讲，不同共同体实质上就是不同关系网络的聚合。例如血缘关系共同体、地缘关系共同体和业缘关系共同体等，都是基于不同的关系特征和关系强度形成的共同体形式。

随着生产力水平的不断提高，人们不仅促成了不同关系的链接，还实现了关系网络的扩张。各种各样的关系共同体不断涌现，例如互联网交互时代的网络关系共同体。关系网络的持续扩大一方面为个体的发展创造了更多的条件和可能性，另一方面也导致了人与人之间关系强度的弱化，直接降低了个体与共同体的紧密性，削弱了社会个体的责任感。因为在扩大化的关系网络中，人们既没有强烈地感受到集体公共资源对自身需求的满足，也没有意识到社会活动的公共性品质，人们甚至不会估计或担忧自身

的行为可能对他人的生活产生的影响，缺乏融入共同体的积极性和为共同体的发展贡献自我的责任感。

现代性社会生态的这一特征对于实现“三全育人”主体的价值追求的影响是明显的，直接表现为共同体内部育人主体身份认同模糊。现代高校多采取跨区域、跨领域的合作办学模式，呈现出一种“半开放式”的发展状态。部分处于“中间层”或“边缘区”的高校教职员工认为提升学生的思想道德素质与自身无关，不关心也不关注，育人主动性不高、责任意识淡薄。这是因为多数教职员工没有认识到自身处于“三全育人”主体的关系网络之中，没有认清自身与共同体之间的关系，将自己置于育人工作之外。同时也存在部分“中心区”的教职员认为，育人工作是思想政治理论课教师或辅导员、班主任的责任和义务，导致部分教育主体与共同体价值追求之间的共鸣程度不高，难以从理论层面和精神层面认识到“三全育人”的主体价值追求的重大意义，在服从价值目标、参与集体行动等方面缺乏主动性和一致性。

（二）“价值流动”的素食性降低了社会主流价值的认同度

社会主义主流价值是思想政治教育的重要内容和主要支撑，然而现代社会的多元不确定性在一定程度上降低了主流价值的认同度，影响了思想政治教育的实际效果。这是因为，“传统社会向现代社会转变是一个社会结构逐步异质化、多元化的过程。异质、多元的现代社会结构塑造了利益分化、多元的价值主体，引发了社会价值观的多元化景观。”[①]个体在社会生产实践活动中承担着不同的职能且形成了不同的生活需求、情感体验和价值理念等。这一转型过程虽然有助于人们在日渐自由化的社会环境中作出价值选择并实现个体价值，但同时也面临着“价值流动”带来的危机，即现有的任何价值基准和规定都被视为临时性基准，不会被看成最终的和不可变更的基准，个体的价值参照标准变得不确定。

这种由现代社会分工和自由化发展带来的“价值流动”是充满风险的，乌尔里希·贝克在其《风险社会》里曾描述过这种迅速全球化和个性化社会生活中的理念危机。他认为在现代社会中，任何可控的、确定的和安全的理念或价值都已经接近崩溃或已经崩溃，并且比任何时候都崩溃得还要激烈、彻底。在我们栖息的这个新世界中，人与人之间的界限不明、社会

[①] 叶方兴．社会分化与价值引导——思想政治教育社会学的基本问题论析[J]．思想教育研究，2015（5）：8-11．

管控不足等导致失范问题频发。帕克在其城市社区研究中也表示大都市的流动性必然会模糊人的理念、破坏人的道德，这是现代性社会发展带来的消极体验。表现为过分的个人主义化和自我中心化，一味批判任何带有价值共识表征的现象，社会个体对主流价值如“善”“美德”等共同理念持冷漠甚至反对态度，认为其剥削并压制了个体的利益和自由。共同道德和行为准则的消逝又反过来巩固了具有排他性的个人主义行为方式，形成一种恶性循环。

以往，人们在意识形态较为封闭、单一的情况下价值取向和价值选择也较为明确，但是随着意识形态领域多样文化和多元价值的发展趋势，教育对象的思想和行为日渐趋向多样化和多元化，这无疑增加了思想政治工作在纷繁复杂的社会思潮中对人们进行价值引导的难度。与此同时，价值多元与价值选择的自由性也影响了人们对于主流价值的认知度和认可度，从而直接影响思想政治教育的育人效果。

（三）市场资本的逐利性遮蔽了人文价值的重要性

马克思曾述：资产阶级在它已经取得了统治的地方把一切封建的、宗法的和田园诗般的关系都破坏了。它无情地斩断了把人们束缚于天然尊长的形形色色的封建羁绊，它使人和人之间除了赤裸裸的利害关系，除了冷酷无情的“现金交易”，就再也没有任何别的联系了。马克思对资本主义经济中人与人、社会、自然关系的深刻剖析，揭露了资本主义经济关系的利益本质和市场规则的逐利性。

在市场经济规则下，科学技术的发展前景及其创造的经济效益让人们认识到知识传授和技能培训的重要性，教育因其承担的人才培养功能而受到前所未有的重视。物质文明成果的充分显现和张扬，造成了“知识价值”高于“人的发展”的价值倾向，教育逐渐成为个体实现个人利益、攫取他人利益的手段和途径。相对而言，以“人的发展”为核心的教育理念和精神性内容被不断挤压、遮蔽，教育逐渐失去了它原本的人文色彩和个体关怀，走向了功利主义和实用主义。这一社会生态对现代教育和思想政治教育的影响是深刻的。为了适应知识经济时代人才培养的速成，过去乃至现在，思想政治教育常以“通约式”的命题、“知识性”的灌输、“常识性”的记忆为表征，不断向教育对象施压，加剧了理论的“空洞化”、知识的“单一化”。同时，“工具化”的实践模式、“实用性”的功利取向，又进一步遮蔽（弱化）了思想政治教育的价值理性，使之很大程度上成为一种知性教育。

教育领域的知识论倾向不限于思想政治教育，其他教育领域和学科研究也深受影响。从学科选择、专业择取到未来职业生涯规划，专业技术教育与人文教育之间的矛盾随处可见，还有与之伴随的工具理性和实用主义。人们在思考问题时，往往以“是否有用”作为衡量事物或活动价值的唯一标准。不可否认，工具理性思维在多数情况下能够协助个体权衡利弊，作出利益最大化的选择。然而，并不是任何问题的高效解决都能完全依靠理性思维的判断。于是，在理性思维不能发挥其功能或效果不理想时，个体就会陷入自我怀疑或是自我否定的泥沼，容易出现非此即彼的极端思维或行为。高校教育的工具性倾向还体现在价值评估的功利性和分散性。如为了进一步提高人才培养的质量，部分高校采用量化标准加以评判，“分数”“证书”等成为衡量人才质量的唯一标准，导致部分高校在人才培养上只注重考试技能和专业知识的灌输与掌握，缺乏对教育对象内心世界的关注。

二、高等教育的发展困境阻碍主体价值追求的共进

高校“三全育人”共同体的价值追求作为具有共识性和指向性的实践目标，需要在整个高等教育的大环境中受到“滋养”，才能够得到完全支持并充分实现。然而从现实情况来看，高等教育的发展面临着重重困境，这些困境又进一步影响了集体性价值理想的培育和传播，增加了实现共同体价值追求的难度。

（一）教育资源配置不平衡导致价值追求难以同效

众所周知，人之所以建立各种形式的联合是因为生存、发展的需要。集体性资源的加持不仅可以促进个体成长，还可以提升成员获得感、归属感并增强成员之间的凝聚力。然而，由于社会整体教育资源的有限性和教育资源优化配置的取舍，高校之间的发展差距是真实且长期存在的。改革开放以来，国家为了促进高等教育的创新发展，设置了一批优先发展“名单”和工程项目，在政策和资金上给予部分高校和学科一定倾斜式的支持，极大程度推动了这些“排头军”向世界一流水平高校和一流水平学科发展并靠拢，也为社会主义建设培育了一大批专业化的高素质人才。倾斜式的资源配置虽然产生了良好的社会效益，但也造成了一些消极影响，即高校之间发展差距的持续性扩大。资源配置的不平衡扩大了高校发展之间的差距，而高校之间的发展差距又进一步固化了这种不合理的资源分配方式，

形成了一种非良性循环，这一局面的破解需要社会发展思维的转变和国家战略政策的调整。

总体来看，高校之间的发展差距不仅阻碍了高等教育的公平化和科学化发展，也对“三全育人”的主体价值追求的实现产生了消极影响，即造成共同体价值追求的实现难以同效。需要注意，本书这里所讲的“同效”并不是育人效果的完全同效，而是相对同效，即教育资源投入与人才产出质量比的差距。

纵向而言，部分“前列梯度”的高校因为教育资源相对充足以及师资力量的保证，其在人才培养过程中对各类育人活动的投入总量相对较多、覆盖面更广，更容易开展相关工作，取得一定的育人成效。然而对于“后列梯度”的高校而言，常常因为教育资源如教学设施、图书资源、师资力量等方面的紧张，无法有效满足青年学生群体的多样化需求和个性化发展，在育人活动的开展上时常处于“被动地位”，育人成效提升困难。当然，这种差距也体现在横向同水平高校之间。在创新发展过程中，部分高校会依据自身状况和发展定位，在实际育人活动中调整教育资源的分配，同样也会造成了育人成效上的差距。如对于理工类高校而言，学校在教育资源，尤其是资金分配上往往会倾斜于优势领域或主打学科。这一情况对高校内部哲学社会科学的课程创新和教师培育必然是不利的，而哲学社会科学课程与教师是高校思想政治工作的重要渠道和关键主体，其成熟程度直接影响着青年学生群体价值观塑造和思想道德培养的质量和水平。

（二）学科分化发展走向增加价值追求的共感壁垒

当前，我国高校学科建设与发展呈现“分化—整合—分化”的总体趋势，这一现象是社会发展和改革深化带来的必然结果。学科分化是指由于社会分工细化和实践专门化，学科在发展过程中开展分门别类的研究而不断产生新的分支学科的过程。马克思曾述一个民族的生产力发展水平，最明显地表现于该民族分工的发展程度。任何新的生产力，只要它不是迄今为止的生产力单纯的量的扩大，都会引起社会分工的进一步发展。虽说学科分化或学科再整合是社会生产力发展的必然趋势，推动了理论繁荣和实践创新，但在一定程度上增加了集体性价值追求的共感壁垒，主要体现在以下几个方面：

首先从跨领域学科之间来看，如自然科学和哲学社会科学。作为三大科学领域中的两项，自然科学主担科技创新，专攻重大科学问题，服务于建成世界科技强国的发展目标；而哲学社会科学主责思想理论创新，紧扣时代脉搏，构建中国理论体系，为促进时代发展建言献策。两者由于研究对象、研究手段和研究方法的较大差异，在发展和建设过程中往往“交集”有限，在一定程度上缺乏对共同育人追求的共情基础。同时，自然科学专业课自身意识形态性较低或没有意识形态性，加之专业课教师育人意识不强、育人方式不当、理论素养不够等问题，影响了其实现共同体价值追求的主动性，育人成效并不十分理想。

其次从同领域学科之间来看，如哲学社会科学中的马克思主义理论、哲学、教育学、社会学和考古学等。虽然绝大部分学科具有一定的或鲜明的意识形态特征，能够积极响应甚至主动践行高校“三全育人”主体的价值追求，且因为研究方法互通和研究内容交叉的特点，其对于共同体价值追求的共感度和认同度较高。但部分学科在学科分化的推进中，也存在思想政治教育优势被逐渐弱化的问题，如在教学目标中轻视育人重要性、在教学内容上淡化人文关怀、在价值追求上走向功利主义等。同时，部分学科在成立之初，为了谋求独立发展的环境和条件，常常关起门来搞改革、搞研究，缺乏与其他学科之间的交流、互动，表现出消极的育人态度和施教行为。

三、思想政治教育内部矛盾减损了价值追求的内生

高校“三全育人”的主体及其价值追求的实现，与思想政治教育的发展态势息息相关，其中理论研究与实践工作之间的隔膜、育人队伍建设不到位和话语体系建构相对不成熟等问题，一定程度减损了共同体价值追求的内生。

（一）理论研究与实践工作之间隔膜难消

理论研究和实践工作是思想政治教育的两大基本领域，二者的契合发展不仅可以助推思想政治教育学科建设，还有助于提升思想政治教育育人实效。然而由于活动方式、人员配置和资本投入等方面的差异，两者之间的矛盾长期存在于思想政治教育产生、形成和发展的各个阶段，不仅阻碍了思想政治教育的科学化发展，还造成了一定程度的内耗，影响了人才培养质量。

对于“三全育人”主体的价值追求而言，思想政治教育理论研究发挥着关键性和基础性的作用，能够为价值追求奠定理论基础，增强学理性和

说服力。但是，当前部分理论研究者常常囿于学科地位、价值意义等合理性问题的论证，缺乏问题意识和宏观视野，难以多角度、多层次深刻分析共同体在建构和发展上面临的现实问题。还有部分学者忽视思想政治教育的发展规律和本质特征，为创新而创新，将其他学科中不适用于思想政治教育创新发展的规律或理念引入理论探索，导致某些理论问题越来越难以理解，实践方案越来越难以具体操作。

思想政治教育实践工作与“三全育人”主体价值追求之间的关系同样密切，一方面，共同体的价值追求是实践工作的目标指引和评价标准；另一方面，实践工作的开展效果又可以反过来调整和完善共同体的价值目标。但是，就目前的现实状况来看，思想政治教育实践工作面临着问题复杂多变、工作量繁重等多重困难，严重影响到价值目标的实现。同时，晦涩理论与现实问题的不对接又常常让实践工作者“拒绝”理论支持，盲目探索浪费了大量的人力物力资源，部分成功经验也因为缺乏理论基础而难以上升为一般性行动方案，成果转化率不高。

（二）育人队伍建设不足导致内聚性不强

一般来说，强大的组织团队对于实现集体性目标事半功倍。对于高校思想政治工作而言，育人主体之间的高效合作和良性互动不仅能够提高育人实效，还能推动学科建设。但是，当前高校思想政治工作队伍存在责任不明、专业素养不够等问题，极大地影响了育人工作的针对性和实效性。

首先，思想政治教育专职队伍责任不明，缺乏合作意识。高校思想政治教育专职队伍是指专门或主要从事思想政治教育工作的教职员工，一般包括学校党政干部、思想政治理论课教师、辅导员、班主任和学生工作中的专职人员等。思想政治教育专职队伍是育人队伍的核心和骨干，在育人活动中发挥着主导性作用。在现实工作中，由于育人活动的复杂性和工作侧重点的不同，教师往往更加注重理论研究与课堂教学，辅导员和学生工作者更加专注于学生日常教育与管理等工作，容易出现管理、教学和服务等各领域“条块分割，各自为战”的尴尬情况。加之工作岗位待遇偏低、地位不高、工作成果难获认同等现实问题，思想政治教育专职队伍职业归属感不强，或者部分专职人员局限于自我职能范围内的育人工作，缺乏协同创新、互帮互助的合作意识。

其次，思想政治教育非专业队伍专业素养不够，育人效果不强。思想政治教育非专业队伍是指思想政治教育专职队伍之外的高校育人队伍，包括其他学科专业课教师与研究员、行政管理人员、教学辅助人员和后勤服务人员等。思想政治教育非专业队伍是育人队伍的补充，同样承担着非常重要的育人作用。然而，受各方面条件的限制，思想政治教育非专业队伍往往并不具备扎实的理论知识基础，如思想政治教育学科知识、心理学和教育学知识等，业务技能匮乏，在教育教学、学生工作和服务工作中不能及时把握与学生良好互动的时机开展有效的育人工作，常常力不从心。同时，部分专业课教师还存在育人认识不高、育人信念不牢、育人责任不担等问题，没有与思想政治教育专业队伍形成良好的交流互动、融合对接的工作格局。

（三）话语体系建构不成熟减弱影响力

思想政治教育是一门年轻的学科，其学科理论、思维方式、实践方法、价值范式等正处于建构、发展和转型阶段，尚未在思想政治教育共同体内部达成完全共识。加之其发展建设离不开对教育学、政治学、社会学和心理学等学科理论的借鉴，因而，学科标志性概念、范畴和表述打造相对困难。思想政治教育话语体系作为中国特色社会主义理论话语体系的重要组成部分，由于相对滞后于社会主义建设速度和学生个性诉求，其在人才培养上发挥的作用往往不尽人意。

首先，思想政治教育话语内容混淆不清。作为一门具有较强意识形态性的理论和实践学科，思想政治教育始终保持着与中国特色社会主义建设的高度一致性。然而，这种高度一致性在一定程度上混淆了中国特色社会主义话语体系与思想政治教育话语体系之间的关系，思想政治教育工作者常常把本来应该放在指导地位的政治话语直接套用到青年群体身上，缺少针对话语对象的有力解释和有效转化，致使思想政治教育的核心理论和价值理念缺乏亲和力和针对性，无法满足学生的个性化成长需求和发展期待。同时，由于经济发展和社会建设的巨大变化，青年学生群体的交流出现国际化、网络化等趋势，传统的思想政治教育话语体系并没有完全适应教育对象思维模式和表达方式的转变，影响了育人目标的充分实现。

其次，思想政治教育话语空间多元博弈。随着信息技术革命的推动和学生多元化需求的发展，高校思想政治教育话语空间扩大、细化，呈现现实空间和虚拟空间相互交融共生的态势，且虚拟空间的流变性较高，一定程度上削弱了思想政治教育话语的影响力。同时，微博、微信、QQ、网络直播、短视频等，不同形式的交往方式又极大地分割了主体的时间和精力。为了在不同的话语空间占领制高点、掌握话语权，部分高校没有重点地追着学生跑，不仅加重了思想政治教育工作者的任务量，也不利于个体精神世界的构建和价值观的建设，极大地减损了思想政治教育的整体实效。

第三节 打造“三全育人”价值共同体

不管实现何种形式、何种程度的价值目标，都需要遵循一定的逻辑程式。对于高校“三全育人”共同体的价值追求而言，其实现既依赖特定思想内容的引领和凝聚，也依赖组织主体、运行机制和环境因素的助推。因此本书认为，实现高校“三全育人”共同体的价值追求，首先要在一定思想文化的基础上凝聚共识，增强个体对共同体价值追求的认同度；其次要重塑育人组织体系，以责任共担来培养归属体验，增强个体对共同体价值追求的责任感；再者要推动各育人要素之间的交流、互动，营造价值追求的共生空间，促进资源整合、协同发力；最后要建立一定的目标评价和考核体系，保障共同体行动方向的科学性和正确性。

一、夯实理论基础，增强价值认同

共同体的价值追求能否体现内部成员的集体意志和内核一致性，是其得以实现的先决条件。因为只有内含共同的价值理念和精神信仰，成员们才会认同该价值目标。从根本上来看，高校“三全育人”共同体的价值追求深深扎根于中国特色社会主义的历史土壤，必须以马克思主义理论为基石、以社会主义核心价值观为旗帜、以优秀传统文化为养分，才能够获得普遍认同。

（一）以马克思主义理论为基石

区别于其他形式的育人共同体，高校“三全育人”共同体应该牢牢守住马克思主义理论这一基石，以保证其价值追求的正确性、科学性和指导性。这是因为，马克思主义理论不仅是无产阶级和广大人民群众认识世界、改造世界的思想武器，更是工人阶级争取阶级解放和人类解放的科学理论。大量历史证明，只有坚定地以马克思主义科学理论指导社会主义改革和建设，才能不断开创中国特色社会主义的新局面。坚定的马克思主义信念不仅是维系社会主义国家的强大精神纽带和思想动力，更是培育新时代高素质人才的科学理论基础和价值引领。

马克思主义理论不单单指马克思、恩格斯创立的科学社会主义理论和列宁主义，还包括毛泽东思想、中国特色社会主义理论体系在内的马克思主义理论中国化的理论成果。尤其是习近平新时代中国特色社会主义思想，其在理论与实践相结合的基础上，系统回答了新时代坚持和发展什么样的中国特色社会主义、怎样坚持和发展中国特色社会主义这个重大时代课题，具有高度的科学性和强大的生命力。

高校思想政治工作的开展离不开科学的马克思主义理论的指导。首先，高校“三全育人共同体”的价值追求应该以马克思主义科学理论为基础，全面贯彻马克思主义理论中关于人的全面发展的思想，关注、关心、关怀学生的个性发展和多样需求。其次，将马克思主义理论素养作为大学生素质培育的核心内容。在塑造学生的世界观、人生观和价值观时，积极引导和帮助学生树立共产主义的远大理想和坚定的马克思主义信念、掌握扎实的马克思主义理论知识和实践方法，推动学生沿着科学、正确的方向成长成才、全面发展。

（二）以社会主义核心价值观为旗帜

社会主义核心价值观不仅是中国特色社会主义的本质属性，更是深度对接了适合人类共同需要和发展的价值诉求，是普遍共性与具体个性的辩证统一。就中国特色社会主义的发展而言，社会主义核心价值观作为当前经济建设深刻转型期价值追求的科学凝炼，服务于社会主义发展的需要。作为一种内在的精神驱动力，社会主义核心价值观在引领社会发展方向的同时，还支配调节着社会全体成员的社会行为和实践活动。

社会主义核心价值观以价值为抓手，从国家、社会和公民的角度着力打造现代价值共识和理念信仰。高校是社会主义人才培养的摇篮，只有理解并掌握好社会主义核心价值观的重要意义和理论精髓，才能不断丰富和拓展高校教育的内涵，引导学生健康成长。就高校思想政治工作而言，社会主义核心价值观作为党和人民在历史发展过程中提出来的最新理论，不仅是马克思主义现代化的最新成果，更是全国人民的思想结晶，是高校思想政治教育的基本内容。利用社会主义核心价值观不断拓展高校思想政治工作的新理论、新方法和新思想，在塑造青年学生国家认同感、民族归属感和社会责任感的同时，引领青年学生形成科学的理想信念，实现育德育人的教育目标。

（三）以优秀传统文化为养分

文化不仅是一个民族的灵魂和血脉，凝聚着整个民族对世界和生命的历史认知和现实感受，还积淀着最深层次的精神追求和行为准则，承载着民族自我认同的价值取向。对于一个民族共同体而言，民族文化的基因渗透每一个个体的潜意识和灵魂深处，并通过某些象征意义和情感共鸣，来确认自我的身份归属和安全感，是民族成员获得民族身份并形成民族共识的精神纽带。

共同体价值追求的承认度和影响力很大程度上受到共同体文化内蕴的影响，“只有从中华民族的土壤中生长出来的价值目标、价值取向和价值追求，才能反映中华民族的发展规律。”[①]共同体内部成员具备越高的文化相似性，就越容易形成较为一致的价值观念和思维方式，“只有共同文化思想脉络的契合，共同体内核才能具有高度的内敛性。这些共同的文化特质主要包括共同的文化意识形态取向、共同的价值观念、共同的道德规范、追求真理的精神、坚持正义的品性等。它被共同体成员认可接受，并伴随于日常行为。”[②]这些特征是共同体得以形成、维系和发展的内在依据，也是共同体成员之间增进彼此了解，产生集体精神归属感的源泉所在。

“三全育人”共同体孕育并成型于我国改革发展的历史洪流和时代背景中，本身就带有鲜明的民族文化色彩，与我国传统文化同根同源，既是高校思想政治工作对现实需求的回应，也是对历史进步的映照。因此，想要实现“三全育人”共同体的价值追求，就绝不能放弃对优秀传统文化的挖掘，要深刻体现出共同体价值追求的历史必然性和其深厚的文化内涵，才能实现“三全育人共同体”的持续性发展。

二、构建组织框架，共担育人责任

共同体价值追求的实现，不仅依赖于一定的情感共鸣和价值共识，更需要内部成员之间的高效配合和良性合作。以往高校思想政治工作各个部门长期处于各自为政、行动松散的原因就在于没有真正形成思想政治教育责任体系，影响了育人效果。对此，需要建立学校党委统一领导，思想政治教育专业队伍引领，其他队伍协同支撑的全员参与的责任体系。

---

① 王树荫，温静．民族精神在社会主义核心价值体系中的地位作用[J]．北京教育（德育），2012（5）：18-21．

② 董杰．论思想政治教育共同体的涵蕴、建构路径及其意义[J]．宁夏党校学报，2012，14（3）：22-25．

（一）以学校党委行政领导为前提，加强顶层设计

发挥各级党组织的育人功能和统筹协调能力，是破解高校思想政治工作各部门单兵作战问题的强大保障。

首先，学校党委应设置高校思想政治工作委员会以及思想政治教育工作的行政领导（一般为学校党委副书记作带头人），“分管马克思主义学院、党委宣传部、学工部、团委等涉及思想政治理论课教学、学生党团活动的部门，为构建大思政格局奠定组织基础。”[①]党组织和党员干部尤其是学校层面的党委，应该担负起思想政治教育工作统筹、决策咨询和评估督导的各项责任，结合高校发展的实际情况，将“三全育人”共同体的价值追求纳入学校的整体发展规划和年度工作计划当中，切实为高校思想政治工作画好“线路图”，制定“时间表”，明确“责任人”。

其次，发挥院（系）党组织的核心作用和基层党组织的战斗堡垒作用。学校层面的党委领导和行政支持是必然的，院（系）党组织和基层党组织的跟进、协同则是必要的。高校思想政治工作是一项综合性、整体性和系统性的工作，依赖于高校内部相关部门的协同合作。只有将不同部门不同人员的责任和工作配合起来，才能发挥思想政治工作的育人功能、实现思想政治工作的强大合力。

再次，以学校党委为中心、以校行政领导为前提，由教务部门牵头定期召开思想政治工作交流会，探讨各部门如何协调配合共同做好思想政治工作。校级分管领导若不及时召开工作会议，不采取有效措施或手段提升思想政治工作，必然会降低思想政治工作在高校教育管理等方面的可信度。分管领导和各部门领导要在日常工作中及时发现问题，并将问题反馈给其他部门以求共同解决，凝聚行政、管理和后勤等各方面的育人要素，共同发力。

（二）以思想政治教育专业队伍为核心，构筑学科共同体

思想政治教育专业队伍是实现“三全育人”共同体价值追求的引领中心。

首先，构建思想政治教育学术共同体。理论研究，尤其是基础理论创新研究是一个学科得以延续、发展并走向辉煌的强大支撑力。思想政治教育学科作为一门年轻学科，需要高度重视基础理论方面的研究，要

[①] 王宇雄．多措并举构建高校校内思想政治教育共同体[J]．河北农业大学学报（农林教育版），2018（8）：89-92．

以追求学术真理为目标、在共同学术理想的指导下，构建思想政治教育学术共同体，包括学科专家和研究员共同体、专业硕博研究生共同体等，加强对思想政治教育原理、方法和历史论等方面的研究，推动学术思想“百家争鸣”。

其次，构建思想政治教育实践共同体，以切实将理论成功运用于实践操作或及时将实践经验升华为理论原理。思想政治教育理论与实践始终是不可分割的，是同一活动过程的不同方面。理论需要实践加以证实并修正，实践依赖于理论的支撑和指导，两者相辅相成，共同进行。例如，思想政治教育专业工作者可以在各类管理、文化、心理辅导和服务活动中担任学业导师或班主任等，切实加强师生之间的真挚交流，提高育人成效。

最后，以教育教学为中心环节链接思想政治教育理论与实践，构建学习共同体。高校思想政治理论课是思想政治教育的主渠道、主阵地，课堂教育教学可以充分展现思想政治教育学以致用的教学目标。在促进学生学习的基础上构建以思想政治理论课为核心，辅助“学原著·读马列”“开学思政课”“领导讲思政”“思政名师课堂”等多种形式。

（三）以其他队伍工作协同为支撑，提升合作力度

一个群体之所以成功，取决于它的团结程度和整体实力，取决于它的每一个个体能否为了共同的目标而协调合作、共同努力。思想政治教育是一项系统性、整体性工作，仅仅依靠校级层面的统筹设计和思想政治教育学科队伍的建设是远远不够的。高校“三全育人”共同体的构建还依赖于高校其他部门不同人员之间的工作协同。如机关及直属单位、二级学院、校属科研机构及发展中心、后勤部门等。

首先，设置专门的教师工作部门，加强对各学科专业课及通识课、实践课教师的思想引导，提高教师马克思主义理论素养和思想政治教育育人技能，使他们能够充分理解并认同社会主义核心价值观等思想内容和立德树人的根本任务。

其次，引导各工作队伍了解学校整体的思想政治教育工作和计划，并且自觉地在总体格局下协调安排本部门的工作和思想政治教育工作。再次，高校各部门工作队伍的协同应由学校党委指导、校行政部门领导，在充分统筹工作的前提下厘清不同部门分管归属的问题、明确部门责任分工，形成各部门协同互动的工作机制，真正落实思想政治教育工作。

三、创造共生空间，促进资源整合

大学校园是学生学习、生活和娱乐的重要场所，在知识传授、道德教化和社会主义核心价值观传播等各项育人活动中起着关键作用。如何深入挖掘高校内外各类育人资源和育人要素，并统筹发挥其育人功能，对于实现“三全育人”共同体的价值追求至关重要。

（一）善用学校实体环境开展育人工作

学校实体环境是指包含学校自然资源、文化资源、红色资源和体育资源等在内的，具有物质实体依托的校园环境，对学生德育、智育、美育和体育等各方面发挥着重要的作用。

首先，高校在发展过程中要加强学校硬件设施的建设和维护，多植花草树木、多建小池园林，为学生提供良好的学习和生活环境。优美的校园环境和布局规划不仅能够提升学生的审美感知、拓宽审美视野、提高审美素养，还能让学生在安谧静然的氛围中心无旁骛，不断汲取知识、探索真理。

其次，积极且广泛地利用学校文化资源开展育人活动。文化尤其是校园文化，如校史、校训、校风、校歌对学生成长成才的影响是潜移默化且深远持久的，积极向上的文化环境有助于陶冶学生的情操、培养高尚的品质。对此，应将食堂、宿舍、生活超市、图书馆、自习室、教学楼、行政楼等环境资源加以利用，及时有效地传递思想信息，实现显性教育和隐形教育的有机融合，提高思想政治教育的实效性。

再次，依托学校校史馆、爱国主义教育基地或重大历史纪念日等开展社会主义核心价值观教育，培养学生的爱国主义情怀、弘扬民族精神。同时，通过组织丰富多彩的主题班会、团日活动等提升思想政治教育质量，实现一举多得的育人效果。

（二）掌控网络阵地话语权，拓展育人空间

随着大众媒体和公共空间的兴起，高校思想政治工作不能再局限于党团活动和思想政治教育理论课等传统的育人模式，而要由传统模式走向传统与现代相结合的模式。网络思想政治教育是随着互联网技术的发展逐渐兴起并得到广泛关注的领域，想要实现高校“三全育人”共同体的价值追求，则必然要将网络思想政治教育纳入建设的重点环节。

众所周知，网络思想政治教育一直是育人工作的重点和难点，如何在开放性的虚拟空间发挥思想政治工作的育人功能，也是当前关注的热点问题。面对时代发展带来的挑战与难题，我们应该迎难而上，在充分掌握教育对象思想水平的情况下，利用互联网媒介开展思想政治教育。部分高校可以投入或加大投入财力和人才资源，开发并探索新的信息化育人方式方法，依托MOOC（慕课）、云课堂等媒介汇集优质教育资源，以校园网、广播、微博、微信公众号等渠道补充教育内容，以微信、Q Q聊天等方式牢固教育效果，营造完善的思想政治教育宣传系统，传播主旋律、传递正能量，不断扩大思想政治工作的覆盖面、不断提升思想政治教育的影响力。

四、深化沟通与合作，规范共同体发展

及时有效的沟通和评价反馈是保证共同体良性运行的前提，只有在面对共同问题时及时交流互助，才能促进协同合作。同时，共同体成员之间的沟通、互动是培养成员之间共性和共识的重要手段

（一）完善课程体系，拓展育人途径

高校作为专业性人才的培养基地，拥有一套根据学生成长成才规律和人才发展需求设置的课程体系，以求有针对性地传授专业知识、培养专业技能。经过多次改革，我国大学生课程体系总体上由思想政治理论课、通识课和专业课组成。想要实现共同体的价值追求，就必须进一步科学完善课程体系，大力推动以“课程思政”为目标的课堂教学改革，形成思想政治教育的强大合力。

一是创新高校思想政治理论课建设体系。思想政治教育理论课是思想政治教育的主渠道、主阵地，承担着最为重要的育人责任。高校应该深入推动马克思主义理论和中国特色社会主义理论体系进教材、进课堂、进头脑，面向全体学生开设提高思想品德、人文素养和认知能力的哲学社会科学课程，严格规范思想政治教育的教学管理，修订专业教材、优化课程设置、完善教学设计等。

二是充分挖掘和运用各门课程中所蕴含的思想政治教育元素和所承载的思想政治教育功能，全方位贯彻思想政治教育。想要达到良好的育人效果不能光靠思想政治教育理论课，还需要专业课和通识课的积极配合。只有实现其他课程和思想政治理论课同向同行，才能大大提升思想政治教育效果。“一般而言，应该做到思想政治理论课以价值引导牵引知识传授，通

识课和专业课以知识传授渗透价值引导。”[①]专业课和通识课教师要根据学生认知水平、思想素养等情况有针对性地开展课堂教授，将教材中必要章节、重要内容和考核关键知识与社会时事、热点问题有机结合，激发学生的学习兴趣，引导学生树立正确的世界观、人生观和价值观。

（二）搭建合作平台，加强沟通协作

差异是一种资源，不同个体之间的交流互动不仅可以促进彼此内省自查，还可以取长补短、共同进步。因此，加强不同学校、不同学院、不同部门或不同学科之间的交流，畅通各主体之间的沟通协作，有助于推动实现“三全育人”共同体的价值追求。

首先，在高校建设一批具有示范性和代表性的理论研究和实践研究中心或组织筹备“高校思想政治工作创新发展中心”，力求推动党的建设、思想政治教育、意识形态工作、维护安全稳定等方面的理论创新和实践探索，以理论支撑实践、以实践强化理论，促进两者之间相互转化。其次，建设高校网络思想政治工作中心，整合高校网络建设管理资源、追踪并预测网络舆情变化、紧抓网络意识形态教育，推动大学生创作生产优质的网络文化产品，推动 MOOC 和“易班”等中国大学生共建共享的网络资源平台的普及应用。再次，建设高校思想政治工作队伍培训研究中心，对专职及兼职教师开展线上线下培训、学历学位教育等，加强理论武装、坚定政治引领，提升教师的专业理论素养和教育教学技能。

（三）健全评价机制，强化育人考核

弗洛伊德在《文明及其不满》中表示：“文明的规则，只有通过一定程度的强制才能维持下去。”[②]我们知道，即使认识再到位、设计再完善的价值目标，若没有合理且可行的运作机制加以维持，便很难真正获得实现。同样，实现高校“三全育人”共同体的价值追求，也需要严格的考核评价机制，以进一步强化并提升育人效果。

首先，将政治标准放在教师评聘和考核的首要位置，严格要求广大教师将立德树人作为教书育人的根本任务，牢记人才培养的重大使命，不在课堂教学或传授知识时散布不当言论或发表任何不负责任的错误观点。其

① 王宇雄．多措并举构建高校校内思想政治教育共同体[J]．河北农业大学学报（农林教育版），2018（8）：89-92．

② 弗洛伊德．一种幻想的未来—文明及其不满[M]．严志军，张沫，译．石家庄：河北教育出版社，2003：5．

次，将思想政治表现和育人功能的发挥作为教师教学评价、职称评聘等的首要指标，督促广大教师积极探索教书育人的新方式、新方法，将精力和工作重点更多地投入提高育人成效上。再次，研究制定高校思想政治工作质量评价体系，将各项政策要求和量化指标落地落实。一方面，以教师自评、教师互评、学生评价等多项指标综合考量育人成效；另一方面，积极探索引进第三方评价机构完善评价机制，以保障督导考核的公平公正和科学性。

第四章 “三全育人”下的思想教育资源整合

第一节 “三全育人”与思想教育资源

一、“三全育人”下的思想教育的目标和原则

（一）以立德树人为根本

中国共产党第十九次全国代表大会的报告中明确指出贯彻党的教育方针要以落实立德树人为根本任务。

落实立德树人就要坚持在教育的各个环节、各领域都要融入立德树人这个中心思想，做到时间、空间、人员、内容都无遗漏。“立德树人”的根本任务重在“德”，以德育人、以文化人。以立德树人为根本，就是要让各个体系都围绕这个目标建设，教师要围绕这个目标进行教学，这样才能凝心聚力，取得实效。

（二）以理想信念教育为核心

高校思想政治教育资源的整合要突出理想信念教育这一核心，通过对大学生的理想信念教育，引导他们树立共产主义远大理想和实现中华民族伟大复兴中国梦的共同理想，大学生才能肩负中华民族复兴的时代重任。当代大学生肩负着中华民族伟大复兴的民族重任，关系到中华民族能否屹立于世界民族之林，理想信念教育是大学生精神上的“钙”，如果没有理想信念教育，大学生精神上就会缺钙，理想信念教育要时刻以共产主义为最高奋斗目标，以实现中华民族伟大复兴的中国梦为共同奋斗目标。

（三）以核心价值观为引领

落实社会主义核心价值观教育，需要把核心价值观作为思想政治教育工作的引领，引导师生树立正确的三观，同时还要提升师生的国家意识、法治意识和社会责任意识，推进民族团结教育、国家安全教育和创新意识教育，突出诚信教育，加快社会主义道德建设，全面提升师生道德素养。

社会主义先进文化集中体现在社会主义核心价值观上，要用社会主义核心价值观引领当代大学生树立正确的人生观、世界观和价值观。

（四）以全面提高人才培养能力为关键

中国特色社会主义建设的新时代已经到来，全面深化改革的形势以及中国特色社会主义现代化建设的步伐，都对高等教育和新时代学生提出了更高的要求。我国的高等教育，正受到以人工智能和大数据等前沿技术为标志的第四次工业革命的影响，我国的高等教育格局和人才的需求结构都将随之发生改变。高校在人才培养的各个方面都要作出相应调整，以适应时代的发展变化，这就要求高校要提高人才培养的能力，强调人的全面发展、终身学习以及合作育人；着重强调人才社会责任感和创新能力培养的育人目标；人才培养模式要向多学科甚至跨学科教育转变；方法手段要多样化，结合互联网、大数据等新兴教育手段，提高教学的组织能力。

二、“三全育人”下的高校思想政治教育资源分类

高校思想政治教育资源是指在一定的阶级社会中，能够被统治阶级纳入思想政治教育活动进行开发、利用和管理，进而达成思想政治教育目的的各种构成要素的总和。

在“三全育人”背景下，高校思想政治教育资源主要从育人主体、育人内容、育人手段三个角度进行划分。采用这种分类方法，就是要让高校思想政治教育资源的划分更加科学合理、简单明了。

（一）主体资源

思想政治教育主体资源是在思想政治教育过程中，具有思想政治教育责任的个人、组织和社会团体。可以将这些主体资源分为专职育人主体资源和兼职育人主体资源。

专职育人主体资源是指高校辅导员和思想政治理论课教师队伍。

兼职育人主体资源则包括学生干部、高校专业课教师、党政干部、后勤服务人员，社会贤良和团体以及学生家庭成员。

（二）内容资源

思想政治教育内容资源是指能够帮助社会成员提高道德品质，培养良好行为习惯，树立正确的人生观、世界观和价值观的精神资源和物质资源。

精神资源包括中华优秀传统文化、时代精神、以爱国主义为核心的民族精神、社会主义核心价值体系、伦理道德和法制教育、重大历史事件及纪念日等。

物质资源主要有自然景观、革命遗址、历史文物、重大历史事件发生地等物质资源。

（三）手段资源

思想政治教育手段资源是在思想政治教育过程中，为了达到思想政治教育目的而采用的方法和手段。可以概括为传统教育手段和新教育手段。

传统教育手段主要包括课堂教学、谈话法等显性教育手段。

新教育手段主要采用多种形式的实践活动、管理和服务等隐性教育手段以及新载体、新教育技术。

三、高校思想政治教育资源整合的必要性

（一）适应新时代高等教育的发展需求

思想政治教育能否适应时代发展的趋势以及受教育对象的实际需要，是思想政治教育能否真正取得预期目标的关键。高等教育普及化和经济全球化是当前大学生所处的时代总特征。在经济全球化的时代背景下，市场经济中的拜金主义等物质利益观念以及其他各种思想，无疑是大学生思想庸俗化的根源。各种思潮在全球化的背景下，借助自媒体快速传播到校园中，使得校园中多种价值观相互激荡，影响着大学生对当代社会的认知。从当前思想政治教育的效果上看，大学生的思想政治教育还是受到了一定影响。另外，近年来我国民办高等教育快速发展以及高校招生人数的扩大，带来的问题就是高校在读人数在增长，但是在校生质量良莠不齐，这是当前思想政治教育的传统教育模式面临的新的挑战，“一刀切”式的教育方法已经不再适合当前大学生的思想实际。“三全育人”正是力图从顶层设计上为当前大学生的思想政治教育提供新的方法，更好地适应大学生的思想实际，为当代大学生思想政治教育指明新的发展方向。

（二）促成“立德树人”目标的实现

习近平强调思想政治理论课是落实立德树人根本任务的关键课程。立德树人目标的实现，需要提高思想政治理论课教学的科学性和系统性，同

时还要进行高校思想政治教育资源的整合，还需要注意的是，整合要遵循大学生的成长规律。互联网是当代大学生接收信息的主要渠道，而网上各种思想激荡、各种信息良莠不齐对大学生的认知有很大影响，高校在开展思想政治教育工作前应对大学生的学情进行考察。同时，高校的思想政治教育资源的丰富和整合还要突出主流思想这一核心，凸显我国思想政治教育的本质，以实现立德树人这一目标。

（三）提升教育的系统性和科学性

目前，我国思想政治教育方法论方面的研究存在的主要问题是：一是从事思想政治教育方法论的研究人员很少；二是在现有的大部分思想政治教育方法论的研究成果中，研究人员缺少自己独特的方法论。在这两个问题中，后者的严重性已经越来越明显。新时代的思想政治教育如果还是把学生看作一个盛装理论知识的器皿，简单地认为把理论知识盛放到器皿里，学生的道德水准就会自然而然达到标准，这种既缺乏实践活动又没有体验互动式的教学方法，定然不会被当代的大学生所接受，这种教学方法也会使教育的初衷和效果背道而驰。习近平总书记提出思想政治理论课的“八个统一”的原则，在“三全育人”的背景下，对高校思想政治教育资源进行整合，要求思想政治教育内容要紧跟时代步伐，贴近学生生活、贴近学生实际，教育的方法要立足当前生活实际，把人文关怀融入思想政治教育活动中，着眼于思想政治教育的个体差异性和多样性的基础，形成我国独特的思想政治教育方法的独特理论体系。

第二节　“三全育人”下思想教育资源整合的不足

一、主体资源协作的现状和不足

思想政治教育队伍的建设取得了长足的进步，国家出台和实施了一系列相关措施为思想政治教育队伍建设保驾护航，大力开展人才引进和人才培养等相关科研活动，为思想政治教育发展储备了一大批优秀人才。经过多年的建设，已经初步形成了一支专职为主、兼职为辅、后备力量充足、素质优良、育人能力得到不断提升的育人队伍。在全员育人思想指导下，思想政治教育主体资源的开发和建设或多或少还存在一些问题。

（一）学科教师未能把知识传授与育人相结合

首要是学科教师重智育轻德育。习近平总书记强调思想政治工作要贯穿教学工作的全过程，课堂教学是思想政治教育工作的主要阵地，是贯穿立德树人，实现全员、全方位、全过程育人的关键环节。授课教师普遍认为大学生的思想政治教育工作应该由辅导员完成，授课教师的主要任务是科研和教学，并且缺乏对授课教师的德育考核，这就使得授课教师对学科本身的思想政治教育淡化。导致在各学科课堂教学内容以及教师授课方式这两方面，很多授课教师并未能充分挖掘学科本身所蕴藏的育人资源，仍然单纯注重学科知识的讲授，忽视了对学生思想及价值观的引领，没有把育人工作融入学科教学中，造成知识传授与育人工作的脱节。

其次是学科教师育人资源挖掘能力不足。“师者，传道授业解惑者也。”学科教师在“传道”“授业”“解惑”之前，自己要先明道、受业、释惑。作为学科教师，在自己的专业领域具备了较高水平的专业知识，但是，并不是所有学科教师都具备了挖掘课程内容蕴含的高校思想政治教育资源的能力。有的学科教师机械性地讲授教材知识，没有深入探寻所教内容背后的历史故事等育人资源，这是学科教师思想政治教育能力欠缺的表现。这种现象在高校教学理科专业中比较明显，学科教师很难发现学科自身的育人资源，也很少利用现有资源对大学生进行思想政治教育。

（二）学校教学主体与管理服务主体协调不足

一是各主体间合作育人的理念和意识淡薄。我国高校思想政治教育工作在启动之初就是辅导员和思想政治理论课教师的主要职责，学科教师对思想政治教育的参与热情不高。而在当前教育背景的要求下，学科教师对全员育人的理念理解不够深，缺少与辅导员和思想政治理论课教师的协同意识，这在一定程度上导致思政教育主体的缺失，未能形成教育合力。另外，全员育人的理念中也突出强调了高校服务人员和后勤管理人员以及党政干部的思政教育作用，这部分主体的思想政治教育觉悟有待提高，同时也需要对这部分资源进行整合。

二是各主体间合作育人的保障措施不完善。从目前我国高校思想政治教育工作来看，各教育主体协同育人难以开展的主要原因是缺少合作育人的保障措施。学科教师的办公时间主要用于备课、上课以及科研，办公地点是各学院办公室，管理工作者则要忙于学生事务工作。两大主体之间无论时间还是空间，都难以实现学生思想工作的有效对接，限制了思想政治教育合作育人工作的开展。

三是后勤队伍建设落后难以形成合力。就目前情况看，我国高校内服务人员队伍建设明显存在不足，最突出的两个问题就是服务人员的素质普遍不高和服务人员的流动性太大。服务人员的素质不高严重制约着其在全员育人中的作用，流动性太大也没办法保证发挥其思想政治教育功能，这都将导致服务人员队伍难与其他主体形成教育合力。

（三）学校教育主体与社会、家庭主体未能形成合力

首先是各主体间缺少合作育人意识。我国高校大多采用住宿制的全日制教学方式，学生无论是本地的还是外地的，统一住校管理，学生大部分时间都是在学校度过，只有寒暑假才能回家，对学生的教育任务自然而然落到了学校身上，家长也忽视了对子女的教育。还有大部分家长认为，孩子上了大学已经成年，不需要过多教育。

其次是学校、家庭和社会之间缺少有效的合作育人机制。就目前高校与社会和家庭教育主体之间的关系来看，三者间缺少有效的合作机制。有效的沟通机制能密切高校、家庭、学生之间的联系，但目前我国高校与家庭之间的沟通从内容到形式，再到沟通的频率，都缺少有效的机制，很难发挥沟通机制对合作育人的辅助作用。

二、内容资源整合的现状和不足

我国的思想政治理论课改革创新的步伐从未停止，经过坚持不懈地努力创新，思想政治理论课已经兼具了思想性和理论性、亲和力和感染力的特点。思想政治教育的新内容资源不断开发，教材内容、教学目标更加系统化、合理化，形成了核心内容引领、时代内容丰富的良好发展态势，对大学生形成正确的世界观、人生观和价值观起到重要导向作用。同时，我们要把握时代发展脉络，在“三全育人”背景下、以“立德树人”为目标，重新定位思想政治教育内容资源开发的不足。

（一）思政教育教学对优秀传统文化吸收不足

首先，社会对优秀传统文化的教育价值认识不清。优秀传统文化中蕴藏着十分丰富的前人的宝贵经验，这些经验经过历史的洗礼，对当今社会具有教育意义。然而，优秀传统文化还未能真正走进高校课堂，主要原因就是缺少对优秀传统文化的教育价值的认知，没有将优秀传统文化与思想政治教育有机结合。

其次，优秀传统文化教育走形式、无实践，高校进行优秀传统文化教学

时，出现了走形式、无实践的问题。传统文化的教学停留在理论内容的照本宣科，教师授课过程中缺少对优秀传统文化的筛选，一味地讲授，忽视了学生对优秀传统文化的内化。另外，优秀传统文化内化之后，缺少外化条件，导致大学生对优秀传统文化只停留在认知阶段，缺少实践。这也导致优秀传统文化授课缺少吸引力，我国教育采用课堂授课法，多数情况下都是在室内完成教学，这对优秀传统文化的授课是一个很大局限，形式单一，缺少对学生的吸引力，教学效果也大打折扣，不利于培养目标的实现。

（二）各学科教育教材缺乏德育内容设计

当前高校各学科所使用教材缺少德育内容设计，育人功能不突出，一方面表现在学科内容对学生思想引领不突出，当前高校使用的各学科教材中，文史类教材内容不乏德育要素的设计，但在理工科类学科的教材中则很少能够看到德育内容，这就导致理工科类学科教材对学生法治教育、民族团结等方面的引领力不够，没有起到培养学生政治素质和道德品质的作用。另一方面表现在专业教师对本学科核心素养认识不足，教材内容、活动设计等都是学科核心素养的具体呈现；只有深入研究学科的核心素养，才能明确本学科的育人价值。当前版本的教材在某些方面缺少核心素养与教材内容的结合点，致使学科课程的育人功能不明显。此外，学科主题实践活动设计存在空白。“三全育人”背景下强调实践育人，而在现行的教材中，很难看到本学科相关的实践活动设计，这就导致学生在学习过程中很难发展学科核心素养、首创精神和实践能力。

（三）社会思想政治教育资源未能得到充分运用

第一是社会思想政治教育资源开发不充分。社会生活中蕴藏着大量有思想政治教育价值的资源，但是高校对这些资源的关注度不高，以及高校教师在教学过程中往往只注重学科知识的讲授，忽视了对社会资源的开发和利用。第二是缺少社会思想政治教育资源合作长效机制。在开发和使用社会思想政治教育资源时，高校与社会思想政治教育资源间并未建立长效的合作机制，高校教师对社会思想政治教育资源停留在资源表面的说教、介绍，而忽视了社会资源背后蕴藏的人文精神及教育价值。

（四）体现时代精神的先进文化挖掘不够

首先，对时代精神的思想政治教育价值认识不足。正确认识时代精神的思想政治教育价值是弘扬和培育大学生具备时代精神的首要问题和关键环节，是思政教育者开展工作的前提。但是目前高校思政教育者对时代精神的思政教育的价值认识不足，并未认识到时代精神中所蕴含的与思想政治教育契合的思政教育资源。没有准确把握时代精神中的思政教育资源，就不可能把时代精神的培育融入思政教育活动中，使立德树人的效果大打折扣。

其次，缺少时代精神融入思想政治教育的有效途径。在现行高校思想政治教育教材中，并未编写以时代精神为内容的章节，教师往往以补充和扩展知识的方式讲授时代精神的具体内涵，导致时代精神的思想政治教育效果未能真正发挥。

三、手段资源协同的现状和不足

党和国家历来重视思想政治工作，教育部开设思想政治教育专业和在高校开始思想政治教育课程近四十年，随着近四十年的发展，思想政治教育在我国已经形成了较为完备的教学体系。课程设置上更加合理化、正规化，课程形式也在不断优化升级，向着多样化、人性化发展。思想政治理论课对当代大学生思想政治教育有着不可替代的作用，同时我们还要看到在时代快速发展的情况下，高校思想政治教育手段资源开发和建设的不足。

（一）理论教学与实践教育未能形成有效配合

实践教育是高校思想政治教育、锻炼大学生实践能力、提高大学生品质的重要途径，是以立德树人为根本任务的思想政治教育的必然要求。这些年，高校的实践教育活动开展得有声有色，但是我们也要重视实践教育与理论教学脱节的情况。一方面表现在社会团体实践育人意识不强，大众对学校是育人单位的认知根深蒂固，纵使多年的实践教育宣传也未能真正形成党委领导、政府推动、社会参与、高校实施的育人框架。部分企业被动接收大学生参加社会实践，积极性不高，同时存在大学生参加社会实践，但合法权益不能得到保障的现象。另一方面表现在实践育人保障机制不健全，近年来，实践育人的形式逐渐多样化，但是与之配套的实践育人的管理标准、评价体系、实践基地、实践内容等保障机制尚未建立，高校与各社会团体之间大多是以临时性协议进行合作。最后表现在实践育人模式实效性有待提升，目前实践育人的形式主要是校内文化主题实践活动、教学实践活动、创新创业实践活动等实践类型，高校与企业等社会团体的合作项目中，学生的实践活动大多数停留在浅层次的参观、考察阶段，并未实现实践的全程化和社会化，在实践中企业等社会主体的教育价值尚未充分显现，实践育人效果不佳。

（二）新媒体、大数据等新载体、技术资源运用不足

首先，新媒体等手段的运用理念有待更新。目前多数高校思想政治教育的宣传手段还很单一，主要采用课堂教学、讲座报告、展板宣传栏等传统形式，而对思想政治教育新的途径认识不足，并且对大学生思想政治教育成果和反馈关注度有待提升。新媒体正是思想政治教育的一个全新途径，但新媒体更注重用户体验，虽然部分高校开始搭建思想政治教育的新媒体平台，却仍然以传统的思想政治教育方式和理念使用新媒体平台，导致大学生失去了兴趣关注点，造成了不良体验感受，思想政治教育效果大打折扣。

其次，运用新媒体等资源的技术有待提升。新媒体已经成为大学生获取信息的主要渠道，但是高校思想政治教育者还没有运用新媒体思想政治教育的意识，已经运用新媒体的思想政治教育者也存在着对其特点和传播技巧认识不足的缺点，未能熟练掌握图文编辑技术。

最后，新媒体搭载的教育内容有待整合优化。高校的网络平台建设还处于起步阶段，平台上的思想政治教育内容大多以国家政策方针为主，缺少新意。各高校之间的平台内容也存在重复现象，缺少统筹，削弱了各自平台信息的影响力，从而影响思想政治教育传播的效果。

（三）教育手段与管理、服务手段未能有效衔接

第一，规章制度不健全，未能有效发挥育人功效。学校是师生共同生活的场所，校园生活的稳定需要各项规章制度的保障。目前，高校存在管理和服务的相关规章制度不符合国家法律法规、政策的现象，损害了师生合法权益，尤其对大学生来讲，这些不合理的规章制度是管理和服务手段发挥育人作用的绊脚石。

第二，管理和服务手段陈旧，缺少新意。社会的发展已经进入信息时代，但是我国部分高校的管理和服务还未能实现信息化，管理和服务手段相对滞后。智能的管理和服务平台能够让高校的管理和服务工作更专业化、高效化，部分高校在发展的过程中忽视了管理和服务手段的创新建设，导致高校的管理和服务育人效果未能显现。

第三，管理和服务品牌效应不突出。学生健全的人格离不开学校各个部门的协调配合，当前高校各部门在工作和服务过程中缺少形式多样、贴近学生生活的个性化主题活动，而主题活动的开展是树立管理和服务部门品牌的一道重要途径，如果能够树立品牌并发挥管理和服务的品牌效应，高校的育人工作就能更全面、更协调。

（四）对隐性教育资源的开发运用不足

导致隐性教育资源开发不足的首要原因是对隐性教育资源的认识存在误区。一些高校教育者认为，隐性教育就是区别于显性教育旗帜鲜明地进行内容的讲授，是间接、隐晦的说教，错误地以为隐性思想政治教育不再强调阶级性，这就导致其在开发和利用高校思想政治教育资源时严重忽视政治教育资源，只注重思想资源、法制资源、道德资源和心理资源的开发利用。也出现了教育者向大学生传递背离社会主义和集体主义价值取向的错误观点，误导大学生，影响其健康成长。

其次是隐性教育资源内容结构失衡。重视理论隐性资源的开发，实践性隐性资源的开发严重不足；重物质层面资源的开发，轻精神文化层面资源的利用。高校在校园环境建设进程中，花了大量的财力、物力打造优美的校园环境，而精神层面资源的建设投入相对较少；缺少对学生成长有帮助的非主流文化中的隐性资源的开发。高校重视以社会主义核心价值观为核心的主流隐性高校思想政治教育资源，却很少关注和开发非主流隐性高校思想政治教育资源。

第三节 “三全育人”下高校思想教育资源整合的有效对策

一、构建“大思政”的育人主体新格局

（一）加强思想政治理论课主阵地教师队伍建设

要加强思想政治理论课教师队伍的组织建设。习近平总书记指出，高校思想政治理论课教师与学生的比例要满足 1∶350 的比例，高校要加快思想政治理论课教师队伍的建设，满足思想政治理论课教师的配比要求，保证高校思想政治理论课教师需求，实现上好、上足思想政治理论课的要求。同时还要推进思想政治理论课教师队伍结构的优化，打造老中青、高精尖结合的教师梯队。

思想政治理论课教师政治觉悟要强，讲立场、有信仰，教师自己有信仰才能讲信仰，在大问题上要有坚定的立场，大是大非面前要保持清醒的政治立场。情怀要深，教师要心怀祖国和人民，要在党和人民伟大

事业的实践中汲取养分，丰富自己的思想。思维要新，思想政治理论课教师要学好、讲好辩证唯物主义和历史唯物主义，对课堂教学进行创新，引导学生树立坚定的理想信念，学会科学的思维方法。视野要广，思想政治理论课教师要具备宽阔的知识视野、国际视野和历史视野，要有纵横驰骋古今中外思想的能力，把道理讲得生动、透彻。自律要严，思想政治理论课教师不能做“两面人”，要言行一致，自觉弘扬主旋律，传递正能量。人格要正，思想政治理论课教师要打造高尚的人格，用人格品质感染学生，吸引学生，赢得学生的尊重，为学生的成长做表率，做一名让学生喜爱的老师。

（二）提升各学科教育教师队伍的育人意识

“三全育人”背景下的高校思想政治教育，立德树人任务的实现不能只靠思想政治教育一门学科，离不开各学科教师的共同努力，各学科教师与思想政治理论课教师同向同行，发挥既育德又育人的积极作用。

首先，要完善制度，明确相关人员责任。近年来，国家已经出台关于落实高校思想政治教育的相关政策和文件，文件中明确指出高校要坚持“三全育人”理念，落实立德树人的根本任务。高校要加强对此项工作的重视，针对各学科教师参与思想政治教育工作的情况，制定符合本校实际的规章制度，将立德树人职责明确到人。高校要建立一套与以往不同的学科教师的评价考核标准，在教学评价考核环节引入学科思想政治教育相关指标，并且根据此指标制定相关的监督、奖励制度，以此引导各学科教师在本学科专业课中积极探索思想政治教育内容和形式，提高学科教师的育人意识，激发专业课教师育人的主动性和自觉性，切实提高各学科的育人效果。

其次，教师要转变观念、适应新角色。各学科教师只有切实转变观念才能将立德树人视为己任，在“三全育人”背景下，各学科教师要本着对学生全面发展负责的理念，把思想政治教育视作自己的工作内容之一。在日常教学中，各学科教师除了要做好本学科教学工作以外，还要关注学生的身心发展，做好学生思想的疏导工作，既要保证本学科课程质量，又要结合本学科专业特点和优势，积极落实立德树人目标，创新育人方法，将社会主义核心价值观教育、心理健康教育、生命观教育、爱国主义教育以及职业道德教育融入学科教学，要从内心接受教师角色的转换，用于勇于承担思想政治教育的责任，做好大学生思想的引导工作。

（三）有效发挥学校党团组织的育人保障功能

第一，明确各级党委的职责。依据全国高校思想政治工作会议的要求，各级党委不仅要对高校思想政治工作负有全面领导的责任，同时党委的领导同志还要上好思想政治理论课，对思想政治教育教学工作起到带头作用。为了进一步促进高校“三全育人”工作格局的形成，各地党委要不断落实全国高校思想政治工作会议要求。高校党委也要肩负起管党治党、全面领导和办学治校的主体责任，高校党委是建构系统、高校的育人工作格局的关键，要具备整体格局的大视野，统筹把握高校育人工作的发展方向。高校党委一定要明确高校要培养什么样的人、谁培养人以及如何培养人的根本问题；并且要对高校思想政治教育工作规律、学生成长规律以及教书育人规律有足够的把握，把立德树人作为高校工作的中心环节，建立“三全育人”的长效机制。

第二，推进学生党团组织建设工作。“三全育人”背景下的思想政治教育离不开学生党（团）员这个主体，在工作中要培养学生骨干力量，同时完善党团组织建设和制度建设，科学选拔和任用党（团）干部，合理制定党（团）干部的管理和考核标准，加大对党（团）员干部的培养力度，全面提高党（团）员干部的综合素质。要不断开展党（团）员的评优工作，以此加强学生党（团）干部队伍建设，引导党（团）员保持先进性和模范性，最大限度发挥模范带头作用。

（四）加强管理、服务人员的队伍育人责任

管理和服务人员明确育人责任，提高合作育人意识。高校要对管理和服务人员进一步强调“三全育人”理念，重申服务意识和“学生为本”的宗旨意识。学校的管理和服务工作对于育人来讲，存在着间接性和渗透性的特点，要引导全校教职员工认识并利用管理和服务的教育特性，发挥管理和服务的育人作用，形成“处处是课堂，人人是教师”的教育环境，提高管理和服务工作的育人质量，助推学生全面成才。

提升管理、服务人员的职业素养和工作能力。高校要根据管理和服务岗位的工作性质和需要，针对各管理和服务岗位人员的职业发展要求，进行持续性培训，可以通过老带新、网络视频培训、集中学习、岗位竞赛等形式，提高管理和服务人员的业务素质和工作能力。业务素质和工作能力的提升是为了更好地管理和服务，要将管理和服务工作渗透到日常工作中，管理和服务人员要秉持“依规办事、任性管理、精益求精、服务至上”的理念，用实

际行动向学生传递关怀，切实发挥管理和服务人员育人的教育效果。

高校要逐步推行岗位问责制。推行岗位问责制就是要让管理和服务人员在工作过程中，无论是不是在自己职责范围，都应该给予学生周到的服务。通过岗位问责制，要将管理和服务育人与帮助学生解决实际困难相结合，以实际行动展现工作人员的敬业精神，感染学生，传递社会正能量，让学生深刻感悟为人处世的道理。管理和服务人员要用平等待人，热情服务，诚恳、周到、细心的态度，以良好的职业道德潜移默化地影响学生的品德，弘扬社会主义核心价值观，用爱和人格魅力感染学生，用道德和情感影响学生。

二、有效推进思想政治教育内容资源的整合

传统的思想政治教育内容，已经不能引起当今大学生的共鸣，不具备对当今大学生的吸引力。这就要求在高校思想政治理论课教学过程中，要不断融入新鲜的教学内容，提高思想政治理论课的吸引力。

（一）将优秀中华传统文化融入思想政治教育教学内容

优秀中华传统文化融入思想政治教育教学，要通过开设优秀传统文化相关课程实现。当前，我国思想政治教育课程当中包含了马克思主义理论类科目、中国近代史以及思想道德修养和法律基础课程，缺少中华优秀传统文化专业课程的设置。高校可以适当开设优秀传统文化的选修课程，将中华优秀传统文化融入思想政治教育课程体系，通过对专业课程的学习，加深学生对中华优秀传统文化的认知，从而提高学生思想道德素养，实现立德树人的目标。

同时，校园建设要突出优秀传统文化要素。学生在一个高雅的校园文化环境中自然而然会受到潜移默化的影响。在校园文化建设中，要打造优秀传统文化校园环境，例如张贴优秀传统文化标语、树立代表人物雕塑。同时还可以开展优秀传统文化相关主题活动，例如经典作品诵读比赛、优秀传统文化周末论坛等，让学生在丰富的活动中感知中华优秀传统文化的魅力。

（二）有效吸收体现新时代精神的思想政治教育内容

1．时代精神的具体内容

时代精神是一个社会在实践活动中展现出来的全民族的精神面貌和优良品格，能够激发全民族奋发图强、引领全社会发展方向的思想观念、价值取向、道德规范和行为方式的总称。我国当前进行的时代精神教育以改革创新

为核心，包含了解放思想、实事求是、与时俱进、求真务实等丰富内涵。

工匠精神，是指工匠用追求极致完美的态度和精神理念对自己的作品用心雕琢、精益求精，进而引申为在现实生活中敬业创新、追求极致、崇尚完美的精神。

女排精神，在第十三届女子排球世界杯的比赛中，中国女子排球队以全胜的战绩赢得冠军，为祖国七十华诞献礼。女排世界杯的夺冠，引发了国人对“女排精神”的热议。“女排精神”到底是什么？在当次世界杯期间，郎平主教练接受采访时说过，“只要穿上带有中国的球衣，就是代表祖国出征。每一次比赛，我们的目标都是升国旗，奏国歌!”女排精神就是以爱国主义为核心，顽强拼搏、自强不息、团结合作、笃定追梦的精神，是新时期民族精神和时代精神的集中体现。

航天精神，是我国建设航天事业过程中历经产生、发展、升华形成的为人们共同认可的价值取向，包括自力更生、艰苦奋斗、大力协同、无私奉献、严谨务实、勇于攀登的航天传统精神，热爱祖国、无私奉献、自力更生、艰苦奋斗、大力协同、勇于登攀的“两弹一星”精神，特别能吃苦、特别能战斗、特别能攻关、特别能奉献的载人航天精神。

雷锋精神，是雷锋同志展现出来的先进思想意识、高尚的道德品质的总称。半个多世纪以来，雷锋精神的内涵从最初的阶级道德和革命自觉性到改革开放时期强调雷锋的奉献精神。进入新时代，雷锋精神则丰富为信念的能量、大爱的胸怀、忘我的精神、进取的锐气。

2. 时代精神与思想政治教育相结合

时代精神与思想政治理论课创新相结合。我国思想政治理论课主要注重学生的思想政治教育以及马克思主义理论的灌输，主要通过课堂教育完成教学目标，很少有思想政治理论课能够专门将中国精神作为专题内容进行讲授。目前，我国也正在进行思想政治理论课的改革创新，目的就是激发大学生对思想政治理论课的学习兴趣。如果能在思想政治理论课的内容和授课方式改革过程中加入对学生时代精神的培养，就能够在提高大学生学习能力的同时，激励其吃苦耐劳、踏实肯干、追求极致。

时代精神与理想信念教育相结合。理想信念是人们实现理想的强大引擎，在新时代的历史定位下，“两个一百年”奋斗目标的实现离不开当代大学生的努力奋斗。时代精神中的执着、精益求精等高尚品质，正是新时代实现“两个一百年”奋斗目标的精神动力，将中国精神与理想信念教育相结合，在日常生活中以踏实努力、勤学肯干的品质要求学生，不断努力追求卓越，真正做到“青年兴则国家兴”。

时代精神与校风学风相结合。高校的校风学风对大学生的影响至关重要，关系到立德树人目标的实现，良好的校风能为培养时代精神奠定扎实的基础。学校可以通过邀请具有时代精神的先进工作者走进高校，以报告的形式宣传时代精神，营造良好向上的校风，引领大学生成长。

（三）加强思政学科与其他学科思想政治教育资源的整合、渗透

思想政治理论课吸收各学科教育资源，丰富思想政治理论课教学内容。思想政治理论课课堂内容吸引力不强历来被学生们诟病，尤其是当代大学生。课堂内容陈旧落后，跟不上时代步伐，已经严重影响到了思想政治课的教学效果，只有不断丰富教学内容，整合教学资源，多学科知识融合才能提升思想政治课的魅力，吸引当代大学的目光。在教学环节中，各学科教师不能再像以前一样单纯地进行理论灌输，这样的课堂氛围只能是枯燥乏味的，教师要把书本知识与当前社会热点进行有效结合，紧跟时代步伐，体现思想政治教育的时代价值。另外，教师可以在教学环节中适当、合理地融入社会实践活动设计，并且逐步实施，由此推动学生在实践中深化理论知识，提高学生对当前社会发展的认知，最终提升学生个人的道德素质。

建构思想政治理论课程和各学科课程并重的协同课程。思想政治课的创新与改革要着眼于当前形势的要求以及落实立德树人的根本任务的总体方案，继续开展中国梦主题教育活动，把中华优秀传统文化与马克思主义中国化历史进程的结合、融合，‘四个全面’战略布局和习近平治国理政思想等马克思主义中国化的最新理论成果更好地融入课程建设、课程内容建设要更加合理，减少交叉重复内容，更加科学地开设思政理论公共必修课，适当增加选修课程、完善课程结构等。思想政治理论课要与其他学科课程统一规划，实现各学科思想政治教育内容和谐共生。探索各学科思想政治教育新模式，推进各学科课程与思想政治理论课之间的协作关系，拓展学生的理论知识和综合素质。

（四）充分运用红色文化等社会文化资源提升育人效果

1. 红色文化资源融入高校思想政治教育

红色文化其自身的革命精神、英雄事迹以及革命历史，具备强大的感召力和感染力，对当代大学生的成长具有很高的教育价值。

红色文化资源走进高校思想政治理论课。高校可以开发和利用本地新民主主义革命时期或抗日战争时期遗留的革命旧址、遗迹作为红色资源，通过现代化的教学手段，运用到高校思想政治理论课教学中。例如沈阳各高校在近代史教学中，可以向学生讲授“九一八”事变的历史。

开展红色主题的社会实践活动。要积极开展各种红色主题的教育实践活动，结合本地实际情况，利用好本地红色资源。高校可以和纪念馆等红色基地合作，成立爱国主义教育基地，定期组织大学生参观红色教育基地，充分发挥红色资源的教育作用。

建设红色校园文化。人在创造文化的同时也在享用文化。在校园文化建设中，不能缺少红色文化的建设，要充分发挥红色文化的精神价值。

2. 重大体育赛事资源融入高校思想政治教育

重大体育赛事中也蕴藏着高校思想政治教育资源，如果能把这些资源融入思想政治课教材和课堂教学中，就可以改变思想政治课教学枯燥乏味的局面，让思想政治课更加生动、富有趣味。

我国曾经举办过奥运会、亚运会等国际比赛，这些都是宝贵的高校思想政治教育资源。例如，在重大体育比赛中包含了优秀中国传统文化的赛会标志，赛会标志主要是赛会的主题口号、会徽以及吉祥物等。2008 年北京奥运会的主题就是“同一个世界，同一个梦想”，这一主题包含中华文化“和”的思想，会徽“中国印・舞动的北京”充分显现具有中华民族特色的文化。体育赛事资源还包括在重大赛事中，中国运动员所展现出来的拼搏向上的精神。例如，2004 年雅典奥运会女子排球决赛中国队在 0:2 落后的不利局面下，绝地反击，以 3:2 战胜俄罗斯队获得冠军。2016 年，中国女排在小组排名第 4 的不利局面下，稳扎稳打，不畏困难，连克强敌，最终收获金牌。这些内容都与思想政治教育中爱国主义教育、集体主义教育和社会主义核心价值观教育不谋而合。这些资源如果以教材实例的形式或者教师讲授的形式融入高校思想政治理论课教学，会让思想政治理论课堂气氛更活跃，让教师的讲述更生动，通过感同身受的教育方式，落实立德树人。

三、思想政治教育手段资源的整合

（一）课堂育人与实践育人相结合

首先，课堂教学是育人的主阵地。“三全育人”背景下，虽然要转变育人思想，但是课堂仍然是育人的主阵地。其次，思想政治理论课是思想政治教育的主渠道。思想政治理论课肩负马克思主义的宣传责任，引领当代大学生的“三观”教育，坚定大学生地理想信念，以及对今后的生活和学习中符合社会历史发展规律的价值判断和价值选择作出引导。其次，学科课堂要发挥协同育人的作用。全员、全过程、全方位的育人思想，要求学科课堂的任务不单要向学生讲授好本学科专业知识，提高学生的知识技能，同时还要通过课程内容、专业课教师人格魅力引导学生，培养学生高尚的品格。形成思想政治理论课程引领，学科课堂补充的育人网络。

其次，实践活动是育人的重要保障。实践活动就是思想政治教育者为实现思想政治教育目的设计并开展的一系列活动，实践活动是实现思想政治教育的重要载体。“三全育人”模式，离不开丰富的实践活动，由传统育人模式升级成课堂教学与实践活动齐头并进的教育新模式，以锻炼大学生的品格。第一，举办各类竞赛活动。参与各类竞赛活动除了能够拓展学生知识储备及交际能力、激发学生学习兴趣外，还培养了学生公平竞争意识以及面对失败、抵御挫折的能力。第二，开展丰富多样的文化活动。开展文化活动要把握好重要的时间节点，在国家重大节日以及具有教育意义的纪念日等具有特殊意义的重要日子，开展思想政治教育主题宣传教育活动。第三，组织学生参与社会公益活动。包括到养老院、孤儿院献爱心、照顾孤寡老人、残疾人，无偿献血等活动。第四，加入志愿服务活动。学生通过加入志愿服务活动，帮助有困难、有需要的人，提升自己的道德品质，实现育人目的。另外还可以组织大学生积极参与军政训练、社会调查、生产劳动、科技发明和勤工助学等实践活动，使大学生在实践中受教育、长才干、做贡献，增强社会责任感。

（二）管理育人、服务育人与文化育人相结合

管理是育人的前提基础。管理育人就是把思想政治教育内容融入管理工作中，通过制定组织纪律、规章制度来约束、规范大学生的行为，促使养成其良好的思想品德和行为习惯。第一，管理就是规范教育。没有规矩就不成方圆，管理育人就是通过制度的执行，达到约束人的思想和行为、规范人的言谈举止的目的，进而实现育人。第二，管理引导思想和行为。学校的各项规章制度中已经明确了各种行为后果的奖惩办法，对大学生该做什么、不该做什么，在思想和行为上有一种强有力的引导。第三，管理也是养成教育。严格的管理是学生养成良好思想品德和行为习惯的一支催化剂，能够将各种管理规范由外在的束缚变成学生内在思想共识和行为习惯，变他律为自律，从而提高其思想品德，养成良好行为习惯。

服务是育人的后方保障。服务育人就是要把思想政治教育内容融入学校后勤服务工作中，通过提高后勤服务人员队伍的素质和服务质量，对学生思想品德和行为习惯言传身教。第一，育人理念就是服务理念。新时代高校思想政治教育的目的就是培养实现中华民族伟大复兴的合格人才，高校坚持“以人为本”的教育理念。高校的思想政治教育离不开后勤服务人员的大力支持，后勤服务人员要与其他主体同向同行，落实“以人为本”“立德树人”的服务理念，为全校师生提供优质后勤服务的同时，勇于承担育人责任。第二，服务育人就是情感教育。优质的后勤服务对思想政治教育起到事半功倍的效果，服务育人要走情感路线，通过后勤服务人员热情周到的服务，用情感人、以爱化人，用润物无声的方式让学生感受人与人之间的温暖，实现对学生情感态度、价值观的教育。

文化是育人的重要途径。文化育人就是运用各种具有思想政治教育内容的文化艺术形式和文化建设活动，提高学生的思想认知和思想政治素养。校园文化是大学生思想政治教育的重要文化育人途径，要加快校园文化的建设步伐。校园文化建设要以精神文化、环境文化、行为文化和制度文化建设为主要内容。打造优良校风、教风、学风的校园文化氛围，锻造大学精神是校园文化的核心价值。高品质的校园文化，能够为青少年积极向上的性格特征打下良好的心理基础。校园文化的建设要坚持立足实际、突出特色、分步实施、整体推进的原则，打造高端校园文化，实现以文育人、以文化人。

（三）隐性教育与显性教育手段相结合

若想提高思想政治教育育人的实效性，就要避免顾此失彼的误区。隐性教育和显性教育都是思想政治教育的有效手段，关键是要将二者有机结合，为思想政治教育服务，共同发力。实现二者的结合要从以下几个方面着手：

思想上认识到二者的辩证关系。首先，在思想政治教育实践中，既有显性教育也有隐性教育，而不是绝对的显性教育或者绝对的隐性教育。对于我国而言，显性教育目前占据主导地位，隐性教育尚未被重视。采取何种方式，要以国情为根本，坚持本国特色，才能稳步前进。其次，二者的统一也是辩证否定的结果。随着教育实践的发展，教育方式也呈现出不同的方式并且突出重点，显性教育和隐性教育就是一种进步性的划分方式，但是过于突出某一种方式也会存在一定的消极作用，如果能够将二者实现统一，会让思想政治教育更有实效性。

机制上合理统筹二者的有效衔接。首先，二者发挥最大合力，关键在于建立一个系统的长效机制。党团、政府、教师等不同角色在育人过程中起着不同的作用，同时，在显性教育和隐性教育过程中也发挥着不可替代的作用。各个角色应该如何分工以实现合力最大化的问题？不同角色要结合自身的优势，发挥自己最大的作用，这就要建立一个长效的协同机制。其次，要在实践中摸索二者相统一的育人原理。显性教育和隐性教育的结合不是简单地相加，而是通过融合，让二者能够形成一个有效的机制，起到教育合力的作用。微观层面，课堂教育显然是显性教育手段，既要改革创新思想政治理论课，也要旗帜鲜明地讲好马克思主义。中观层面，各学科也要形成教育合力，既要推进思想政治理论课的积极作用，也要让各类课程与思想政治理论课同向同行。宏观上要通过家庭、社会、学校各自扮演的角色，潜移默化地影响学生，充分发挥“显”和“隐”的优势，最终形成“三全育人”的良好格局。

实践中处理好二者的使用频率。前文已经论述显性教育和隐性教育并非简单相加，没有具体体量的区分，但是具体适合采用哪种手段，还要根据受教育对象等因素而定，要做到具体问题具体分析。就我国目前国情来看，总体上要坚持显性教育为主导，旗帜鲜明地宣传好马克思主义。在实践教学中，采用显性教育手段多一点还是隐性教育手段多一点要视情况而定。

（四）传统教育手段与新载体运用相结合

思想政治教育环境的变化使得传统的思想政治教育手段已经不能承载当前思想政治教育内容多样化的需要，只有将思想政治教育传统手段与新载体结合，才能满足思想政治教育的实际需要。

第一，特色手段保证思想政治教育育人方向。思想政治教育的特色手段就是具有明显的中国特色、文化特色和区域特色的一类手段。这类手段主要包括共产党员、共青团员等特色教育主体；具有爱国主义教育意义，包含中华优秀传统文化内容，凝聚了社会主义核心价值观的特色内容；具有思想政治教育功能的新媒体资源和互联网资源等。“三全育人”背景下，思想政治教育任务是要为实现中华民族伟大复兴培养具有坚定政治立场和理想信念的合格人才，要坚持马克思主义指导地位，坚持以社会主义核心价值观作为学习、实践的统领。要发挥思想政治教育在育人活动中的主导性作用，就要坚持运用特色手段。

第二，多种手段保证思想政治教育育人合力。思想政治教育手段的使用并不是绝对的，也不是一种或几种手段简单叠加就能顺利实现思想政治教育的。新时代新变化，思想政治教育目标多样化、教育对象结构多层次化、教育过程复杂化都会对思想政治教育产生不同影响。要综合运用多种手段，发挥最大的育人效果。综合多种手段要坚持科学选择、协调一致、效果最优的原则，在对思想政治教育对象、目标、过程深入研究后科学进行选择，协调统一部署，实现育人效果的最优化。

第三，新兴手段提升思想政治教育育人效果。互联网技术的突破和发展给思想政治带来挑战的同时，也带来了前所未有的机遇。互联网是当代青少年认识世界、了解世界的一个重要渠道，同时不良信息也通过这个渠道向青少年渗透。思想政治教育要考虑当前思想政治教育活动面临的新情况、新问题，针对这些变化采用不同的现代教育手段和方法，变革思想政治教育内容。以微信、微博、抖音等为代表的自媒体不仅改变了思想政治教育的外部环境，同时也是思想政治教育可以利用的新的传播载体。此外，还要积极开发和运用慕课，因其具有受众广、开放性强的特点，也是思想政治教育的一个新兴传媒方法，值得在教学实践中大力推广。只有这样，才能保证思想政治教育的时代感，增强教育的吸引力。

四、形成学校、社会、家庭联动育人模式

（一）坚持引进来、走出去相结合的育人管理原则

“引进来”“走出去”的育人管理原则，主要是将模范人物请进校园、青年学生参与社会实践相结合的育人模式，形成学校与社会的育人网络。

一是模范人物“引进来”。榜样的力量是无穷的，榜样是铸造“四有新人”的有效途径。榜样具有人格的感召力，行无言之教，润物无声，境界通达。习近平在出席全国道德模范表彰大会时作出重要指示，全国道德模范体现了热爱祖国、奉献人民的家国情怀，自强不息、砥砺前行的奋斗精神，积极进取、崇德向善的高尚情操。要广泛宣传道德模范的先进事迹，弘扬道德模范高尚品格，引导人们向道德模范学习，争做崇高道德的践行者、文明风尚的维护者、美好生活的创造者。先进人物的事迹对当代大学生具有很好地教育价值，高校可以根据本校、本地区实际情况，将“全国优秀道德模范”“优秀共产党员”等先进人物代表请进高校，以报告会的形式讲述自身先进事迹。例如，辽宁高校可以邀请“全国诚实守信模范”大连海事大学教师曲建武到本校做主题报告会，条件允许的情况下邀请“全

国敬业奉献模范”杜富国、武大靖做专题演讲，以此有效引导大学生树立正确世界观、人生观和价值观。

二是青年学生“走出去”。习近平指出高校思想政治教育要为民族复兴大任培育时代新人。要让青年学生在校期间要走出校门融入社会，多参与道德实践磨砺自己的意志品质，才能实现“立德树人”的外化向内化转变。另外，学校可以加强与相关企业的交流合作，搭建学生的就业培训基地。知识经济时代的到来，对人才的要求越来越高。企业不单需要学生具备较高的综合素质，还对学生的实践能力提出了新要求，校企联动能够让学生就业前充分认识到自己的不足，锻炼学生的实践能力，提前适应企业以及社会的需要，实现育人目标。做好“引进来”和“走出去”两个工程，才能提高高校育人实效性。

（二）建立整合校内、校外实践教育资源的机制

在当前激烈的国际竞争情况下，创新型国家的建设、企业提高竞争力都离不开高素质人才，在“三全育人”背景下的人才培养需要各个主体协同合作，各主体具有紧密的育人合作关系，是社会实践育人的共同体，掌握着校内、校外实践育人资源。整合校内外实践育人资源就是实现共同体的有效融合，提高实践育人的系统性和全过程性，要建立行之有效的育人协同机制，实现共同治理。这其中，政府主要发挥导向作用，引导顶层设计、政策制定、保障实施、资源投入；高校向社会输送高质量人才，主要依托先进的教育理念、先进的科研成果、完善的人才培养体系、优质的智力资源；企业根据自身性质和特点，为高校人才培养提供方向，为人才培养方式提供服务。各主体具备了不同的资源优势，但都有共同的目标，主体间相互依存，成为社会实践育人合作的基础，在立德树人的根本任务下合作效果也会越来越突出。

（三）探索学校与家庭教育的有效互动模式

习近平指出，办好教育事业，家庭、学校、政府、社会都有责任。家庭是人生的第一所学校，家长是孩子的第一任老师，要给孩子讲好“人生第一课”，帮助孩子扣好人生第一粒扣子。

首先，确立家校育人共同体结构。按照“三全育人”的教育思想，家庭成员被纳入思想政治教育主体中，家庭教育也是全方位育人的一个维度，只有将家校紧密结合，打造家校共同体，才能发挥家校共同育人的最大合力。第一，明确高校和家庭在思想政治教育中的定位和功能，

同向同行，发挥自己应有的作用。第二，强调高校和家庭的紧密关系。二者不能顾此失彼，不分孰重孰轻，需要平衡双方在立德树人根本任务中各自作用。

其次，打造及时畅通的沟通机制。当前，高校与家庭之间缺少长效沟通机制，要密切学校与家庭之间的联系，畅通家校沟通机制。第一是全程沟通取代偶发性沟通。高校可以就共同育人与家长明确沟通的时间、内容、形式和频率，让家校沟通贯穿学生在校期间，而不是学生出现问题时亡羊补牢式沟通。第二是互动性沟通取代单向告知。高校现在普遍采用学期结束以“给家长的一封信”单向告知的形式与家长进行沟通，忽视了家庭教育的主动性，削弱了沟通效果。如果有条件，高校可以采用家访、定期电话沟通等面对面的形式进行沟通，提高沟通实效性。第三是要变被动参与为主动沟通。学校不能等到学生出现问题才被动联系家长，要防患于未然。第四是要由表及里深入沟通。与家长的沟通时，学生的学业和就业情况是重要内容，但在“三全育人”的背景下，高校和家长的沟通更应该注重如何育人等方面的沟通。

最后，丰富合作内容、创新合作形式。在“三全育人”背景下，立德树人为高校思想政治教育的根本目标，高校与家庭合作育人的内容也应该不断丰富，形式也要不断改进。家校合作的内容应该是多层次的，而不是局限在汇报学生的学业成绩这么单一，核心价值观教育引领家庭教育和学生的自我教育是家校合作的核心内容；学生学风的养成以及学习态度的转变是家校合作的首要内容；学生的思想动态和安全教育是家校合作的基础内容；学生未来职业规划和就业指导是家校合作的重要内容。家校合作内容要以各种形式为依托，转变以往单一的打电话和“致家长的一封信”的形式，可以召开新生家长会、主题讲座、、家长见面会以及建立家长委员会等形式提升家校合作有效性。

（四）有效引导学生自我教育、自我管理

学生自我教育就是在思想政治教育活动中，学生既是教育主体也是教育客体，学生自觉主动地学习思想政治教育内容从而提高修养。

苏联教育专家苏霍姆林斯基曾说：自我教育是对个人教育的一个重要方法，若想让一个个体真正成为人，就要让他学会自我教育。叶圣陶老先生也曾说：教是为了不教。“不教”不是完全的放弃，而是要对受教育进行引导，实现受教育者的自我教育。

习近平认为当代青年“关键是要学会思考、善于分析、正确抉择，做到稳重自持、从容自信、坚定自励。要树立正确的世界观、人生观、价值观，掌握了这把总钥匙，再来看看社会万象、人生历程，一切是非、正误、主次，一切真假、善恶、美丑，自然就洞若观火、清澈明了，自然就能做出正确判断、做出正确选择。”从中能看出习总书记对当代青年的关怀和期待。

学校要组织和发展具有自我教育、自我管理、自我服务功能的学生管理组织。学生会是党领导下的学生群众组织，是党和学校联系学生的桥梁和纽带，是加强和改进学生思想政治教育的重要依靠力量，是学生自我教育的组织者。通过开展多种内容丰富的活动为广大学生提供服务，并以此契机引导学生进行自我教育。同时，学生管理组织还要关注广大在校生的校园生活、学习生活，既要为学生及时提供各种信息，又要将学生的意见和建议准确反馈给学校职能部门，对学校的发展起到良好的辅助作用，真正做到学生的自我管理。

第五章　高校“三全育人”辅导员工作机制与体系建设

第一节　高校辅导员发挥育人作用的理论概述

一、高校“三全育人”辅导员工作的内涵

中国共产党在十六大会议中倡导的“三全育人”，经过多年的理论和实践研究，“三全育人”教育理论逐渐扎根并深入高校的思想政治教育工作中。2017 年 2 月，中共中央国务院的相关意见指出：把思想价值引领贯穿教育教学全过程和各环节，形成教书育人、科研育人、文化育人、组织育人等长效机制。“三全育人”理论强调用系统的概念和润物无声的方式开展思想教育工作。首先，需要在德育为先的前提下，集中精力培养和提高学生的能力。要求高校进行课堂教育、学生管理、思想水平、文化气氛和社会实践等教学和教育的相关环节同向而行，携手进步。

（一）高校辅导员

高校辅导员是进行学生思想政治教育的骨干力量，自高校辅导员设立以来，在各大高校起着重要作用。1961 年，中共中央首次提出要设立辅导员和政治辅导员。随着我国教育大众化程度不断提升，辅导员也逐渐承担着更加重要的职责，2005 年，教育部发布的《关于加强高等学校辅导员班主任队伍建设的意见》对辅导员班主任进行了明确定义：辅导员班主任是高等学校教师队伍的重要组成部分，是高等学校从事德育工作、开展大学生思想政治教育的骨干力量，是大学生健康成长的指导者和引路人。

党的十八大以来，以习近平同志为核心地党中央提出了一系列教育新理念、新思想、新观点，高校要坚持将立德树人作为根本任务，坚持把教师队伍建设作为基础工作等论断让“三全育人”理念的教育思想更加丰富。首先，辅导员的主体是专任教师，教师是人类灵魂的工程师，是人类文明的传播者，肩负着传播知识、传播思想、传播真理，塑造灵魂、塑造生命、

塑造新人的时代重任。高校辅导员也是“课程思政”的主体，要和“思政课程”同心同向，共同进行时代新人的培育。其次，辅导员任期一般为四年，伴随着学生从入学到毕业的全过程，深刻体现着全过程育人的重要内涵。第三，辅导员队伍建设过程同时也是对教师队伍建设的重要过程。

1．高校辅导员的工作困境

辅导员是开展大学生思想政治教育的骨干力量，是高校立德树人工作的一线人员，“三全育人”理念为辅导员开展思政工作提供了新思路，打开了新格局，同时也迎来了新挑战。通过梳理相关文献资料以及结合辅导员工作实际，高校辅导员在推进“三全育人”工作中主要面临以下几个问题：

（1）认识“三全育人”理念不到位。辅导员在开展思想政治教育工作中，对“三全育人”理念认识不到位主要体现在两个方面：一是辅导员对“三全育人”文件精神领悟不到位。再好的顶层设计，都需要不同层面的人员去深刻理解、正确认识、全面落实，否则就会失去存在的意义，《关于加强和改进新形势下高校思想政治教育工作的若干意见》和《“三全育人”综合改革试点工作的建设要求和管理办法（试行）》全面说明了“三全育人”的含义和要求。显然，“三全育人”是对新时期大学思想政治教育的特点和规律的新追求，在大学时代，大学教育要求对学生们进行全面、全方位、全过程的教育，在教学和教育的各个环节做到用思想引领价值观。进一步提高人才培养能力、创新人才培养模式、培养拔尖创新人才，部分辅导员没有深入研究文件，导致领悟相关文件精神不到位。二是部分辅导员的工作格局没打开。“三全育人”理念既丰富了大学生思想政治教育理论，系统性地概括了大学生思想政治教育工作新方法，又对辅导员工作提出新要求。目前，部分辅导员并没有将“三全育人”理念贯穿于铸魂育人的日常工作之中。

（2）履行“三全育人”职责不清晰。“三全育人”是指不同主体协同育人，形成全员育人合力；在不同阶段进行有效衔接，实现全过程育人；整合不同领域、不同层次、不同类型育人功能，实现全方位育人。当前，辅导员在“三全育人”中的职责不清晰主要体现在以下三个方面：

关于全面育人，教育部制定了《“三全育人”综合改革试点工作建设要求和管理办法（试行）》，为了方便开展“三全育人”综合改革的试点工作。文件中提到“通过挖掘各群体、各岗位的育人元素，并作为职责要求和考核内容，融入整体制度设计和具体操作环节”，但有关“三全育人”条件下辅导员具体的岗位工作和岗位职责并没有作清晰的说明。如何操作以及和其他育人主体之间的关系、责任区分；全过程育人方面，辅导员如何衔接线上线下、课内外、校内外、学生入学前后以及学生入学后成长过程、寒暑假、毕业实习等方面，相关文件也没有明确。全方位育人方面，《普通高等学校辅导员队伍建设规定》（教育部令第43号），对辅导员的九大工作职责进行了相关阐述，并没有提及辅导员如何协同兼职班主任、思政课老师、学校其他行政部门的工作，如何实现多方联动，实现铸魂育人思想政治教育效果。相关文件表述具有模糊性、不确定性，导致辅导员在履行“三全育人”职责时不清晰，找不到自己的定位。

（3）推动“三全育人”成效不显著。第一，全员育人合力成效有待进一步巩固。目前，大多数高校尚未建立起一体化育人队伍，高校专职教师未实现课程育人，“三全育人”的主体主要由高校党政干部和辅导员承担。根据2017年8月3日教育部发布的《普通高等学校辅导员队伍建设规定》中辅导员岗位具体要求和九大职责，可见辅导员事务性工作内容多、杂、难，很难全身心地投入育人工作。此外，因辅导员工作职权的局限性，主动协调其他育人主体的效果不佳，导致辅导员在推动建立全员育人协同工作机制方面受阻，育人成效不显著。第二，全过程育人的有效衔接存在断点、盲点。大部分高校辅导员队伍偏年轻化，人员流动性大，容易造成育人过程中断，对学生的成长需求和思想动态了解不全面、不及时，不能为学生提供有针对性的引导，导致育人工作难度增加。第三，全方位育人的有机联动不足。大学生在入学后家长就出现缺位现象，很多高校设置的新生家长座谈会到座率不到50%，辅导员与家长协同联动主要依赖于辅导员工作的主动性，联动机制不到位，加之95后、00后大学生对网络依赖程度高，部分同学理解能力和自我管理能力差，容易造成线上线下育人工作不能实现有效衔接，直接影响“三全育人”工作成效。

2．“三全育人”背景下高校辅导员的工作思路

辅导员要深刻认识“三全育人”的理论内涵，把握思想政治工作规律、教书育人规律、学生成长规律，树立“三全育人”理念，在全员育人格局中准确定位，明确自身的职责，在全过程育人中发挥衔接作用，在全方位育人中做好资源整合，发挥联动作用，落实高校立德树人根本任务。

（1）转变观念，准确定位，做“三全育人”的践行者。首先，辅导员是高校思想政治教育的实践者，要全面理解“三全育人”的基本内涵和相关理论，把“三全育人”作为实现立德树人根本目标的方法表现。其次，辅导员要落实“三全育人”理念，打开思政工作格局，把坚持立德树人、落实“三

全育人”作为辅导员开展日常思想政治教育工作的指南。最后，辅导员在工作中要主动作为、务实求真、开拓进取，求取工作效率的最大化，确保自己的工作不走过场，不流于形式，使学生能够从中受到正确的指引和有力的引导，把“三全育人”工作理念贯穿日常思想政治教育工作中。

（2）立足本职，创新方法，做“三全育人”的主导者。高校辅导员在学生的日常活动和成长过程中扮演着人生引导者和贴心朋友的角色，在工作中是学生思想政治教育的管理者和组织者，是开展校内外思想政治活动的实施者和引导者。在“三全育人”过程中，辅导员要充分发挥自身优势，立足本职工作，突破创新，做到以“我”为主。

一是找准定位，立足本职。要加强辅导员对自我角色的定位，使辅导员团队成为育人机制建设的践行者、推动者、协同者。辅导员的本职工作是进行大学生思想政治教育，要厘清“三全育人”中辅导员工作与教学、管理、服务等不同部门工作之间的关系，强化主体地位，做全员育人中起主导作用的一员。要结合学生成长规律开展思想政治教育，整合优化育人资源，做课内课外、校内校外、线上线下有机融合的主导者，主动作为。

二是积极主动，构建校内外联动。高校辅导员的工作要深入到课堂，走进学生宿舍，探访开展实践的场所，走访实习的基地。与专业教师、思想政治理论课教师、企业加强沟通和交流，倾听学生声音，了解学生需求，充分发挥课程、科研、实践、管理、服务的育人功能，起到沟通润滑作用。辅导员要充分利用重要时间节点、关键事件，建立家校联系网，发挥主导作用。

三是开拓创新，以“我”为主。辅导员所面对的学生工作很具体、很复杂，虽然在过去的工作中已经积累了一定的经验，但在高校“三全育人”中，情况的变化需要以开拓创新的思维来适应，墨守成规必然止步不前。因此，辅导员不能囿于过去的工作状态，理论与实践相结合，开拓创新，不断提高自己的工作能力。

3．遵循规律，提升自我，做“三全育人”的推动者

当前，高校辅导员是大学生思想政治教育工作的中坚力量。国务院的相关意见中也明确规定了辅导员的工作范围，在党委的领导部署下有针对性地开展工作，在思想教育、学习进步、日常生活等方面给予指导。可见，辅导员是高校德育的骨干力量，思想政治教育是辅导员的核心任务，因此，辅导员必须抓好自己的中心任务，促进大学生思想政治教育的发展。首先，遵循规律。作为教育者，辅导员需要以科学的方式促进学生的成长，并遵

守教育、思想政治活动和学生成长的客观规律。了解学生的思想特点和发展需要，注重理论教育与实践活动相结合、综合要求与分类指导相结合，以科学、完善的要求提高工作水平。其次，提升自我。辅导员的工作能够融“三全育人”于一体，加强辅导员的素质能力建设，是贯彻落实“三全育人”的基础性、全局性的重点工程。因此，辅导员要树立终生学习理念，积极参加辅导员素质能力大赛，以赛促进，理论与实践相结合，提升专业技能，增加理论储备，言传身教，用科学合理的方法对学生进行引导，做“三全育人”的推动者。

（二）高校辅导员育人职责

高校辅导员是“三全育人”工作的主体，是大学生思想政治教育的骨干力量，承担着重要的育人职责，高校辅导员与辅导员队伍都是在一线对大学生进行思想政治教育的协同力量。高校辅导员需要在班级中承担管理育人的职责，做好班级学风建设，通过课程、科研育人质量提升体系，将育人贯穿学生成长的全过程。同时，协助辅导员做好学生家庭经济困难学生帮扶工作、学生就业指导。同时，协助班级班委会、团支部委员会的工作开展，指导建设寝室文化。

高校辅导员是一项涵盖面广，涉及内容较为繁杂的工作。作为高校辅导员，不仅要对所带班级进行系统地了解，更要协调班级的任课教师，对学生进行系统性教育。因此，高校辅导员不仅要明确自身责任，更要在学生日常管理、思想引导方面下功夫，在培养社会主义合格建设者和接班人方面下功夫，教育引导学生将个人的成长同国家的兴衰相结合。

（三）高校辅导员育人工作的协同机制

第一，与班主任的协同机制。高校辅导员与辅导员均为高校思想政治教育的骨干力量，因此两支队伍在高校学生思想政治教育过程中有着不可替代的作用。辅导员有着管理人员和教师的双重身份，但主要还是负责学生的思想引领、日常事务管理、资助等工作，学生多、管理难度大是辅导员工作的突出特点。辅导员作为专业课教师，负责一个班级的学风建设与管理工作，与辅导员面对的同样的学生，因此在协调的过程中，辅导员应当互相配合，做好补位工作，在日常工作中互相帮助，及时沟通交流，帮助学生扣好人生的第一粒扣子。

第二，与导师的协同机制。高校导师制作为高校学生科学研究的重要制度保障，为学生科研工作提供了很大的便利。导师主要面对 3 ~ 5 名学生，主要负责学生的科学研究工作，因此，导师需要通过科研育人质量提升体系，在日常工作中为学生负责。任课教师与导师同为专业课教师，彼此之间比较了解，因此任课教师在与导师沟通的过程有着天然的优势。辅导员与导师要建立协同育人机制，在培养学生科研精神方面着力。

第三，与管理人员的协同机制。辅导员虽然有着班级的管理权力，但从本质上说，学生的日常事务管理是辅导员来负责的，机关管理部门对于学生成长的影响主要通过制度与管理实现。辅导员作为学生的第一管理人，应当及时教育学生遵守学校各项规定，养成遵纪守法的良好习惯。

第四，与思政课教师的协同机制。高校辅导员作为专业课教师，自身需要通过课堂育人质量提升体系对学生进行引导。在课程思政的引领下，要守好责任田，不断提升自身育人能力和水平。

第五，与专业课教师的协同机制。高校辅导员作为专业课教师，对于学生专业培养的了解强于辅导员，因此高校辅导员应当同班级各个任课教师相联系，协调课程育人，达到质量提升。

二、“三全育人”理念下高校辅导员育人工作理论基础

（一）“三全育人”理念下高校辅导员育人理念

习近平总书记指出，高校立身之本在于立德树人，要将思想政治工作贯穿教育教学全过程。“三全育人”理念既是一种教育理念，也是一个系统的、全面的教育体系和指导原则。2017 年中共中央、国务院印发了《关于加强和改进新形势下高校思想政治工作的意见》，强调“坚持全员全过程全方位育人”作为加强和改进高校思想政治工作的基本原则。“三全育人”理念以围绕“育人”为核心点，根据教育规律、思想政治工作规律、学生成长规律，从育人主体、时间、空间三个维度，形成由党委统一领导，党政群团齐抓共管的育人体系，形成全员育人、全过程育人、全方位育人的工作格局，让思想政治教育贯穿教育教学全过程，从而形成“大思政”的育人格局，促进学生全面发展，培养德智体美劳全面发展的社会主义建设者和接班人。

培养新时代社会主义新人，让育人回归常识、回归本分、回归初心、回归梦想，是当前高校思想政治教育的重中之重。完成立德树人的根本任务，要将思政工作贯穿教育教学全过程。辅导员队伍是高校“三全育人”（全员育人、全过程育人、全方位育人）的重要组成部分，是“课程思政”的重要主体，也是思想政治教育队伍的主体之一。研究辅导员育人工作，对

于高校紧抓坚持办学正确政治方向、建设高素质教师队伍和形成高水平人才培养体系，培养担当时代重任的社会主义新人具有重要意义。

辅导员作为专业教师，具有育人的独特优势。第一，辅导员育人是全员育人的组成部分，强化思想政治教育队伍力量。辅导员队伍协助辅导员担负学生思想教育、专业教育等重要工作，成为不可或缺的思想政治教育力量。第二，辅导员育人精准体现全过程育人，拓宽思想政治教育路径。辅导员一般从学生入学到毕业任期四年，全程参与学生的学业进步与品德养成，是全过程育人的最好体现，是达成思想政治教育目标的重要路径。第三，辅导员育人助力全方位育人，形成合力，提升思想政治教育效果。

作为专业教师，辅导员在承担教学和科研任务的过程中实现对学生的言传身教，实现立德树人目的。

（二）马克思主义人的全面发展理论

"人的全面发展"理论是马克思主义的基本原理之一，同样也是我国教育事业的理论基础，将体力和智力的充分、自由、和谐发展当作人的全面发展，我国提出了培养德智体美劳全面发展的社会主义建设者和接班人的重要论断，人的全面自由发展包含着广泛而深刻的内涵。在《经济学手稿（1957—1958 年）》中马克思提出了人的自由发展三个阶段划分，第三阶段也就是发展的最高阶段是人全面而自由的发展。

人的全面发展中包括人的个性的全面发展，主要是人的自主性、独特性以及创造性的全面发展。自主性是重要方面，相对于压迫和奴役性来说，人们逐渐在发展的过程中克服自然和社会的压迫，成了自主的个体，拥有了自主性就是摆脱了人身关系中的依附性和奴役性，这样才能使人的全面发展具有意义。独特性也是人之所以为人的特有属性，正如世界上没有两个完全一样的叶脉，世界上也没有完全相同的人。每个人心中都有不同的自我，通过和世界的接触与互动产生比较和交往，个体的"自我"意识逐渐觉醒，产生了人的本质属性之一——创造性，创造性是指人能够将潜在的创造力转化为现实的创造力，并且将其进一步提升，培养人的创造性是我国素质教育的主要努力方向，也是我国德育工作的重要目标。以人为本，尊重主体性和差异性，并且培养德智体美劳全面发展是我国教育的根本目标。

人的全面发展不仅是不断完善自我的发展目标，更是不断超越自我的信念和追求，也是在教育过程中的终极体现。德育是从人本身出发的，最终的追求目标同样得落在人的主体身上，最终既是为了促进人的体力、智力的协调发展，也使得人的交往能力得到提升，社会关系更加和谐，形成社会所要求的道德品质。“三全育人”理念就是在这样的环境下应运而生的指导理念，全员育人、全过程育人、全方位育人将“育人”置于学生培养的核心，运用系统性思维动用一切力量形成合力，为学生培养保驾护航。而辅导员作为思想政治教育主体之一，与思想政治教育队伍共同担当高校培养时代新人的重任。通过在课程育人、科研育人、实践育人、文化育人等多个育人体系中发挥作用，显性和隐形德育两种手段相结合，让德育无形地渗透到每个环节，全方位地开展育人，促进人的综合素质全面协调发展，形成社会所要求的良好品格。因此，人的全面发展既是辅导员育人工作的理论基础，也是其所追求的德育目标。

（三）思想政治教育内外化理论

思想政治教育学科的规律之一内外化理论，是指在思想政治教育的全过程，表现出的两次飞跃，第一次飞跃是内化，也就是将社会所需要的思想品德转化为教育对象的思想政治认识、情感、意志、能力等内在品质的过程，这是一个从外向内的发展过程，是外在社会的要求对内在精神世界的转化。第二次飞跃是外化，也就是推动教育对象将所形成的思想政治品德转化为自身的行为和实践，这是在认识世界和改造世界过程中将内在品质体现出来的过程，是自内向外的。内化与外化是辩证统一的过程，内化是外化的前提和基础，外化是内化的目的和最终归宿，他们之间互相影响、互相依靠、互相渗透、互相联系。

辅导员作为思想政治教育的骨干力量，承担着大学生思想政治教育的主要任务。作为教育主体，首先要坚定政治方向，思想政治教育的目标、内容和任务的制定必须从国情出发，依托社会发展要求，必须正确判断社会需要、社会形式以及社会发展，及时调整教育的任务，防止与社会发展需求相悖离。辅导员队伍多由高校专业课教师组成，他们在做到潜心学术和关注社会相统一的过程中，自然而然关注社会需求的思想品德，在学术传授的过程中对学生产生积极的影响。

一方面，要坚持全过程育人。高校辅导员作为专业课教师是“课程思政”的重要主体，要做到教书与育人相统一。传道者首先要明道，作为专业课教师的辅导员，在传授知识的同时，把做人的道理融合渗透，在课上课下实现“课程思政”的育人效果。通过教书与育人相统一、言传和身教相统一，引导教师坚持潜心问道与关注社会相统一、坚持学术自由与学术规范相统一，将辅导员队伍的师德师风建设与“三全育人”体系、学生思想政治工作融为一体，产生联动效应。辅导员作为一个班级从大一到大四的全程参与者，应当在全过程育人中起到核心的重要作用。

另一方面，要坚持全方位育人。思想政治教育不仅有第一次飞跃，更需要第二次飞跃作为教育的最终目标。高校应当构建以课程育人、科研育人、实践育人、文化育人等十大育人体系为主的育人模式，辅导员在参与学生活动与实践的过程中，能掌握学生在外化过程中的优点与不足，进而在内化过程中加以强化，使得学生进一步进行内外化的往复，最终实现思想政治教育的最终目的。

三、“三全育人”理念下高校辅导员育人工作的重要意义

（一）高校辅导员育人工作的外部环境优势

第一，高校辅导员和班主任作为大学生日常思想政治教育和管理工作的组织者、实施者和指导者，承担着大学生的教育和管理责任，同时为大学生成长成才负责。一方面，作为高校最基层的组织“班级”的组织者和领导者，高校辅导员育人工作具有思想引导、规则制定和文化建设的三重作用。另一方面，辅导员更需关注班级学风建设，班风学风是一个班级学生学习生活所产生的风气，不仅由每一名班级成员共同营造，同时也影响着所有班级成员，当前受到某些不良风气和西方思潮的影响，部分学生产生了消极休闲、读书无用等态度，生活中盲目攀比，无法做到刻苦学习、树立远大的理想信念，在平时的生活中，辅导员需要为学生学习和生活营造一个良好的学习环境，转变他们的学习观念。

第二，千百年来中华民族积累的尊师重道的优秀品质影响着一代又一代学子。“师者，传道授业解惑也。”从至圣先师孔子开始，教育引导学生担当时代复兴重任成了一代又一代教师传承民族血脉的文化自觉，在这过程中，也形成了中华民族对于教师的信任和尊敬，广大教师队伍正是在这样的信任长河之上，不断为民族文化的传承与民族血脉的赓续奉献着自我。

第三，学生对教师有着天然的信任与依赖感。对于学生的思想政治教育，家庭、学校、社会都有责任，而学生对于教师的信任，也是教师开展学生教育的重要保证。

第四，一代又一代优秀教师奠定了教师队伍的榜样基础。全国优秀教师黄大年等楷模为教师队伍展现了优秀教师的责任担当，心有大我、至诚

报国的“黄大年精神”影响着一代又一代教师，时刻提醒着广大教师牢记传道者要先信道，让有信仰的人讲信仰，以强烈的爱国主义精神和坚定的科研报国理想培育学生，将祖国富强和民族振兴作为奋斗目标，成为学生成长的领航员。

第五，广大教师有着专业上的知识优势。高校承担着人才培养和科学研究的重要使命，广大教师更是在科学研究领域有所建树、有所作为的科研人才，他们丰富的专业素养和职业精神能够不断对学生产生影响，在潜移默化中培养学生担当时代复兴大任的责任担当。

（二）高校辅导员队伍是“全员育人”的重要组成部分

1961 年中共中央颁布的《教育部直属高等学校暂行工作条例（草案）》中的第五十条明确提出：为了加强思想政治工作，在一、二年级设政治辅导员或辅导员，在专职的党政干部、政治理论课教师和其他青年教师中挑选有一定工作经验的人担任。同时，要逐步培养和配备一批专职的政治辅导员。这是中共中央首次明确提出要在高校设立辅导员，也标志着高校辅导员制度正式确立，自此，各高校纷纷按照条例的要求，建立了辅导员和辅导员队伍。在这之后，辅导员队伍也经历了受挫、恢复发展等时期，不论哪个时期，辅导员都是高校学生管理和思政教育的重要组成部分。

2000 年教育部党组在《关于进一步加强高等学校学生思想政治工作队伍建设的若干意见》中提出，要从教师和品学兼优的党员研究生、高年级大学生中选拔配备半脱产学生辅导员、导师或学生政治辅导员。2005 年教育部发布的《关于加强高等学校辅导员班主任队伍建设的意见》中，首次以文件的形式正式提出：“辅导员班主任是高等学校教师队伍的重要组成部分，是高等学校从事德育工作，开展大学生思想政治教育的骨干力量，是大学生健康成长的指导者和引路人。”确定了高校辅导员班主任在学生思想政治教育中的地位与作用。从辅导员建立的历史沿革中也可以看出，自设立之日起，辅导员就是大学生思想政治工作的重要组成部分，肩负着学生思想政治教育的任务。

现行高校辅导员制度中，辅导员按照 1：200 进行配备，负责学生思想政治教育、日常事务管理等九项工作。在实际工作中，辅导员很容易变成事务性工作的处理者、学生意外情况的消防员、评奖评优的裁判员，致使辅导员不能全心投入学生的思想政治教育工作中。高校辅导员的工作对象是大学中行政班级的学生，并且事务性工作主要由辅导员来处理，相比于辅导员，辅导员面对的学生人数较少，便于详细了解学生的详细情况，针对性地提供指导，能够深入细致地开展学生思想政治教育工作。

（三）高校辅导员育人工作能够精准体现“全过程育人”

习近平总书记在2018年全国教育大会上强调，高等学校的根本任务在于立德树人，教师是人类灵魂的工程师，是人类文明的传播者，承担着传播知识、传播思想、传播真理，塑造灵魂、塑造生命、塑造新人的时代重任。要在理想信念塑造等八方面下功夫，教育部颁布的《高校思想政治工作质量提升工程实施纲要》中同样提出了课程育人、科研育人等十大育人体系。可以看出，高校在培养时代新人的过程中，必须要完成“课程思政”和“思政课程”的配合，完成两者的有机整合，辅导员作为“课程思政”的主体，是高等学校立德树人的有利抓手。

全过程育人主要从时间维度上构建育人脉络，强调育人要贯穿大学生学习、成长的全过程，要认真研究学生从高校入学时期、成长过程、毕业阶段的特点以及身心发展规律，遵循规律帮助学生解决每个阶段可能遇到的实际问题，有针对性地做好学生指导规划与帮助。辅导员伴随学生入学到毕业的整个大学生涯，通过全程跟进，既保证了育人时间的重组，又抓住了大学生成长成才的重要时间节点。例如，入学适应阶段、专业分流阶段、学业困惑阶段，有些学生可能面临心理压力，需要通过长时间跟进帮助疏导，让学生能够享受大学学习时光，从而树立培养正确的意志品质，促进学生身心健康发展。

高校辅导员育人工作在全过程育人中发挥着不可替代的角色。首先，辅导员有着学生没有的人生经历，这些经历让他们能够在学生迷茫时为其指出发展的方向。其次，随着教育步入大众化阶段，每个学生都有自己独特的成长环境，他们在面临学习、生活、情感、工作等方面的问题时，或多或少有着不同的心理压力和精神困扰，培养学生树立正确的价值观，以健康积极的心态走入社会，需要每一名教师关心学生的成长，真心实意地帮助学生，成为学生的良师益友。最后，美育和体育作为高校教育中必不可少的一个环节，影响着大学生的审美以及体魄，辅导员要用自身健康、积极的审美和劳动精神潜移默化地影响学生，塑造学生健康的生活态度，走下网络、走进操场，让追求真善美和健康成为大学生生活的主旋律。

（四）高校辅导员育人工作助力全方位育人体系构建

育人主体的确定只是做好学生培养的第一步，习近平总书记强调，要在增强综合素质上下功夫，要全面加强和改进学校美育，要在学生中弘扬劳动精神。当代大学生成长于改革开放浪潮中，是互联网时代的网络原住民，他们的思想状况主流积极、健康、向上，但也不同程度存在政治信仰迷茫、理想信念模糊、价值取向扭曲、诚信意识淡薄、社会责任感缺乏、艰苦奋斗精神淡化、团结协作观念较差、心理素质欠佳等问题。因此，帮助大学生全面发展，是高校思想政治工作的重要任务。要培养又“红”又“专”的时代新人，就必须同时在“红”和“专”上下功夫，要将解决好思想问题与实际问题相结合，“红”是方向，要在坚定学生理想信念上下功夫，要在厚植爱国主义情怀上下功夫，要在加强品德修养上下功夫；“专”是本领，要在增长知识见识上下功夫，要在培养奋斗精神上下功夫。

高校辅导员的主体是由专任教师组成，他们承担着学校的教学科研任务，在这过程中，对学生产生着不可忽视的重要影响。此外，高校辅导员是学生学业上的前辈，对学生的专业发展非常了解，能够为学生提供专业的、有针对性的指导，让学生在发展“专”的过程中树立理想信念，拥护中国特色社会主义制度和中国共产党的领导，做好“红”的培养。同时，以科学精神和专业素质不断影响学生，使大学生在知识和能力方面全面增长，促进大学生全面、健康地发展。

四、“三全育人”下辅导员在管理中的作用

（一）辅导员对大学生学习行为的管理与引导

近年来，随着社会的发展和高等教育改革不断深化，大学生学习行为更趋于自主化、个性化，由此也引发了一系列新问题。如部分学生仍以“及格万岁”的应试动机为主导，学习行为缺乏主动性和创造性。为了盲目追求成绩，甚至出现考试作弊、论文剽窃等现象，并对学校和个人造成不良影响。因此，加强对大学生学习行为的管理和引导，帮助学生摆正学习心态，明确学习目标，提升学习与创新能力，已成为当前大学生学习行为管理的当务之急。

1. 明确学习目标，激发学生深层学习动机

学习动机与学习目标是紧密联系的，任何学习动机都是出于学习目标

的需要。对于大学生的学习行为管理引导，首要的任务就是帮助学生树立科学的学习目标、强化学习行为的目标意识，进而形成科学的学习动机。具体来说，一是要引导学生充分理解个人需要与社会发展之间的关系，能够将个人需要与社会发展相结合，树立科学的学习成长目标。具体工作中要通过外在正面激励强化、职业发展辅导等方式，帮助学生认识到只有树立明确的学习目标，才能在大学期间获得充分的发展。二是要充分激发学生的深层次学习动机。在当前大学生就业形势比较严峻的背景下，学生学习动机实用化、功利化是有其合理性的，但是学习行为的过分功利化，会导致学生逐渐失去学习的愿望和兴趣，甚至阻碍学生的发展成才。开展学习行为管理，要从每个学生个体的自身特质和兴趣爱好出发，通过唤醒学生的内在学习兴趣、激发求知欲，引导学生正确认识学业发展、树立积极的学习期望，从而挖掘学生的最大潜力，形成长期的学习动力。

2. 强化自主学习管理模式，提升学生自主学习能力

授人以鱼，不如授人以渔。大学阶段的学习，传授知识固然重要，但更为关键的是培养学生自主学习的能力，为其未来走上社会、终身学习奠定基础。一方面，要有针对性地客观分析学生内在素质，进而针对学生个性特点和发展需求，制定合理的阶段性学习规划，对学生自主学习进行方法指导，如建立自主学习规范、制定大学四年学习规划、完善自主学习制度等。另一方面，可以探索自主学习与小组学习相结合的方式，改变学生习惯一个人单独学习，而小组合作学习少的状况，组织学生进行合作学习，充分发挥朋辈集体智慧，促进自身学习能力的提升。此外，还要为学生自主学习提供充足的资源和良好的环境，不断丰富完善图书馆、网络教学等公共学习资源，积极为学生创造自主学习实践机会，让学生在实践探索中不断强化自主学习意识、提升自主学习能力。

3. 建立科学长效的学习奖惩机制，营造良好的学习氛围

学习奖惩机制是国家和学校人才培养方向的具体体现，对学生学习行为有着直接的导向作用，是确保学生学习行为健康发展的重要制度保障。一方面，以促进学生全面发展为指向，本着正面激励为主的原则，构建科学长效的学习奖励机制。对综合素质较高、专业学习优异、专长突出的同学给予充分的物质奖励和精神奖励，充分激发学生的内在学习动力，为学生学习行为提供明确的发展导向。另一方面，学校要切实加强高校学生学习行为的纪律规范，保障学校正常的教育教学管理秩序。加强校风学风建设，对于违反学校相关管理规定的学生，要严格公正地纠正其不当的学习行为，要本着教育为本、严格规范的原则进行管理，建立警示、预防、处理等相关机制，严肃校风校纪，为学生提供公平、公正的学习环境，营造诚信、踏实的求学风气。

（二）大学生职业生涯规划与辅导员作用发挥

1．大学生职业生涯规划

（1）职业生涯。无论是职业能力的获得、职业兴趣的培养、选择职业、就职还是退出职业都属于广义的职业生涯规划，它包含了完整的职业发展过程。狭义的职业生涯是指从踏入社会、从事工作之前职业训练或职业学习开始，直至职业劳动最终结束、离开工作岗位。广义的或狭义的职业生涯因考虑的角度不同，自然有各自的道理。但是，职业生涯有其基本含义。

职业生涯是个体的行为经历，而非群体或组织的行为经历。职业生涯的实质是一个人一生的工作经历。从这个角度来说，职业生涯从人们正式开始从事自己的职业之前就已经开始了，职业生涯的起点要追溯到的人们的职业欲望和职业培训。实际的职业生涯期，在不同的人身上期限的长短是不一样的。

职业生涯是个包含着具体职业内容的发展概念、动态概念。职业生涯不仅表示职业工作时间的长短，而且内含职业发展、变更的经历和过程，包括从事何种职业工作、职业发展的阶段、由一种职业向另一种职业的转换等具体内容。美国职业生涯理论专家萨珀说，“生涯”是生活里各种事件的方向；它统合了个人一生中各种职业和生涯的角色，由此表现个人独特的自我发展形势；它也是人生自青春期至退休所有有酬或无酬职位的综合，除了职位以外，还包括与工作有关的各种角色。因此，一个人从职业学习开始到职业劳动结束的这一段历程就是职业生涯。

（2）职业生涯的特性。

①独特性。每个人都有自己独特的职业和个人特点，不同的人选择不同的职业，每个人都应该为实现自己的职业理想做过种种不同努力，从而有着与别人相区别的、独特的职业生涯历程。

②发展性。每一个人的职业生涯都是一种发展、演进的动态过程。就整体而言，职业生涯是一个具有一定逻辑性的过程。

③阶段性。每个人的职业发展过程不尽相同，精力的发展阶段也有很大的差异，因为职业生涯的发展并不像想象中会一帆风顺地发展，实

际上人们的职业生涯会受到多要素的影响，导致各自所处的职业发展阶段不相同。

④终身性。每个人的职业生涯作为一种动态发展的历程，是根据个人在不同阶段的企求而不断蜕变与成长的。“老骥伏枥，志在千里”，正反映了人生晚期在职业生涯方面的英雄气概。

⑤整合性。由于个人所从事的工作或职业往往会决定他的生活状态，而且职业与生活两者之间又很难区别，因此，职业生涯应具有整合性，涵盖人生整体发展的各个层面，而非仅仅局限于工作或职位。

⑥互动性。人的职业生涯是个人与他人、个人与环境、个人与社会互动的结果。人的“自我”观念，人的主观能动性，个人所掌握的社会职业信息、职业决策技术，对于其职业生涯有着重要的影响。

（3）个人职业生涯规划。个人职业生涯规划也被称为个人职业设计，在个人职业生涯的规划过程中要科学认识和理解这一概念，才能更好地对自己的职业生涯进行规划，实现自己的职业理想和人生理想。个人职业生涯规划与组织（企业）的职业生涯管理设计不同，后者是由组织（企业）的人力资源管理部门根据组织发展需要而采取的一种现代管理工具,用以了解员工、激励员工，从而发掘、留用优秀人才，其根本目的是为了组织（企业）的发展。个人职业生涯规划是个人的一种主动行为，它是指一个人对其各阶段所从事的工作、职务或职业道路进行的设计和规划。人的职业生涯规划从现实实践的角度来说，只有从目标、过程、方法等角度对其作出科学合理的安排才能得得到更好的发展。个人职业生涯规划也要了解和掌握组织方面的职业生涯设计、职业标准和要求。初次的就业，通过“双向选择”，个人与单位各自有自己的标准和要求，若双方适合，就意味着就业成功。这时，个人职业生涯规划和组织职业设计是统一的，是最理想的结果。个人职业生涯规划包含了人的职业发展的整个过程，从前期的专业选择和职业方向的确立，到职业生涯规划的发展、调整都是属于个人的职业生涯规划。

按照职业生涯发展的时间进度，可以将职业生涯分为四个不同的类型：短期规划、中期规划、长期规划和人生规划。每种规划都有自己的鲜明的特点，只有充分发挥这些职业规划的作用，调整好不同类型职业生涯规划之间的关系，才能更好地促进人们职业生涯的发展。

短期规划。短期规划的期限不超过两年，主要是指近期职业发展需要实现的目标。如计划两年内熟悉新公司规则，融入企业文化，为此要花较多的时间与同事、领导沟通，向周围人学习。

中期规划。中期的规划一般来说时长为 2 ~ 5 年，这一阶段应该有更高的追求和目标，是职业发展第二阶段的规划。例如三年后要成为部门经理、完成相应的业绩，以及为实现此目标而参加的培训等，可采取的具体措施。

长期规划。长期规划一般指 5 ~ 10 年的规划，需要设定长远的发展目标，并以此激励自己提高工作的积极性和主动性。如规划 35 岁时成为分公司副总经理，以及为实现此目标应采取的具体措施。

人生规划。人生规划是指整个职业生涯的规划和计划，人生规划的时间很长，长至 40 年左右，设定整个人生的发展目标和阶梯。从字面上看，个人职业生涯规划从短期到中期，再到长期，直至整个人生规划，如同将要拾级而上的台阶，一步步发展。但在实际操作中，跨度时间太长的规划由于环境、个人的变化难以把握；而时间跨度太短的规划又没有太多意义，所以，一般我们提倡个人职业生涯规划掌握在 2 ~ 5 年内比较好。这样才能根据实际情况设定相应的目标和计划，也能更好地调整个人计划。

理解个人职业生涯规划时，还要注意职业生涯规划的两大特性：个性化和开放性。

第一，职业生涯规划的个性化特征。前面我们已经提到，个人职业生涯的规划是由自己制定，自己是个人职业生涯的规划者和领导者。从马斯洛的人生需求理论中，可以认识到发展的动力源泉在于个人自身。每个人的成长环境、文化背景、个性类型、文化资本构成、价值观、能力、职业生涯目标、对成功评价的标准等不尽相同，不同的人对自己的职业生涯规划也不相同。因此，个人职业生涯规划是个性化的发展蓝图。组织和企业不能把既定的职业生涯规划强加在个人身上，无论是单位的领导还是父母朋友，都无法替别人做规划。从这个意义上来说，个人职业生涯的规划和发展并没有固定的套路和模式，必须根据自己的情况对其进行斟酌。

第二，职业生涯规划的开放性特征。个人职业生涯的规划不是空泛的想象，必须要有一定的依据和认知。虽然说，大多数人提倡“走自己的路，让别人说去吧”的精神，但也不能无视来自社会、企业环境和他人的影响。毕竟人是社会的一员，如果个人制定自己的职业生涯规划时，只从个人意愿出发，不考虑社会和企业环境的需求与发展趋势，也不考虑过来人的忠告，闭门造车，不仅规划目标无法实现，执行规划中可能遇到的强烈挫折感都会使人沮丧不已。一份有效的职业生涯规划必须是在对主客观环境审时度势的基础上，广泛听取领导、同事、家人以及职业顾问的意见之后制定出来的。在不断变化的社会背景下，必须根据实际情况对自己的职业生涯规划进行调整，只有这样才能更好地适应当今社会的发展。

2. 辅导员在大学生职业生涯规划中的作用

（1）辅导员能最大限度地唤醒学生职业生涯规划意识。职业生涯规划使得学生本人自觉接受参与自己人生目标的设计，更加自觉和充分地利用相关教育资源。大学生涉世不深，基本从辅导员那里认识和了解社会。辅导员作为大学生的人生导师，用自己的知识、经验和感悟辅导学生，教学生做人和做事，对大学生开展行之有效的职业规划教育，帮助他们做好自己的职业规划，这关系到大学生的成长成才，影响深远，意义重大。思想上开放化、态度上人性化、能力上专业化、方法上多样化，因材施教型的辅导员能与学生建立和谐向上的师生关系，充分利用学生具有天然“向师性”的特点，从而形成强大的教育合力。学生开始关心自己的成长和未来的发展，才会主动进行生涯规划，才能积极规划自我，才能在规划的指导下逐步走向成功。因此，帮助学生深化“自我”理念的认识和加强学生经营自我理念的观念，显得尤为重要。

职业是具有强烈的工作自主性和享受快乐的生命历程。辅导员可以在同学生的交流互动中引导学生加强对生命的紧迫感认识，重新设定人生的目标，感知生命的意义。使学生从“要我学”变成“我要学”。

（2）辅导员能端正学生对“内职业生涯规划”的认识。内职业生涯是从事一种职业时的知识、观念、经验、能力、心理素质、身体健康、内心感受等因素的组合及其变化过程。小同的个性，适合小同的职业。职业生涯规划具有明显的个人化特征，小同的个体其职业生涯规划有差异。自我认识是职业生涯规划中的第一步，也是关键性的基础工作，包括自己的兴趣、爱好与特长、性格、能力、价值观、个人目标与需求、个人生理与健康情况、工作经验、社会阶层与教育水准、性别、年龄、负担状况、学识、技能、智商、情商、思维方式等。辅导员与大学生接触最频繁，对大学生个体的了解也最自接。根据每位同学的实际情况，启发学生职业梦想，帮助学生对内职业生涯规划的认识，参与学生的职业生涯规划制定，做好大学生职业规划的参谋，并因人而异地提出个性化的指导意见。帮助学生端正学习态度，树立远大理想，制定职业规划，明确职业生涯每一个阶段的奋斗目标和实现所有目标的具体措施，为实现职业生涯目标做好准备。现在高校普遍推行学分制，学生在选课时有了较大的自主权。大学生要学会将课程进行科学组合，最大限度地发挥知识的整体效能，做到个人兴趣与社会需要相结合、广博与精深相结合、理论与实践相结合，同时注意加强语言能力和计算机能力的学习和提高，以适应社会需求。总之，如果职业规划指导未结合大学生的个性，为求简便而使用统一模式指导，必然使职业规划流于形式，没有实效。

（3）辅导员能引导学生职业生涯规划的健康发展。职业生涯规划一般包括职业生涯诊断、确定职业目标、环境分析、确定职业定位、制定行动方案、评估与调整六个方面的内容。职业生涯规划不是一经设计就一成不变的。大学生应随着自身年龄的增长和社会需求的变化，随时调整职业生涯规划，所设定的职业生涯目标需要在就业以后得到评估和修正。辅导员引导大学生及时诊断职业规划中出现的问题，找出相应的对策，对规划进行调整和完善，持续进行动态评价。大学生职业生涯规划最终是促进学生全面发展，因此，辅导员在帮助学生设计职业生涯的同时，开展第二课堂活动，构建多方位、多层次的学生发展平台，如大学生职业生涯设计比赛、大学生艺术节、大学生科技节、素质拓展训练、职业角色扮演、模拟招聘和职业心理测评与咨询等。通过这些活动的开展，不仅为学生的成长和发展提供空间，也使学生充分认识自我，客观分析环境，树立科学目标，提高心理承受能力、综合能力，从而提高自我素质，使自己所学的知识和技能真正满足职业岗位的实际需要。积极引导学生利用课余时间以及寒暑假进入企业，深入了解企业的工作方式、运行机制、对大学生的要求等，加深对职业和职业生涯规划的理解。学会根据社会的需求和内外环境的变化及时修正自己的职业生涯目标，最大限度地发挥大学生职业规划的主观能动性。

第二节　“三全育人”下高校辅导员育人工作对策

一、明确高校辅导员育人职责

（一）明确高校辅导员课程育人职责

高校辅导员既是专业课教师，又是班级的管理人员，因此，高校辅导员要做到“专业教育”和“思政教育”同心同向同行。首先，辅导员要努力提升自身专业素养。作为专业教师，专业教育的能力是不可或缺的，传道者要先明道、信道，不能只管“讲”、不管“教”，教师自身应该对专业知识有着透彻的理解，用一些“接地气”的方式阐述高深的道理，这样才能生动形象地为学生解答专业问题，做到“传道授业解惑”。其次，辅导员要以“四有好老师”的标准要求自己。自觉主动学习新时代中国特色社会主义思想，努力做到“新思想”进教材、进课堂、进头脑，挖掘课程当中的思政元素，梳理课程所承载的思想政治教育功能，并将其融入课程教授的过程，融入教育各环节，实现思想政治教育与专业教育的有机统一，不断推动“课程思政”建设。最后，高校辅导员对于本专业学生的培养计划、培养方案较为了解，作为班级学风建设的主要负责人，辅导员同样承载着学生培养的重要使命。因此，辅导员需要借助自身的经验，帮助学生完善培养方案，制定合理的学分修读方案，做到对学生的全过程培养。第四，辅导员作为专业教师，承担着班级学生的部分课程工作，而课堂上对学生的了解、与学生的沟通同样是辅导员的重要工作之一，在课堂上严格要求学生，培养学生遵守校规校纪的良好品质、培养学生奠定牢固的专业基础，对于高等学校学生的培养至关重要，也为学生以后的学习生活奠定坚实的基础。

（二）明确高校辅导员科研育人职责

高校辅导员、导师是学生科研指导的主要力量，在科学研究中，辅导员需要在以下四个方面下功夫。

第一，坚定学生心有大我，至诚报国的理想信念。在不同的历史时期，无数科研人员前赴后继地为报效祖国献出了自己的一生。习近平同志对黄大年同志的先进事迹作出重要指示：“心有大我，至诚报国，把爱国之情，报国之志融入祖国改革发展的伟大事业当中，融入人民创造历史的伟大创造当中。”科学无国界，科学家有祖国，要培养学生在科研事业当中承担祖国重大需求的精神追求，在实现祖国富强、人民幸福中实现自我人生价值。

第二，培养学生勇立潮头的科学精神。当前世界发展瞬息万变，从农耕时代到工业经济时代，再到知识经济时代，知识更新换代的周期越来越短，各种新的知识、新的技术层出不穷，要想做到不落后，就必须有勇立潮头的精神品质，要坚定“敢为天下先”的意志品质，敢于研究科研领域的前沿问题，把准研究方向，勇于突破自我，敢于争先。

第三，养成学生创新的思维模式。“苟日新，又日新，日日新。”只有把握住创新，才能永远保证处在领跑者的地位，只有不断开拓创新，才能有更多的发现，科学研究并不是简单地重复，如果科学研究缺乏攻坚克难、勇于创新的意志品质，那么永远无法突破现有研究难题。高校辅导员不仅要培养学生们开拓创新的进取精神，更要使高校成为学生成长、科学研究的大熔炉，培养高素质创新型人才。

第四，培养学生严谨的研究作风。科学研究并不是简单的文献汇总，更不是对前人研究的机械重复，科学研究是以严谨的态度、大胆的猜想和细致的验证为主线的过程。因此，要在基础上下功夫，要耐得住寂寞，禁得住诱惑，扎扎实实打好基础。同时也要坚守学术诚信工作，培养学生诚信意识。

（三）明确高校辅导员全过程育人职责

由于角色模糊等问题，辅导员的地位往往被忽视，影响其开展相关工作。高校辅导员不仅影响学校的育人效果，甚至影响学生的一生。要充分肯定高校辅导员的价值，增强其话语权。高校辅导员自身也要积极履行职责，在班级管理与教学科研等多项工作中寻求平衡点，建立起与学生之间的充分信任，确保班级的平稳健康发展。

通过高校学生对辅导员育人工作的满意度分析可以发现，感知质量是提高学生满意度的有效途径，也是增强学生沟通意愿的主要途径。通过增强学生感知质量、提升学生沟通意愿，从而增强辅导员育人功能，达到事半功倍的效果。提升学生感知质量应该从以下几点着手，第一，提升与学生的有效沟通频率，从学生与辅导员的互动情况中可以发现，目前主要互动存在于大一、大二学生当中，大三、大四学生主要通过课堂等形式进行了解和沟通，因此，辅导员需要提升与学生的有效沟通频率，如新生入学、专业分流、保研、毕业等重要节点，发挥辅导员的优势，帮助学生明确自我认知。第二，积极参加班级活动，在学生大一入学期间，有很多的集体活动需要辅导员的指导，这也是一个非常重要的时间节点，因此，对辅导员与学生交流进行基本的要求非常必要，也是提升学生学习质量的制度保证。

现阶段辅导员和学生的沟通主要集中于班会、课堂与谈心谈话，《高校思想政治工作质量提升纲要》中提出了十大育人体系，课程、科研、实践、文化、网络、心理、管理、服务、资助、组织育人体系将是高等学校育人的重要发展方向。因此，对于辅导员来说，不仅能够通过课程、班会和谈心谈话和学生沟通，更要看到实践、网络、科研、文化等育人体系对学生成长的重要意义。学校应当搭建育人桥梁，帮助辅导员完成育人目标的实现，如编纂辅导员工作手册，让辅导员明确育人内涵以及工作内容，同时也为辅导员考核提供依据。

在管理办法中对专业辅导员所负责的岗位职责进行了规定，包括掌握学生思想状况，深入学生班级了解学生动态，解决学生在学习和生活中遇到的各种问题，教育学生树立正确的学习目的、学习态度等；做好学生专业指导，依据学生培养方案制定情况，有计划地组织学生开展专业知识了解、专业兴趣培养等活动，在学术、科研、社会实践等方面对学生进行针对性指导；进行学风建设，在班级优良学风班建设过程中，培养班级学风；加强个体指导，深入了解每一名学生的实际情况，有针对性地开展谈心谈话；协助辅导员做好班级的思想政治教育以及日常管理工作；与思政辅导员密切沟通等。通过确定辅导员岗位职责，明确辅导员工作的方向和目标，增强辅导员、班主任育人协同作用的发挥。

在工作中，教育者时常会遇到“做什么”“怎么做”等问题，为帮助辅导员老师厘清工作思路与内涵，本书在培训体系的基础上构建了辅导员工作手册框架，对辅导员相关文件与工作材料进行汇总，以期帮助辅导员提升工作效率与育人效果，同时为辅导员考核提供依据。具体内容如下，第一，辅导员工作总则与岗位职责，长期以来，辅导员面临着工作职责不清，岗位职责不明，与辅导员协同机制不完善等问题，手册将学生教育分为了针对学生个体的工作与班级整体的工作，厘清了辅导员主要负责的工作与辅导员协助开展的工作，构建了以掌握学生思想状况、培养学生专业兴趣等为基础的辅导员负责工作集合，构建以日常事务管理、家庭经济困难学生、就业指导等协助工作集合，建立起辅导员、班主任协同育人机制。第二，学生基本信息表格，为辅导员提供班级学生基本信息，包括班级信息一览、学生通讯录等基本信息，帮助辅导员了解学生基本情况。第三，构建学生成绩统计表、班级工作计划、班级活动记录、班会记录表等班级整体工作表格，用于记录辅导员针对班级整体进行的工作。第四，建立以“重点”学生帮助表为主体的学生教育记录表格，有针对性地帮助存在学业困难、情绪等问题的学生积极成长。

二、提升高校辅导员育人能力，保证提升全员育人效果

在对学生期待和交流现状的调研中，人生目标都占据着重要位置。而辅导员对于学生人生目标、价值观、时间观的树立有着重要的影响，在学生对于辅导员老师的素质期待中，有责任心、工作热情、学业水平高都是学生看重的前三位，辅导员对于工作和生活的态度在潜移默化中影响着学生不断改进自我，同时，满意度模型中的感知价值也受到教师个人素质的影响，提升

感知价值，同样能够直接提升学生对辅导员的满意度，从而增加沟通意愿。

学校应当建立起辅导员培训体系，针对知识、育人特质、实践技能、典型学习等方面，通过辅导员育人模型，不断提升高校辅导员育人水平以及育人态度，帮助辅导员完成从被动育人到主动育人的转变，从而建立起一支肩负“课程思政”育人的教师队伍，完成与“思政课程”同心同向的高校课程育人体系。

（一）构建高校辅导员育人能力模型

对于高校辅导员来说，要提升育人能力，必须构建包括教育知识、实践技能、育人态度、个人特质四个维度的辅导员育人能力理论模型。其中，教育知识居于模型最外层，容易进行学习和了解的，只要进行合理的培训教师就能完全掌握；实践技能需要通过一定的学习与联系，在实践中不断巩固和加强；育人态度居于个人特质与知识、技能之间，影响着教师对于知识和技能的习得，是对自我和教育工作的认知；居于模型最内层的是个人特质，也是个人最深层次、最不易被人察觉的特征，对于个体来说，也是最不容易发生变化的，也是影响教师育人工作最根本的特质。

根据“冰山模型”来说，外层维度和内层维度之间是互相影响、相互促进的，在了解清楚教育规律和学生成长规律后，会对教师的育人态度以及个人特质有着积极的促进作用，也是辅导员开展工作的基础；而辅导员优秀的个人品质以及育人态度，包括自身的正确价值观、生活阅历等，都是影响学生个人成长、价值观的树立等方面的重要因素（如图 5-1）。

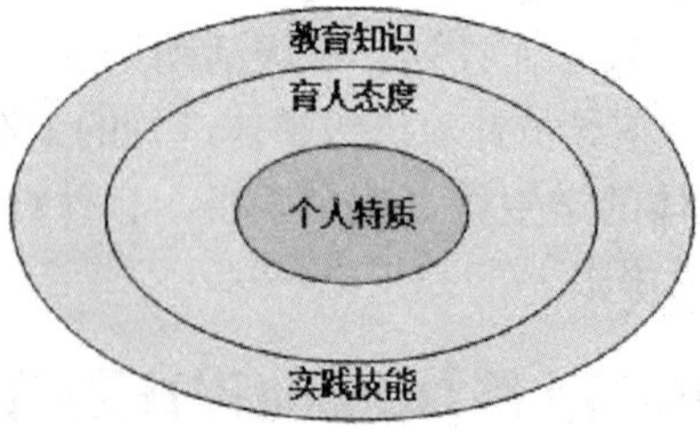

图 5-1　基于“冰山模型”的辅导员育人能力理论模型

辅导员育人能力提升需要充分考虑教师个人认知、学校培训、队伍建设、自身特质等方面。本文以“三全育人”理念为指导，在高校辅导员育人能力提升需求的基础上，从理论和实务方面出发，综合研究高校辅导员育人能力提升要求，并确定高校辅导员育人能力提升体系。

根据辅导员育人能力提升调研情况和节点的主题提炼，将辅导员培训体系分为知识与技能、态度与意识模块，分别包括育人知识培训、实践技能培训、优秀典型学习和实践项目扩展等方面（如图 5-2）。

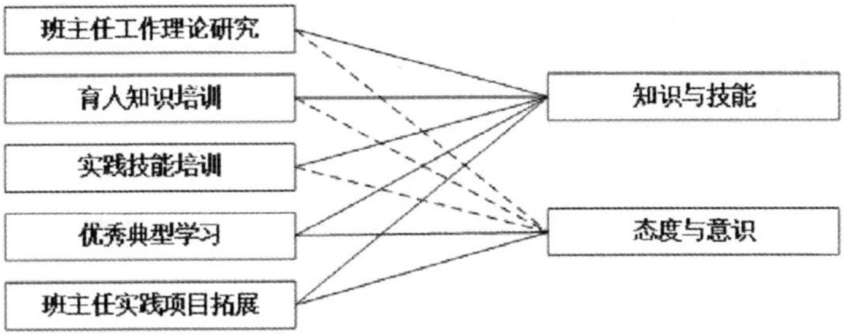

图 5-2 辅导员育人能力提升体系

（二）加强高校辅导员育人知识培训

辅导员作为与学生接触最紧密的教师群体之一，在和学生沟通相处的过程中，首先要明确一定的教育规律，如果不能及时掌握教育规律，越多的工作，只会让辅导员产生“学生越来越不好管”的感叹。因此，围绕辅导员需要掌握的育人知识，不断加强辅导员育人知识的培训，对于辅导员育人效果的增强有着事半功倍的效果。教育与人的发展、与社会的发展是相统一的，教育要适应学生身心发展规律，要适应并且促进社会发展规律。具体包括，第一，学生身体和心理上连续不断的变化过程、人类的进化与发展过程；第二，教育与其他的社会系统相辅相成，互相促进也互相制约。

具体举措方面，应当建立完善的辅导员知识培训体系。首先，重视辅导员入职培训，明晰辅导员将要面对的工作以及需要面对的学生群体特点，搭建辅导员交流平台，完善辅导员学习沟通渠道，从而方便辅导员对学生的全面了解；其次，组织学生常见问题沙龙，将学生发展中常见的问题与辅导员进行沟通，以帮助辅导员及时了解学生发展需求，根据学生发展需求为学生提供发展和困惑的指导。最后，心理知识培训，进行部分心理疏导技能与学生心理状态预警机制培训，保证第一时间有所反应并与辅导员沟通，共同解决问题。

（三）完善高校辅导员实践技能培训

随着人才培养内涵的不断丰富，培养创新型人才对于辅导员的要求也越来越高，在提升当代大学生思想水平、政治觉悟、道德品质和文化修养方面需要越来越多的心理学和谈心谈话技巧等方面的培训，因此，邀请富有经验的辅导员，与新入职的辅导员进行引导学生、与学生沟通、自我调节等方面的经验交流。只有知识是不够的，要在实践中有所应用，在高等教育内涵式发展的现状下，让辅导员能够了解到指导学生过程中的实践技巧与能力保障，包括引导学生、专业教育、自我调整、交往能力等。思想政治工作从根本上说是做人的工作，高校辅导员开展工作必须“围绕学生，关照学生，服务学生”，遵循思想政治工作规律、教书育人规律、学生成长规律，不断提高工作能力和水平。加强课程思政建设，用好课堂教学这个主渠道，使各类课程与思想政治理论课同向同行，形成协同效应，提升思想政治教育亲和力和针对性，满足学生成长发展需求和期待，让学生成为德才兼备、全面发展的人才。

首先，随着00后学生步入大学，学生成长的环境有着巨大变化，网络信息爆炸让学生更多地接触到社会发展的方方面面，尤其是自我意识和维权意识的觉醒，让学生不仅希望成为传统意义上的“受教育者”，更多地希望平等地进行对话。因此，在引导学生的过程中，就不能单纯以“教育者”的身份出现，要能理解和适应学生的“常态”，并在生活的各个方面引导、教育他们。在学生教育过程中，难免遇到不成功的情况，有的还需要坚持“过程充足论”，不断对学生进行教育，对于辅导员来说，自我调节也尤为重要。

新时代下，伴随着科技的发展和观念的更新，学生行为特点鲜明、个性突出，教育模式随之发生改变。以新技术为支撑的教学改革、以质量为核心的育人模式、以立德为根本的思政教育深入人心。育人工作过程中，高校辅导员可通过识别学生行为特点，并与传统教育理念相结合，寻求良好平衡点，在育人工作中占据主动地位。随着互联网时代的到来，技术带来的全球互通不仅改变了信息的传播方式，更让“人人都是自媒体”成为一种客观存在的现象，在这种影响下，学生能够接收到网络所传递给他们的各种信息，尤其是在中国现阶段社会转型的关键时期，无数日益凸显的矛盾让思想政治教育面临着更加严峻的挑战。针对以上问题，高校辅导员需要做到，第一，引导大学生进行自我教育。要引导他们善于发现虚拟网络与线下环境的不同，发现其中的利弊，实现自我觉醒、自我超越。第二，与学生积极互动。网络环境下不再是一对一，更多是一对多甚至多对多的教育，要善于把握学生的需求，把握网络的前沿信息，针对性做好学生教育工作。第三，打造育人环境。要立足于网络打造属于自身的网上网下育人品牌，营造健康、开放、共享的网络空间。最后，加强协调配合。网络思想政治教育不是一蹴而就的，也不是一个队伍就能够完成的，它需要高校思想政治工作队伍的协调配合，需要政府、企业、学校、家庭的通力配合，共筑高校网上网下育人体系。新时代新青年个性普遍较为突出，这就要求高校辅导员采取更加具有针对性以及更加灵活的教育方式，做到因材施教，选择合适的教育方法。高校要合理构建班级导师工作，全面把握学生的阶段性特征，将学生的专业教育与思想教育相结合，帮助其树立正确人生理想，练就过硬本领。

（四）发挥高校辅导员榜样典型作用

自高校辅导员、班主任队伍建设以来，涌现出一批又一批优秀的辅导员、班主任老师，在他们身上有着很多令人敬佩和学习的可贵品质，习近平总书记曾对黄大年同志事迹作出重要批示，要学习他心有大我、至诚报国的爱国情怀。教书育人、敢为人先的敬业精神，淡泊名利、甘于奉献的高尚情操。“时代楷模”曲建武同志的事迹也让无数辅导员、班主任同仁倍感鼓舞。学习他们身上的精神，就是要正确认识高校学生思想政治教育的重要地位，明确高校人才培养的核心使命，不断提升自我职业的认同感与获得感，才能不断发挥自身的主动性、积极性和创造力，将大学生思想政治教育落到实处。

在进行优秀辅导员讲座、沙龙的过程中，他们在学生教育与学生管理等方面的经验，能够让新任辅导员尽快“入门”，不至于两眼一抹黑，进而抱着“学生找我就给帮忙解决问题”或者“辅导员就能解决一切问题”的心态，形成学生强而辅导员弱的“一强一弱”关系，影响辅导员育人作用的发挥。通过向优秀典型的学习，形成正确的育人态度，从而为育人质量的提升奠定良好的开端。

其次，辅导员队伍作为要努力成为“有理想信念、有道德情操、有扎实学识、有仁爱之心”的“四有”好老师，坚定理想信念，坚持和自觉用新思想武装自己与加强内在素养和提升学识能力并行。贯彻落实“四个统一”，让高校师德师风建设呈现出新时代的新气象。立足新使命，借力国家推进本科“双一流”建设的历史机遇，为全面建设社会主义现代化国家提供源源不断的人才供给和智力支持。

最后，高校要注重增强辅导员职业认同感。习近平总书记强调，要加强师德师风建设，坚持教书和育人相统一，坚持言传和身教相统一，坚持潜心问道和关注社会相统一，坚持学术自由和学术规范相统一，引导广大教师以德立身、以德立学、以德施教。要加强辅导员的思想政治工作，以不断提高教师的思想政治素养。各高校可通过加强对教师队伍的理想信念的教育，引导教师践行社会主义核心价值观，让每一位辅导员都意识到自己的工作的伟大性、光荣性，引导他们热爱祖国，投身工作，传承中华优秀的文化和精神。不仅如此，学习习近平新时代中国特色社会主义思想、学习先进教学经验的活动会议，也应该经常在教师间开展。

三、构建辅导员育人制度体系，保证辅导员育人能力发挥

（一）完善高校辅导员选聘标准

做好选聘工作,是队伍建设的前提,为提升高校辅导员育人工作实效性，既要对现有队伍进行培训和提升，又要保障新加入的同志的质量和水平，因此，必须明确高校辅导员的岗位设置、聘任细则、选聘方式等。首先要明确岗位设置，规定每个班级配备一定数量的辅导员，每名辅导员原则上只负责一个班级的思想政治教育与管理工作，同时，要明确高校辅导员选聘的期限和续聘方式,保证学生培养的连续性。其次,要明确高校辅导员的选聘范围，要不断细化选聘范围，保证本院系教师对于学生的指导作用，加强在高一级职称评定过程中对辅导员任职的要求。第三，明晰高校辅导员选聘条件，以“政治强、业务精、纪律严、作风正”的高标准提升选聘的要求，要将政治素养强、业务能力硬的青年教师选聘到辅导员工作队伍中。

学校将人才培养作为辅导员选拔的根本原则，以“四有好老师”为标准，培育和践行社会主义核心价值观为主线，要求以自身模范行为影响和带动学生，在专业知识和提升学生专业能力方面给予学生帮助和指导，能够成为学生的成长导师和知心朋友。要求一定的组织管理、文字表达以及教育引导能力。鼓励校内知名专家、学者和各级名师兼职担任辅导员、班主任，鼓励他们依托学业指导中心等平台，向同学们开展学业指导、创新教育等其他方面的思想政治教育。

（二）完善高校辅导员考评体系

高校辅导员的考核要以过程与目标为导向，以辅导员考核体系为标准，对辅导员工作过程进行考核，依据考核结果为辅导员发放津贴与推荐评选荣誉称号，科学、合理的辅导员考核体系不仅有利于辅导员队伍建设，更能起到合理的导向和激励作用,从而提升高校辅导员育人的积极性与育人实效性。

在考评和激励方面，学校坚持将评议与量化考核相结合，制定了学部、院综合工作态度、工作投入、工作实绩、学生行为表现等评议标准，结合集体指导、个体指导、学风建设、工作规划与总结、不良行为与事件等量化考核办法，对专业辅导员按照 N×10（N=所负责学生人数）的标准量化核算计入当年的工作量。此外，根据考核结果划拨经费为专业辅导员发放A、B、C三档补助。

第一，充分发挥高校教师管理组织机构、教学管理服务人员、学生以及教师自身等监督主体的作用，做好辅导员信息公开工作，强化监督机制，使辅导员工作始终处于学校和师生监督之下，使他们的行为受到经常、有效的约束，从而增强辅导员提高自身素质的自觉性。营造一种使高校教师自觉履行师德义务的客观环境和氛围，加强师德建设，形成良好的高校师德风尚，促进高校教师师德境界的提高，以促进高等学校的教育和教学水平的提高，为全面建设小康社会培养高素质人才。

第二，为确保每一位高校辅导员都能达到育人的标准，学校应当加大对教师们的考核力度，对辅导员考核体系进行完善，以确保考核能够起到检验和督促的作用。同时强化责任落实，确保每位辅导员都能尽到责任，确保每一位学生都能在本应拥有的良好环境下学习生活。

（三）优化高校辅导员激励机制

随着高校内涵式发展的不断深入，辅导员队伍建设不断进步，高校辅导员的数量和质量也存在部分对现状不适应的情况，高校辅导员激励机制有待提升。高校辅导员激励机制的优化，不仅能够进一步提升高校辅导员的积极性与主动性，对于建设一支数量充足、素质高、能力强的辅导员队伍具有十分重要的意义，同时还能激发辅导员的工作热情与内在动力。

高校辅导员激励机制需要面对岗位功利化的挑战，优化辅导员激励机制，将压力转化为行为动力。作为晋升下一层次职称的要求，担任辅导员成了青年教师必须有的一项经历，然而在现实中，青年教师更是职业生涯刚刚起步，自身科研压力最大的群体。辅导员激励机制有效落地的基础在于青年教师的能力，学校要更加重视青年教师的成长，给予更多的关心和帮助，化晋升压力为育人动力。最终，在转化过程中学校应努力不让“三全育人”理念成为青年教师头上的“紧箍咒”，而是变成促进青年教师成长发展的“磨刀石”。

高校辅导员激励机制可以从多层次、多角度进行优化，构建育人保障体系。教育部门要把实践育人工作作为对高校办学质量和水平评估考核的重要指标，纳入高校教育教学和党的建设及思想政治教育评估体系，及时表彰宣传实践育人先进集体和个人。激励机制是在人的需求基础上制定的，由于人的需求具有多元化、多层次等属性，因此给予辅导员的激励也同样应该多元化和多层次。首先，对于辅导员的激励应当满足他们的物质需要和精神需要，可根据实际状况从物质和精神层面对辅导员进行激励。一方面，对于担任辅导员工作的老师，每月给予适当补助。物质激励往往是最容易实现和取得效果的，改善辅导员福利待遇、解决他们投入和收入之间的矛盾问题，就能够让辅导员安心、舒心地工作，也能调动他们的积极性，从而保证队伍的不断发展。另一方面，精神激励同样需要重视，因为对于辅导员工作的理解和支持能够让他们感受到精神力量，从而激发他们的工作潜能和兴趣，学生成长所获得的荣誉同样能够让他们有获得感和喜悦感，让他们能够感受到辅导员工作的价值和意义所在。其次，学校应当将辅导员工作与教师考核挂钩，让辅导员工作核算为工作量纳入教师考评。同时，为帮助辅导员不断提升各方能力和素质，定期开展国内外访学交流，扩宽辅导员视野，为辅导员营造良好的工作环境和氛围，在这样的情况下，既能发挥辅导员主动性、创造性，也能提升辅导员工作实绩。将辅导员工作状况纳入考核体系，定期评选优秀辅导员，对表现优异的辅导员进行额外嘉奖。以此激励辅导员在培养学生过程中投入更多的时间精力，高质量完成高校育人工作。

优化高校辅导员激励机制，应为其谋划发展规划路径，为其提供有效保障。学校应当做好青年教师的帮扶工作，为他们搭建平台，提供支持。第一，做好教师考核工作的系统性谋划，将辅导员工作纳入教师考核，转换工作量，构建内容完善的考核标准。第二，做好教师培训工作。学校、院系应当为青年教师提供多样化培训机会，在科研、教学与育人等方面促进青年教师成长。第三，从“思政课程”到“课程思政”的转变，各大高校中，学生平均需要修读 80 门左右的课程，要切实发挥这些课程的育人效果，保证任课教师用渊博的学识感染学生、用高尚的情操塑造学生、用严谨的操守要求学生，只有这样，才能起到“思政课程”与“课程思政”同心同向、协同推进。

优化高校辅导员激励机制，可以发挥辅导员研究特长，基于其逻辑思维严谨性，促进理论与实践的同向同行。理论与实践研究是辅导员工作的职责之一，为发挥辅导员与班主任协同育人作用，大学以“红色基因”传承教育、创新“四个融合”载体建设等方面进行立项，设立教育教学相协同的全员育人模式研究、把握学生需求的思想政治教育实践研究等课题指南，划拨专项经费以支持课题研究，对研究成果进行评比，选取优秀的研究成果在学校进行推广，为辅导员育人实践提供理论支撑和激励平台。设立辅导员育人专项，能够在一定程度激发辅导员的阶段性成果，调动其主观能动性。在国家对思政工作重要性深刻认知、“三全育人”“十大育人体系”不断完善的大背景下，丰富高校辅导员育人经验，提升辅导员对育人工作的认识，构建辅导员育人体系，抓住机遇，化劣势为优势，对高校辅导员进行激励，是努力培养全面发展的高素质人才的基石。

（四）建立高校辅导员实践机制

要实现辅导员育人作用的提升，除了理论模型的构建，更多地要落实在实际过程中，构建辅导员育人实践项目更是重中之重。主题班会、实践项目、进宿舍、理论研究等，不仅有利于辅导员自身能力和素质的提升，更能让辅导员保持不断探索的积极性。

第一，高校可以通过“大学生创新创业训练计划”，搭建辅导员与学生的沟通桥梁，在项目的指导中影响学生。第二，可组织辅导员进行红色实践，通过“情景式”现场教学，更加深刻地认识到教育在各个历史时期起到的关键作用，更加清醒地明确自身认知，提升育人工作的针对性。第三，通过组织辅导员家访，将辅导员和学生家庭联系到一起，通过亲自走进学生家庭，感受学生的成长环境，完成对学生的深层次了解，找到一些学生成长过程中的问题所在，有针对性地处理好学生家庭教育和学校教育以及社会环境之间的矛盾。

四、建立高校辅导员同其他育人队伍协同育人机制

高校育人队伍不仅有辅导员，还有班主任、学生导师，辅导员的职责在于对 200 名左右学生进行思政教育、日常管理等，班主任则是面对班级 30 名左右学生的教育与引导，学生导师主要面对几位学生进行指导与引导，在完善辅导员老师职责和激励机制的同时，也要明确辅导员和班主任的协同机制、交流机制，搭建辅导员、班主任交流平台，例如举办辅导员岗前培训、辅导员沙龙等，及时沟通学生在校情况，提升育人质量。

全员育人、全过程育人、全方位育人是高校整合育人资源、推动知识传授、能力培养、信念塑造等方面的有机整合。通过整合教师资源，改变

目前普遍存在的“各自为政”教育模式，加深教师与学生间的沟通，充分调动教学资源，让一位学生能够得到数位教师的指导，同样也能受到数位教师的“引导”。同时，为辅导员提供多项保障，以保证辅导员工作的有效开展。

（一）构建高校辅导员与班主任协同育人制度

辅导员的工作，有一部分是和班主任重复的，容易产生都不管、都要管、一方管等现象，这些现象都不是合理的，辅导员和班主任应当是互相补充、互相沟通、互相帮助的，既要厘清辅导员的工作内容，更要建立协同育人机制，做到相互配合、相互沟通。

首先，要在党委的统一领导下，共同开展高校学生的教育引导工作。加强辅导员和班主任育人工作，对于全面贯彻党的教育方针，完成高校立德树人根本任务有着重要意义，高校要建立党委领导、职能部门协调、院系分工负责的辅导员、班主任建设和管理机制，重视辅导员的选拔和管理，协调辅导员的工作开展。

其次，以学生为本，加强协同管理意识。在实际工作中，辅导员在保障学生日常生活顺利进行的同时，更易发现学生课余生活的思想动态，班主任在扮演专业教师角色时，也能在日常教学中及时发现其学习时的懈怠思想，二者都与学生接触较多，也对学生产生重要影响。增进辅导员和班主任相互了解、协调配合，有利于二者优势互补，共同为学生的发展成才助力。

最后，辅导员需要配合班主任完成高校资助、心理育人工作。资助、心理育人质量提升体系分别以资助育人与心理育人为主，对家庭经济困难学生与心理困难学生进行帮扶。对于家庭经济困难学生，辅导员应当积极参与到家庭经济困难学生的认定工作当中，尽可能帮助高校自主体系精准施策。同时，帮助有需要的同学进行国家助学贷款与勤工助学岗位的申请，做好他们的自立自强意识塑造，让他们在保证基本生活的前提下自立自强，实现自身奋斗目标。对于存在心理困难的学生，要关注他们的生活状态，定期了解他们思想动态与行为举止，必要时督促他们与心理咨询师进行联系。此外，借助高校“心理咨询中心”力量进行学生压力释放与团队建设，同样能够促进高校班集体成长与发展。

（二）增强高校辅导员与高校导师队伍协同育人效果

辅导员、班主任、导师均在学生成长过程中扮演着重要的角色。辅导员的职责中，既有理想信念教育，又有日常事务管理、党团和班级建设等，使得辅导员更多地扮演着裁判员、管理者的角色；班主任面对三十人左右的班级，更多地需要进行班级建设、学风建设、学生引导等工作；导师面对不到十名学生，其职责更多的是个体科研、学术指导等方面的内容。通过增强导师的育人作用，加强导师、班主任、辅导员的育人合力，落实科研育人、管理育人体系，增强全员育人实效性。

辅导员作为专业课教师，不仅在课堂中传授专业知识，更需要在课上课下传授学生做人、做事的标准与方法。同样，导师作为学生成长的领路人，首先，需要引导学生建立正确的科研价值观；其次，要在学生科研过程中帮助学生树立正确的世界观、人生观与价值观，避免学术造假，强调诚信科研；最后，广大教师在知识传授、立德树人方面取得了很大的成就，但也有部分教师科研素质、品德素养不过硬，要建立一支道德水平高、业务素质高的教师队伍就显得格外重要，不仅有利于提升课堂教学质量，更有利于践行高校科学研究的重要使命。

（三）建立高校辅导员与高校行政人员协同育人体系

高校服务育人是十大育人体系中的重要环节，让更多的优秀高校行政人员参与学生培养，一方面，能够加强学生与学校职能部处之间的联系，有利于学生了解学校相关政策。另一方面，有助于学校行政人员针对学生所思所想所需提供精准化服务，改善高校服务质量，提升服务育人水平。

现阶段，我国高校普遍存在服务育人意识不强、机关管理人员缺少与部分人员素质不高的现状，要从以下几方面进行改善。

第一，完善管理体系。高校现阶段延续的管理体制多为高校建校以来便延续至今的管理体制，要建立一套以学生为中心，互相理解、互相尊重的管理体制，不断革新管理理念与管理体制，以此作为管理、服务育人的基石。

第二，革新管理观念。新时代的学生培养需要在德智体美劳五方面同时发力，需要培养更多的创新型人才和高素质人才。因此，挖掘并发展学生个性显得尤为重要，使之能够很好地适应环境变化。

第三，建立完善的管理、服务人员奖惩机制。学校应建立一套各部门协调的德、能、勤、绩、廉考核机制，以适应改革发展的不断变化。

大学创新将“思政辅导员”建设作为学生思想政治教育中的重要环节，搭建了机关工作人员和辅导员、高校行政人员交流平台，不仅完成了管理育人与课程育人、科研育人的联通，而且充分发挥了各个角色的育人作用。

（四）完善高校辅导员与高校党团队伍协同育人体系

高校党团队伍同样是育人的重要力量。校园文化与组织育人是学校育人过程的重要环节，尤其是在各大高校，校园文化能够直接影响学生的成长成才。因此，校园文化的建立不仅是摆在学校面前的重要课题，更是每位教育者面临的重要考验。以“立德树人”为核心的校园文化建设理念是将“人”作为中心点，以人文关怀作为文化建设的出发点，但在实践中，并不能达到理想的教育层次。因此，高校人文社科专业的教师需要承担更多的校园文化建设工作，用自身渊博的知识补充建设校园文化育人体系，用高雅的艺术陶冶学生情操，用优秀的传统勉励学生成长，用厚重的历史引导学生探索、用时代的发展照亮学生前程。

同时，实践活动作为高校学子不可缺少的了解社会、奉献社会的重要途径，也是育人的重要体系。学生参与社会活动时，不可避免地会遇到不适应、受到诈骗、沟通不畅等问题，辅导员要适时，帮助学生完成从学校到社会的转变，教授学生社会经验与沟通技巧。同时，也要引导学生适当参与丰富多彩的社团活动，帮助学生进行自我锻炼与自我完善。

高校基层党组织育人功能的发挥，同样需要辅导员积极配合，教育部发布了《中共教育部党组关于高校教师党支部书记“双带头人”培育工程的实施意见》，针对高校党支部书记党建带头人、学术带头人培育工程提出实施意见，辅导员作为学生团支部的指导者，同样肩负着学生党员发展的指导与培养工作，高校各级党团组织要紧密围绕大学生的思想建设、作风建设等课题，切实发挥思想引领、价值引导等作用。辅导员要协调党组织对学生进行严格要求，强化“四个意识”，坚定“四个自信”，培养社会主义建设者和接班人。

第六章　高校“三全育人”资助育人机制与体系建设

第一节　当前高校资助育人的现状

近年来，国家不断加大对家庭经济困难学生的财政支持，通过多元化的资助形式，很大程度缓解了大部分家庭经济困难学生的经济压力，许多家庭经济困难学生通过国家资助政策完成了学业，走上了工作岗位，并取得了优异的成绩。从这方面来说，我国高校的资助工作取得了很大的成就。但是，提供直接的经济资助只是手段，资助育人才是目的。本节探讨高校资助工作的育人功能体现在哪些方面、家庭经济困难学生的现状如何、高校资助育人工作存在哪些不足。

一、高校资助工作的育人功能探析

高校资助工作的意义不仅仅在于提供直接的经济帮助，解决学生的实际问题，它还蕴藏着丰富的育人资源，承担着重要的育人功能，其具体功能表现如下。

（一）精神激励功能

大学生在大学阶段的首要任务就是学习，不但要学习专业知识，也要注重培养自身的社会实践能力。高校资助工作能解决家庭经济困难学生上学的问题，给他们创造学习条件，同时也能激励学生，激发其学习的主动性。

首先，国家奖学金、国家励志奖学金等奖项都具有精神激励功能，这些奖项会给予品学兼优的大学生更多的资助，帮助大学生树立奋斗目标、端正学习态度，由“要我学”向“我要学”转变。其次，“绿色通道”政策给家庭经济困难学生打开了高校的大门，让他们切实感受到党和国家对他们的关怀、感受到求学机会的来之不易，进而奋发图强、努力学习。最后，各种社会捐助能让他们感受到社会的温暖，成功企业家的事迹也能发挥榜样的力量，激发他们奋斗的意志。

（二）情感激发功能

高校资助工作给家庭经济困难学生提供物质支持，帮助他们顺利完成学业，解决了学生的实际问题，由此可以增加大学生对党和国家的认同感，激发其感恩之心。

首先，我国高校资助体系的建立健全，真正体现了党和国家对家庭经济困难学生的关心、关怀。在宣讲国家资助政策时，要使国家资助政策深入人心，让学生和家长都能理解国家资助政策的意义，感受到党和国家对他们的关心，增加他们对党和国家的认同感。其次，高校资助工作还能激发学生的感恩之心。高校资助工作者，尤其是辅导员，长期与家庭经济困难学生直接相处，最能了解他们的心理特点和成长规律，在给他们开展日常工作时，融入隐形思想政治教育的内容，潜移默化地对他们产生影响；大多数家庭经济困难学生都是通过国家助学贷款或助学金才能顺利完成学业，他们在接收资助时就产生了感恩之心，励志将来回报社会，在平时的日常工作中就需要对他们的这个心理进行强化。

（三）心理疏导功能

高校资助工作的心理疏导功能主要体现在培养心理素质和增强抗挫能力。

首先，大学生的心理活动本身比较活跃，他们的心理发展处于由幼稚走向成熟的未成熟阶段，他们的心理品质具有不稳定性，容易受到外界的影响。刚进入大学时面临着适应大学生活的问题，在校期间面临学习压力、生活、情感等方面的心理问题，毕业时面临着各种选择，会出现紧张、焦虑等心理问题。尤其是家庭经济困难学生，他们的心理本身就比较敏感，很容易受到外界因素的刺激而产生波动。高校资助工作主要对象就是家庭经济困难学生，在资助工作开展过程中，通过与其沟通交流，能准确把握他们的心理动态和特点，从而有针对性地对其进行心理辅导；同时，学生在参与社团活动、勤工助学的过程中都会与他人交流沟通，能排解压力，学会处理人际关系，实现自我调节。其次，高校资助工作能增强学生的抗挫能力。一方面，高校资助工作能引导学生正确面对挫折，指导学生理性地看待挫折、分析原因。另一方面，学生遇到挫折时，高校资助工作能及时提供帮助，跟他一起战胜挫折。比如，一些高校都有临时困难补助，在学生发生突发状况时，可以向学校申请一定金额的临时困难补助，以解燃眉之急。这样学生能感受到高校资助工作者跟他们在一起，他们并不是孤军奋战，增加学生面对挫折的信心、增强对抗挫折的能力。

（四）能力培养功能

高校资助工作还具有能力培养功能，能切实提高学生各方面的能力。主要体现在培养学生的实践能力和人际交往能力方面。首先，各高校都设有勤工助学岗位，家庭经济困难学生在勤工助学岗位上，能将自己所学的知识综合运用，锻炼了他们的实践能力；其次，有一些家庭经济困难学生组成的社团，比如爱心使者团等，他们在这些社会团中能很好地与同伴交流沟通，能提高他们的人际交往能力。

二、高校家庭经济困难学生的现状分析

（一）经济现状

在校期间，家庭经济困难学生在衣食住行方面与其他经济条件较好的同学差距很大，他们在日常生活中必须节省一些可有可无的开支。生活的窘迫可能仅仅是一时的状况，但是在学习费用上的严重短缺却让许多家庭经济困难学生错过接受更多知识培训或增加自身就业筹码的机会。在大学校园中，需要学习的东西很多，学习的机会也多，但是学习的成本往往成为他们难以逾越的门槛，面对众多的学习班、培训部，许多家庭经济困难学生只能望而却步。

入学时，家庭经济困难学生在个人综合素质上与其他学生相比也有所差距，他们大多数来自弱势家庭，社会地位低，经济困难，承受着巨大的生活压力，包括经济上和心理上的压力，这使得他们不能很快适应城市、校园的生活方式，也不能和其他同学站在同一起跑线上。因此，在大学学习生活的期间，由于家庭经济困难，他们没有多余的资金投入自我发展，有时甚至因为心理因素，封闭自己，难以很好地处理人际关系等，使自己的发展受到阻碍。

（二）思想现状

当前，高校家庭经济困难学生的思想状况从总体上来看是积极向上的。但是受到社会、家庭等各方面因素的影响，在当代大学生群体中，尤其是家庭经济困难学生群体，或多或少存在着一些消极的思想，比如主体意识淡薄、诚信意识欠缺、感恩意识缺失等方面的思想问题。

1．主体意识缺失

主体意识是一个政治概念，是指主体的自我意识。高校家庭经济困难

学生的主体意识就是要认识自我的价值、发掘自我的能力、发挥自我的主观能动性。在资助工作开展过程中，可以发现，一些家庭经济困难学生存在着“等靠要”和“只进不出”等主体意识缺失的问题。

一方面，部分资助对象“等靠要”现象严重。我国高校资助体系的最直接的作用就是解决家庭经济困难学生的上学问题，不让学生因为家庭经济困难而上不起学。但很大一部分大学生对国家资助政策体系的认知不全面，认为领取国家资助是理所应当的，“不要白不要，要了不白要”。具体表现为有的学生家庭经济完全能够负担起学生上学的费用，但是觉得这钱不要白不要，就通过不正当手段成为资助对象；一些学生在受到资助之后毫无感激之心，反而与他人对比，埋怨资助评定的不公平，更有甚者还会发表偏激的言论；一些学生在遇到经济困难的情况时只知道“等靠要”，不会主动想办法解决问题；还有一部分学生缺乏正确的金钱观、价值观，爱慕虚荣，盲目攀比。

另一方面，部分资助对象“只进不出”。这种现象是指一些资助对象只想着享受权利而不履行义务，缺乏社会责任感。他们在争取国家资助时想尽办法、毫不放弃，需要他们付出时却望而却步。具体来说，一些学生比较喜欢不劳而获，而对于勤工助学或其他需要付出劳动才能获得报酬的活动不感兴趣；一些学生只想着“人人为我”，而从不考虑“我为人人”，他们对志愿者服务等活动的积极性不高。

2. 诚信意识欠缺

诚信是一个人最重要的品质之一，对于大学生来说尤为重要，但是，在大学生群体中还存在着不诚信的现象。具体来说，有些学生为了能得到资助款，在资助对象评定的过程中，提供虚假证明，谎报家庭经济情况；一些学生为了能拿到奖学金而不惜在考试中作弊；一些学生在毕业之后不能及时偿还国家助学贷款；一些学生在就业时不能诚信就业。这些现象都表明在家庭经济困难学生群体中存在着一部分学生诚信意识欠缺的问题。

3. 感恩意识淡薄

每个人都应该常怀感恩之心。有些家庭经济困难学生不能正确面对经济困难，对国家和社会充满怨恨，把国家和社会提供的资助视为理所当然，毫无感恩之心。对其他需要帮助的人视而不见，对自己应尽的义务毫不上心。

（三）学业现状

很大一部分家庭经济困难学生认为贫困是学习动力，有“自尊、自强、自信、自立”精神的学生仍然是绝大多数。他们能够端正思想、正视困难、吃苦耐劳，努力学习，但也存在诸多问题。

1．学习压力过大

随着时代的发展，社会对人才的要求不断提高，大学生学习压力也随之加大。而家庭经济困难学生学习压力往往比其他学生要更大，他们在发奋学习的同时必须忍受生计的煎熬。为了能帮助家庭减轻经济负担，他们会在课余时间做一些家教或其他形式的勤工助学。同时，为了能得到奖学金，他们会比别的同学花费更多的精力放到学习上，以增强自身竞争力。打工与学习争时间、争精力，久而久之，很多家庭经济困难学生因此身心俱疲。

2．基础薄弱，知识面窄

家庭经济困难学生在学习方面的主要表现就是：基础薄弱，知识面窄。他们在中学阶段的主要学习任务就是应对高考，没有多余的精力和机会接触外界的新鲜事物。比如他们英语的听、读、写能力都比较好，但都是“哑巴英语”，口语表达的能力比较欠缺。这与他们大多数来自经济、文化、教育相对落后的地区，文化基础、教育环境、教育水平、师资力量等相对较差都有很大的关系。

3．勤工助学耽误学习时间

家庭经济困难学生为了减轻家庭经济负担大多选择参加勤工助学，由于没有妥善处理好工作与学习的关系，常常处于一种矛盾当中。勤工助学在一定程度上影响了家庭经济困难学生的学习，一些学生因为勤工助学，成绩一直上不去，勤工助学变成了“勤工误学”。

4．综合素质有待提高

家庭经济困难学生的综合素质有待提高，大部分经济困难学生的气质风度、言语谈吐、语言表达能力、人际交往能力、组织管理能力都相对较弱。他们大多数来自教育条件较差、教育资源落后的农村或其他贫困地区。在这些地方的学校和家长忽视了学生的素质教育，评判孩子好坏的唯一标准就是考试分数，“学好数理化，走遍天下都不怕”，音乐、美术、体育等

“副科”的学习时间和精力都被“语数外”这些“主科”霸占了。外语、计算机等课程的学习条件也比较差，素质教育落实不到位。进入大学后，一些贫困生不得不为了生计而放弃锻炼自身能力的机会，用人单位在招聘时往往比较注重这些方面的能力，贫困生因此处于劣势。综合素质和能力的欠缺已经成为制约贫困生成长成才的瓶颈。

（四）心理现状

家庭经济困难学生作为大学生群体中一个特殊的群体，他们在心理上承受着来自学业、社会环境、人际交往等方面的压力。有一些比较优秀的家庭经济困难学生能够通过自我调节，克服心理障碍，化压力为动力，在学习生活中不断提高自己的能力，努力塑造自身优秀品质，在校期间取得了优异的成绩，毕业后在职场上也获得了成功。但是不能忽视各种不良的心理状态的存在，一旦不能及时发现并给予引导，很容易引发心理问题，不利于学生的身心健康发展。

1. 自尊与自卑两极分化

在高校家庭经济困难学生群体中存在的最主要的心理状态就是自尊与自卑并存。一些家庭经济困难学生过分自尊，还有一些学生过度自卑，在这个群体中形成了两极分化。这两种极端的心理状态都对他们正常的学习生活、跟同学相处造成了很大的负面影响，不利于家庭经济困难学生的身心成长。

在大学期间，由于生活阅历和社会经验的不足，大学生的心理还不成熟。有一些学生在面对困难时，自尊心作祟，不愿意向别人求助，而自己又无能为力，这样往往会产生自卑情绪。由于家庭经济困难学生平时的生活都比较节俭，生活压力比较大，而家庭经济条件比较好的同学不会有这样的压力，他们会想买什么就买什么，完全没有后顾之忧。家庭经济困难学生在与身边的同学对比之后，担心别人会瞧不起自己。

很多家庭经济困难学生来自经济欠发达的农村或边远地区，由于缺乏师资和基础设施，素质教育很难开展，学生的综合素质都不全面，个性也没有得到充分发展。他们从小接受的都是应试教育，在学习方面的能力较强，但是其他方面则较为欠缺。他们不敢与陌生人说话，不敢在人多的地方讲话，不敢参加校园文化活动。在高中阶段，他们都是名列前茅的优秀学生，到了大学之后发现身边的同学比自己优秀，自尊心受到打击，进而出现自卑心理。

2. 焦虑心理

家庭经济困难学生由于经济上的拮据，在生活中必须要精打细算。生活费比较少，只能满足他们在校期间的温饱。对于一些同学聚会或其他集体活动，他们需要反复考虑开销问题，很多学生因为经济原因而放弃参加集体活动。久而久之，同学会逐渐疏远他们，使他们产生烦躁、焦虑的心理。长期的焦虑对他们的学习、健全人格的培养及人生观、价值观的正确树立具有不利影响。

3. 长期抑郁导致自我封闭

一些家庭经济困难学生进入大学后会产生抑郁心理，这是由多方面的因素造成的。首先，家庭经济困难是首要因素。家庭经济困难学生在上大学之前，可能身边的同学的家庭经济情况都差不多，差距不是明显。走进大学之后，身边的同学来自不同的地方，生活背景不同，在与他们接触的过程中会意识到在经济方面的差距比较明显，心理会产生不平衡。其次，大多数家庭经济困难学生的心理素质较差，性格比较内向，情感上比较敏感，对参加集体活动的积极性不高。校园里，他们情绪低落，精神抑郁，自我封闭，缺乏应有的自信。这部分学生从自卑到抑郁的心理转变过程中，如果未受到正确的心理引导和心理调节，很有可能会进一步自我封闭。

4. 虚荣、攀比心理

有些家庭经济困难学生不能用正确的心态去面对差距，爱慕虚荣、盲目攀比。有一些学生不愿意被认定为资助对象，在高校进行资助对象评定时，他们不愿意让别人知道自己家庭的真实情况，也不愿意接受别人的帮助。有一些学生对自己家庭的贫困感到羞愧，害怕别人知道其情况后瞧不起他，所以在平时会掩饰自己。有些学生看到别的同学生活条件较好，产生心理上的不平衡，自尊心受到打击，为了满足自己的虚荣心和攀比心，不顾自己的实际情况，与人攀比，更有甚者在拿到国家和学校的助学金后任意挥霍，肆意浪费。这些现象都反映出部分家庭经济困难学生不敢承认和面对现实，极力掩饰自己，追求虚荣心理。

（五）就业现状

由于家庭原因，家庭经济困难学生更趋向尽快分担家庭的重担，回报家人。总体上看，他们迫于生计，讲求务实，在积极择业的同时，也存在对就业形势严峻、就业门槛高、就业不平等现象的恐惧心理。一些比较优秀的学生能树立正确的择业观念，根据自身情况，找到合适的工作。但是，大多数家庭经济困难学生在就业上还存在或多或少的问题。

1．就业总体处于弱势

当前，高校家庭经济困难学生在求职就业时往往处于弱势地位。一方面，学生求职成本不断提高，家庭经济困难学生在找工作时，需要考虑就业成本。比如一些学生遇到了比较好的就业机会，但是去参加招聘的来回车票、住宿等方面的费用相对来说较高，他们不得不放弃。另一方面，就业市场机制不完善，就业中的不公平现象普遍。家庭经济条件比较好的学生在找工作时，通过家人的关系能获得更多的机会，而家庭经济困难学生在就业时必须靠自己，机会相对会少一些。还有一些单位在招聘时存在裙带关系、暗箱操作等不公平的现象。这些就业不公平的现象，使得家庭经济困难学生在就业中总体处于劣势地位。

2．就业压力更大

当前，就业难成为大学生求职过程中的普遍现象，就业形势对家庭经济困难学生来说更加严峻，谋求就业地位平等难、就业压力大成为家庭经济困难学生的普遍感觉。学生的社会关系会对他们的就业提供一些帮助，但是家庭经济困难学生的经济基础差、社会交往范围小，很难有这样的机会。

3．求职观念和求职倾向良莠不齐

家庭经济困难学生由于长期遭受经济困扰，价值观受其影响出现不均衡状况，导致在求职过程中求职观念和求职倾向良莠不齐。

改革开放以来，我国发生了翻天覆地的变化，各种思潮也随之而来，高校是接受各种思想、观念的前沿阵地，如果没有树立起正确的世界观、价值观，很容易受到不良思潮的影响。由于家庭经济困难，作为高校中的弱势群体，家庭经济困难学生本身在成长的过程中，在思想上会有一些误区或对社会有错误的认知，再加上受到外界各种思想的影响，部分家庭经济困难学生的思想观念、价值观念也发生了一些变化。大部分家庭经济困难学生从小受家庭情况的影响，他们往往比家庭相对较好的学生更看重实效，他们在衡量一件事的价值时往往会更加倾向于现实主义、实用主义。能够进入大学学习的家庭经济困难学生，一般都承载着改变整个家族命运的使命，他们上大学最直接的目的就是找到好工作，能尽快帮助家里解决经济问题。因此，他们在求职时，会选择薪资待遇相对较高的工作，他们对工作环境、工作压力的强弱等方面考虑得并不是很多。

三、高校资助育人工作存在的问题

（一）育人观念落后

当前，一些高校在开展资助工作的过程中，注重对家庭经济困难学生的经济支持而忽视了对这部分学生的思想政治教育。长期以来，我国高校资助工作都存在资助与育人相分离的问题，一些高校资助管理部门的主要工作就是发钱，没有通过资助达到育人目的的意识，更谈不上发掘资助工作过程中的思想政治教育功能。从一般高校的资助工作过程来看，资助工作者只要能把资助款顺利地发下去就万事大吉了，学校资助管理中心将资助款明细报送财务处，财务处把钱打到学生银行卡中，辅导员提醒学生查收，这就完成了所有的资助工作。有的学生在拿到资助款时，还会抱怨怎么钱少了、怎么发晚了，然后拿着资助款任意挥霍。这种落后的资助观念缺少人文关怀，使得资助工作功利化，导致学生更加不会有感恩之心和感激之情。

（二）育人主体局限

目前，高校对家庭经济困难学生进行思想政治教育的主体主要是高校。也有一些爱心企业主动承担社会责任、奉献爱心，设立奖助学金，为家庭经济困难学生提供经费支持和实践机会。在高校内部，资助育人的主体主要是资助工作者，包括资助管理部门工作人员、辅导员等，他们承担着日常思想政治教育的重要职责。由于资助育人工作具有长期性、复杂性、系统性，只依靠少数企业或高校中的某个部门是远远不够的，需要广泛发动大多数力量参与其中。

（三）育人方式单一

高校家庭经济困难学生是大学生群体中的一个特殊群体，他们有一般大学生的普遍特点，同时又具有特殊性。因此，高校在对家庭经济困难学生开展思想政治教育工作时，要结合他们的特点有针对性地进行。目前，开展思想政治教育工作的主渠道之一就是思想政治教育理论课，在育人主体方面主要就是思想政治理论课教师。部分教师由于自身水平有限，习惯照本宣科，讲大道理，不能有针对性地对家庭经济困难学生进行思想政治教育，实际效果并不理想。因此，高校在资助育人工作中应该结合家庭经济困难学生群体的特点，因材施教，有针对性地开始思想政治教育。

第二节“三全育人”资助育人机制及其构建

一、“三全育人”资助育人机制的含义

“三全育人”指的是全员育人、全程育人以及全方位育人,“三全育人”理念与高校资助育人工作实现紧密结合，对于提升高校资助育人工作成效具有重要意义。在此过程中，高校中所有的自主工作者都需要关注资助育人工作的整个过程，并从思想、生活、教育等

多个方面推动资助对象的全面发展。具体而言，在“三全育人”资助育人运行过程中，高校有必要做好以下几个方面的工作。

（一）齐抓共管，全员育人

全员育人中的“全员”包含高校中与资助育人工作的所有教职工，这些教职工不仅需要重视积极参与资助育人工作，而且需要通过提升自身专业素养、教学能力以及服务水平等，为资助育人工作成效的提升提供良好保障。具体而言，高校领导层、管理层以及一线教

职工与后勤工作人员需要强化对资助育人工作意义的认知，深化对自主育人工作的重视程度，并在各自岗位职责范围内积极探索资助育人工作成效提升路径。作为高校领导层，需要做到高屋建领、统筹规划，明确资助育人工作方针、制定资助育人工作规划，确保资助育人工作能够得以有序且有效的开展；作为高校管理层则需要围绕资助育人工作方针、规划，协调各个部门之间的关系、开展资助育人工作队伍建设，确保各个部门、资助育人工作人员在落实资助育人工作方针、规划过程中能够实现效能最大化；作为一线教职工，不仅需要贯彻高校决策、帮助资助对象解决各类问题，而且需要在高校管理层与资助对象之间发挥桥梁作用，从而确保高校资助育人工作方针、规划能够与高校资助育人工作实际状况、资助对象需求等实现良好对象。与此同时，一线教职工作作为与资助对象直接接触的群体，需要重视不断强化教育引导能力、丰富自身跨学科知识储备、提升自身人格魅力，确保自身所开展的相应工作能够得到资助对象的肯定，进而充分发挥出高校资助工作所具有的育人作用；作为高校后勤工作者，

则需要重视发挥出自身在优化资助育人工作环境中的作用，推动自身所负责的后勤工作与资助育人工作实现紧密融合#在此要求下，高校后勤工作者不仅需要强化自身的服务理念，而且需要强化自身的育人理念，并通过提升自身素养以及后勤服务水平，为资助育人工作成效的提升提供坚实保障。

（二）有的放矢，全程育人

高校资助育人工作需要做到有目的性与针对性，并且需要对资助育人工作过程以及资助对象发展过程进行关注，从而做到有的放矢、全程育人，进而在资助对象发展的阶段把握资助育人工作重点，提升资助育人成效具体而言，高校资助育人工作的全程化，要求高校能够做好以下几项工作：

首先，在学生入学阶段，高校需要做好资助宣传工作#在开展资助育人工作的过程中，学生需要了解国家资助政策，这不仅是学生判断自身是否具备被资助资格的重要前提，而且对于学生准备资助申请资料发挥着重要作用#为此，在学生进入学校之前，高校就有必要构建完善的资助宣传平台与宣传体系，通过邮寄资助政策简介、开通资助工作网络咨询平台等多元化的方式，促使学生了解资助政策并享受咨询服务，从而为后续资助工作的开展以及自主工作育人功能的充分发挥奠定良好基础。

其次，在学生学习期间，高校需要做到精准资助#高校资助工作精准性的提升，对于确保资助工作的公平性与公正性、及时解决学生面临的经济困难、确保学生心理健康发展等都具有重要意义，为此，在学生入学的第一时间，一线教职工就有必要通过与学生开展交流来了解学生家庭经济情况，并将这些信息进行汇总与分析,为精准资助的实现奠定良好基础。与此同时，高校需要强化资助资格审核工作，通过实地走访以及动态调查等方式，核心学生论述并实时掌握学生家庭条件变化,从而规范学生资助申请行为，强化学生诚信意识。

最后，在学生就业期间，高校需要推动资助育人与就业指导的紧密结合，并在学生就业之后做好跟踪反馈工作#育人是高校资助工作的重要导向之一，而开展就业指导工作，则是高校校内育人工作中至关重要的环节，为此，高校有必要关注资助对象在毕业阶段面临的各类困难，并为资助对象提供及时有效的就业援助，从而在确保资助对象能够顺利就业的基础上培养资助对象所具有的感恩之心，并引导教育对象能够在走出校园之后始终坚持初心，为社会发展走出更大贡献#另外，在学生离校之后，高校有必要对其开展定期回访，挖掘资助对象中逆境成才的案例，并通过在高校开展广泛宣传或者邀请资助对象回校演讲等方式，进一步挖掘资助工作所具有的育人价值。

（三）多方合力，全方位育人

全方位育人指的是运用多元化的方式推动资助工作融入育人体系当中，从而有效推动资助对象得以全面发展#具体而言，多元化的资助育人方式主要包括以下几种：一是依托奖学金制度与优秀典型对学生群体进行激励。奖学金制度对于激励学生努力学习、积极进取发挥着重要作用，这种资助方式具有明显的育人导向#在高校开展资助育人工作的过程中，有必要促使大学生群体认识到奖学金制度的价值与意义，引导大学生群体树立正确的发展目标。与此同时，在奖学金发放中，高校不仅需要严格评选，而且需要对优秀典型所具有的优秀品质进行宣传，从而在大学生群体中产生榜样效应。二是依托助学贷款培养学生诚信品质。大学生群体在申请助学贷款之后，需要做到及时还款并怀有感恩之心，高校不仅需要引导大学生群体认识到助学贷款在自身成长成才过程中发挥的作用，而且需要做好诚信教育工作，如使用专题教育、征文活动等强化学生的诚信意识#与此同时，高校有必要构建诚信档案，对学生的诚信表现进行记录，并将其作为学生评优评先的重要依据。三是依托社会实践引导学生自强自立#在高校资助育人工作中，高校可以通过构建勤工俭学平台，这不仅能够拓展资助资金来源，而且可以有效避免资助对象在接受无偿资助的过程中产生自卑心理#如高校可以在图书馆等校内平台中开发勤工俭学单位，也可以与社会企业开展合作，为学生提供与自身专业相关的勤工助学岗位，从而充分发挥出助学工作的育人作用。

二、“三全育人”资助育人机制的特征及意义

（一）“三全育人”资助育人机制的基本特征

1. 整体性

高校资助育人工作是一项系统工程。要想充分发挥高校资助工作的育人功能，实现资助育人的目标，必须将各方力量调动起来，做到心往一处想、劲往一处使，这样才能形成资助育人的合力。“三全育人”资助育人机制正是基于系统论的基础上构建的，它从高校思想政治教育的系统整体着眼，将高校所有教职员工都调动起来，参与资助育人工作。全员育人并不

是要求所有参与者都放弃自己的本职工作，专门进行资助育人工作，而是在完成本职工作的同时，开展隐性思想政治教育，将思想政治教育融入工作中，发挥育人的功能。全员育人将高校内的各部门整合起来，拓宽资助育人的渠道，发掘育人资源，从而形成资助育人的合力，具有整体性。

2．全程性

全程性是“三全育人”资助育人模式的一个重要特征。大学生正处于“三观”形成的关键时期，他们的思想从幼稚到成熟，是一个长期、反复的过程。因此，这就要求资助育人工作必须具有全程性，并将资助育人贯穿学生在校的全过程。在学生成长的过程中，会经历不同的阶段，每个阶段也会呈现出不同的特点和规律，全程育人要求育人主体要把握大学生成长的发展规律，在不同阶段选择不同的教育内容，做到因人而异、因地制宜、因时制宜，这样资助育人工作才更具有针对性和实效性。

3．全面性

“三全育人”资助育人模式以实现大学生的全面发展为目标。对于大学生来说，全面发展就体现在德智体美劳这五个方面，因此，高校在教育过程中，必须统筹兼顾这五个方面的教育，将其有机地融入教育活动的各个环节。“三全育人”资助育人机制通过拓展育人渠道，开展全方位育人，以学生全面发展的目标为导向，采用不同途径和手段，对学生开展思想政治教育，锻炼学生各方面的能力，培养学生优秀的道德品质和文化素养。

（二）构建“三全育人”机制的研究意义

我国资助政策实施以来，取得了举世瞩目的成就。但是，目前我国高校资助工作还存在一些问题，一些高校在资助工作中“重物质、轻精神”，高校资助工作的育人功能未能发挥出来。因此，如何实现“资助”和“育人”的有机结合，并建立相应的资助育人机制就显得格外重要。构建“三全育人”资助育人机制，对于高校资助育人工作的开展、促进高校资助工作的良性循环和加强高校思想政治教育工作都有积极的意义。

1．推动资助育人工作发展

高校资助工作开展的最终目的是实现“育人”，那么，谁来育人？如何育人？育什么样的人？这些问题在现有的资助工作中都没有得到完整、全面的回答。本书构建的“三全育人”资助育人机制将“三全育人”理念与高校资助育人工作相结合，有效地解决了“谁来育人、如何育人、育什么样的人”的问题。能对高校资助育人工作的理论研究和实践工作有一定的借鉴意义，推动高校资助育人工作的开展。

2. 促进资助工作良性发展

一方面，通过对高校资助育人工作的研究，能增进社会各界对高校资助工作的了解，进而引起社会力量对高校家庭经济困难学生的关注。另一方面，通过对家庭经济困难学生的思想政治教育，让其在接受资助时能怀有感恩之心，在接受他人的帮助后，会主动帮助别人，由“受助”到“自助”，最后到“助人”，这就形成了资助工作的良性发展。反之，如果没有对家庭经济困难学生进行思想政治教育，资助对象认为接受他人资助是理所应当的事情，对资助者没有感恩之心，那么资助者会认为捐助浪费金钱、浪费感情，会对资助工作产生不信任，最终导致资助者减少捐助甚至不捐，形成恶性循环。

3. 有效加强思想政治教育

构建“三全育人”资助育人机制契合了新形势下大学生思想政治教育新方向，能够拓展思想政治教育新途径、丰富思想政治教育资源、提升思想政治教育实效性。首先，目前高校思想政治教育工作是通过思想政治教育理论课和日常思想政治教育两个途径开展的。随着时代的发展，新形势下高校必须拓展思想政治教育途径，高校资助工作就是其中一条有效途径。构建“三全育人”资助育人机制能充分发掘高校资助工作中的思想政治教育功能，拓展思想政治教育的途径。其次，高校资助工作本身蕴藏的思想政治教育资源是隐性的。构建“三全育人”资助育人机制就是要发现高校资助工作中的隐性思想政治教育资源。

三、“三全育人”资助育人机制的基本内涵

（一）“三全育人”资助育人机制的构建

“三全育人”资助育人机制是将“三全育人”理念与高校资助育人工作相结合形成的资助育人机制，是指高校资助工作围绕“资助育人”这个核心，把育人贯穿于资助工作的全过程，就是在高校资助工作这个整体系统内，高校资助工作者（全员）在资助工作开展过程和学生成长过程（全程）中，充分发掘资助工作的思想政治教育功能，在思想上引导学生，在

生活上关心学生，在能力上锻炼学生，在心理上疏导学生，提高学生的综合素质，实现学生的全面发展（全方位）。

(二)“三全育人”资助育人机制的构成要素

全员育人、全程育人、全方位育人分别作为“三全育人”资助育人机制的主体要素、横向维度和纵向维度，三者相互联系。

1. 资助育人主体要素

“三全育人”资助育人机制的主体要素就资助育人主体而言，指的是高校全体教职员工，包括高校专任教师、资助工作者和后勤服务人员，都应该自觉树立起育人的责任感、使命感，都要主动参与到高校资助育人的工作中来，发掘各自工作中的育人资源，做到“人人育人”。在传统的资助育人工作中，资助育人主体就是指高校资助工作者，其他人员都没有承担资助育人的职责，其主体范围比较小。本书构建的“三全育人”资助育人机制将资助育人的主体范围扩大，将高校所有教职员工都纳入资助育人的主体要素当中。

2. 资助育人横向维度

“三全育人”资助育人机制的横向维度就是全程育人。全程育人包含两个过程，即高校资助工作开展的过程和学生成长发展的过程。一方面，从资助工作开展的角度来说，要从重点把握资助工作开展的各个环节，发掘其中的育人资源，将育人工作贯穿资助工作全过程。另一方面，从学生成长的角度来说，资助育人要从新生入学一直延续到学生毕业离校，资助工作者要能科学分析高校家庭经济困难学生从“考生”到“新生”“老生”“毕业生”的每个阶段的不同特点，切实了解他们在每个阶段所面临的问题，并准确把握其身心发展规律，实现精准资助和精准育人。

3. 资助育人纵向维度

全方位育人主要从资助育人工作和大学生成长发展的纵向维度而言。资助育人的根本目标是要实现大学生的全面发展，因此，全方位育人就是围绕资助育人的根本目标。高校资助育人工作要通过各种方式，有目标、有计划地培养学生各方面的能力。不仅要让家庭经济困难学生具有扎实的专业基础，还要具备组织管理能力、沟通协调能力、人际交往能力以及良好的心理品质和高尚的道德情操。

（三）“三全育人”资助育人机制各要素的关系

“三全育人”资助育人机制是从系统论的角度优化构建的一个资助育人机制。机制中的三个要素有各自的侧重点，在整个系统中承担着不同的角色，但是它们又相互联系、缺一不可。

1．内在联系

“三全育人”资助育人机制是一个立体的三维坐标，全员育人规定了资助育人的主体要素，在这个坐标体系里是立坐标；全程育人横向规定了资助育人的时间范围，它是“三全育人”资助育人机制里的横向维度，是坐标系里的横坐标；全方位育人从纵向上对资助育人的内容进行具体、全面的规定，是“三全育人”资助育人机制的纵向维度，是坐标系里的纵坐标。资助育人机制中的主体要素、纵向要素、横向要素分别支撑着“三全育人”资助育人机制的三个维度，缺少其中任何一个维度，该机制都是不完整的。

2．相互区别

“三全育人”资助育人机制中的各个要素虽然互相联系组成了一个整体，但是它们各自指向的维度不同，侧重点不同。

首先，人是资助工作开展的主体。资助政策的制定、资助工作方案的实施、资助工作的具体执行等，都是由不同岗位的人去完成的。如果没有人作为教育主体，正常的资助工作都无法开展，更不用说资助育人工作了。因此，高校资助育人目标的实现与否，与资助育人主体的素质高低、能力大小、业务强弱都有很直接的关系。“全员育人”将高校行政管理者、资助工作者和后勤服务人员都纳入资助育人的队伍中，资助育人队伍建设的好坏、育人主体的素质和能力都尤为重要。

其次，全程育人是对“三全育人”资助育人机制进行的横向维度规定，包含两个方面的维度。一方面是时间维度，要将资助育人工作贯穿学生从入学前—入学时—在校期—毕业时—毕业后的全过程，而不只是在其中的某个阶段才对家庭经济困难学生开展思想政治教育工作。另一方面是发展维度，指针对学生在校期间的不同阶段、不同特点、不同规律实施不同的教育，做到因时制宜。全员育人回答了“谁来育人”的问题，那么要解决“如何育人”“何时育人”问题的办法就是全程育人。人的思想品德不是一朝一夕就能形成的，要经过长期的、反复的过程，因此，资助育人工作也具有连续性，应该贯穿于学生成长的全过程。同时，人的认知发展具有阶段性的特点，尤其对于家庭经济困难学生群体而言，他们的心理比较敏感，在大学生活的各个阶段都会呈现出不同的阶段性特征。因此，高校资助育人工作的开展必须实现“全程育人”，以学生在成长过程中不同阶段、不同需求、不同特点为依据，施以个性化的教育方式，有针对性地进行思想政治教育，这样才能增强资助育人的实效性。

最后，全方位育人是对“三全育人”资助育人机制进行的纵向维度规定。全方位育人解答了“育什么样的人”的问题。全方位育人以实现大学生全面发展为目标导向，以育人为核心。全方位育人的教育目标除了让学生掌握专业知识外，还要培养他们养成良好的思想品质和高尚的人格。同时，尊重学生的主体地位，让他们发现自己的兴趣、发展自己的个性，通过他们对自身的认知发掘其潜能，全方位、全面、自由地发展自己，提高自身的综合素质。

四、“三全育人”资助育人机制的基本理念

（一）以育人为核心，重在整合

人是高校资助工作开展的出发点和归宿，实现人的全面发展是资助育人工作的根本目标，因此，“育人”是资助育人工作的核心，是“三全育人”资助育人机制的出发点和归宿，在该资助育人机制中处于核心地位，全员育人、全程育人、全方位育人这三个要素都要以育人为中心，都是为了实现育人的目标。综上所述，这三个要素相互联系，如果没有“育人”作为“三全育人”资助育人机制的核心，那么这三个要素就会变成一盘散沙，也就不能相互联系，不能构成一个有机的统一体，“三全育人”机制也将无法构建。实践是检验真理的唯一标准，育人目标能否实现就是对“三全育人”资助育人机制是否科学的检验。总之，“育人”是“三全育人”资助育人机制的核心，通过“育人”这个核心将其他三个要素有机整合、统一，构建成“三全育人”资助育人机制。

（二）全员调动，形成合力

当前，我国高校资助育人工作存在着实效性不足的问题。究其原因，是由多种复杂因素造成的，其中最重要的原因就是资助育人合力的缺乏。“三全育人”资助育人机制的全员育人强调高校所有教职员工都要参与到

资助育人工作中来，形成“人人育人”的家庭经济困难学生思想政治教育新格局，形成教育合力，这是传统资助育人机制不具备的。以前一直认为高校思想政治教育是思想理论课教师和辅导员的责任，其他教师只要完成自己的教学任务就可以。在上思想政治理论课时，任课教师往往采用灌输的方式，空洞说教，学生对教师传授的内容被动接受，有些学生还会产生抵抗情绪，大大降低了思想政治教育的有效性。全员育人，将任课教师、行政管理人员和后勤人员都纳入资助育人工作中，通过不同部门之间的协同合作，凝聚思想政治教育合力，从而增强高校资助育人工作的实效性。

（三）全程跟进，把握重点

思想政治教育者对学生传授的价值观念、道德准则等内容，由于受到人的思想观念的形成具有长期性、易变性、隐蔽性等特点，以及学生原有价值观念和环境等因素的影响，受教育者要将这些内容内化为自己的价值标准需要一个过程，不是一蹴而就的。思想政治教育的最终目的是让受教育者将价值规范内化于心，外化于行，进而形成良好、稳定的品质。“三全育人”资助育人机制中的全程育人要素表明了高校资助育人工作的全程性。高校资助育人工作在全程跟进的同时，抓住大学生成长发展过程中的几个关键时期，开展有针对性的教育，帮助学生顺利渡过转折期。比如在新生入学后，学生面临着适应的问题；在毕业期，学生面临就业的压力，在这些特殊时期，学生都会迷茫、焦虑，心理压力较大，如果在这些关键时期能及时对他们进行思想上的引导、心理上的疏导，一些学生就不会在大学生活中失去方向、浪费宝贵的时光。因此，高校育人工作应该在全程育人的基础上，抓住学生成长过程中的关键点进行教育，及时帮助他们解决思想上、心理上、生活上的问题，让他们能轻松面对大学生活，促使其身心健康发展。

（四）全方位展开，全面发展

全员育人确立了资助育人的主体要素。育人主体。人是高校资助育人工作的核心目标，高校资助育人的最终目标则是实现人的全面发展，因此，高校资助工作的开展也应该围绕实现人的全面发展展开。“三全育人”资助育人机制就是以人为中心，以实现人的全面发展为目标，通过全员育人充分调动高校所有教职员工参与资助育人工作，通过全程育人将资助育人工作贯穿大学生成长发展的全过程，结合学生成长发展的特点，通过全方位育人拓展育人渠道，全方位地开展育人工作，实现大学生的自由、全面发展。

第三节“三全育人”资助育人体系机制构建的策略

在理论上，构建了“三全育人”资助育人机制，但是理论要应用于实践，需要通过运行机制才能将两者结合起来。因此，“三全育人”资助育人机制要应用于实践，需要凭借一定的运作机制才能实现。运作机制是“三全育人”资助育人机制的具体形式，也是资助育人目标得以实现的途径。本节从“齐抓共管，全员育人”“重点突破，全程育人”“多管齐下，全方位育人”三方面构建“三全育人”资助育人机制的运作机制。

一、齐抓共管，全员育人

做好高校家庭经济困难学生资助工作，并充分发掘资助工作的育人功能，应当调动高校资助工作者的积极性和主动性，让他们树立育人的责任意识，让与其相关的所有人员都参与大学生的培养和教育。中央 16 号文件中提出所有从事大学生思想政治教育的人员，都要坚持正确的政治方向，加强思想道德修养，增强社会责任感，成为大学生健康成长的指导者和引路人。广大教职员工都负有对大学生进行思想政治教育的重要责任，教师要提高师德和业务水平，以良好的思想政治教育素质和道德风范影响和教育学生。学校管理工作要体现育人导向，后勤服务人员要努力搞好后勤保障，为大学生办实事、办好事，使大学生在优质服务中受到感染和教育。

（一）发挥资助工作者“管理育人”作用

高校资助工作者主要常包括三部分，三部分相互联系，各司其职，保证了高校资助工作的有序开展。首先是组织领导者，主要是高校学生资助管理工作的领导机构和领导，比如党委学生工作部，主要负责制定资助工作的方针、决策等。其次是运行管理者，主要包括高校学生组织管理的相关部门，比如学生资助管理中心及其工作人员，他们的主要职责是保障资助政策、方针的贯彻落实，确保资助工作的有序开展。再次高校的一线资助工作人员是最后的具体落实者，比如辅导员、各学院的资助专员等，主要职责就是上传下达，他们是高校资助工作有序开展的关键环节。他们与家庭经济困难学生的联系最为密切，也最了解学生学习、生活等各方面的情况。

因此，要从资助育人队伍的体制入手，充分调动各方力量，推动资助工作队伍的专业化建设，实现“管理育人”的作用。首先，从事高校资助管理工作的队伍要稳定、数量要充足，才有利于统一管理，形成育人合力。其次，提高资助工作者的综合素质。一方面，要定期对资助工作者进行业务培训，提升其自身能力；另一方面，要优化高校资助管理部门人员的专业结构，资助工作者不仅要业务精，熟悉我国高校资助政策体系的各项内容和本校资助工作的情况，还应该要懂财务管理、心理学、教育学、经济学等相关内容；最后，“高校资助工作者要具有较强的人格魅力，以高尚的人格教育人、感染人”。[①]

（二）发挥后勤人员“服务育人”作用

后勤部门是高校工作中必不可少的一部分，高校的后勤工作是为全校师生服务的，从这个意义上来说，高校后勤工作也是为培养人而服务的。以往高校普遍只重视后勤工作的服务责任，忽略了后勤工作中蕴藏的“服务育人”作用。后勤部门的“服务育人”主要指将“育人”理念与后勤服务工作相结合，发掘这部分的育人功能。邓小平曾指出：后勤工作的任务，就是要为科研工作、教育工作服务，要为科研工作者和教育工作者服务，要为科研工作者和教育工作者创造条件，使他们能够专心致志地从事科研、教育工作。

首先，后勤人员要树立育人意识。在开展后勤服务工作时，要以“育人”为出发点，不能只停留在完成工作层面上。其次，后勤人员要注意提高自身素质。“后勤工作人员服务态度的好坏，服务水平的高低，服务质量的优劣，都会对与之长期接触的学生的心灵和思想产生耳濡目染的影响。”[②]

二、重点突破，全程育人

“三全育人”资助育人机制中的全程育人，需要从两个维度来分析，一方面是高校资助工作本身的运行过程，另一方面是大学生成长发展的过程。高校资助工作说到底是要做人的工作，资助工作的育人功能最终也体现在高校大学生的全面发展上，因此，高校资助工作要围绕人的发展特点，也就是大学生在整个大学期间不同发展阶段的特点来开展。本书将大学生

---

① 金昕．社会主义核心价值体系融入高校家庭经济困难学生资助工作探析[J]．思想理论教育导刊，2011（3）：88-91．

② 高斌，类延旭，方仲奇．新时期高校服务育人路径的思考[J]．学校党建与思想教育，2009（10）：16-18．

成长阶段按照时间顺序分为入学前、入学时、在校期和毕业时，高校资助工作在这四个时期抓住重点，实现资助育人。

（一）入学前，宣传国家资助政策

宣传工作是党和政府与人民群众沟通的重要桥梁。有效开展国家资助政策宣传工作，使国家资助政策家喻户晓，深入人心，使老百姓了解党和政府对家庭经济困难学生的关心关怀，是有效开展高校资助工作、发挥资助育人功能的坚实基础。因此，在高校新生入学前，各级教育行政部门和各高校要搭建“上下联动、纵向协调、各具特色”的宣传服务平台，使国家资助政策深入人心。对高校而言，需要通过多种形式宣传资助工作。在入学前，做好政策告知工作。通过邮寄《高校学生资助政策简介》、开通资助工作热线、制作开通新生资助指南专题网站，利用微博、微信等新媒体，让学生和家长知道在遇到经济困难时如何寻求国家资助政策的帮助；在入学时，做好政策引导工作。以在“绿色通道”办理地点发放资助工作手册、召开资助政策宣讲会等方式，帮助学生及时了解资助政策。入学后，做好总结宣传工作。高校可以寻找、宣传家庭经济困难学生的典型事迹，为广大学生树立榜样。

（二）入学时，拓展“绿色通道”

每年高考后，拿到大学录取通知书的学生和家庭都充满喜悦，但是对于家庭经济困难学生及其家庭来说，喜中带忧，尤其是遭受天灾人祸无力支付学费的家庭特别困难的学生，他们面对入学门槛，可能会犹豫不决，徘徊在大学校门之外。在家庭经济困难学生入学关口，“绿色通道”制度解决了他们的后顾之忧，为他们打开了高校的大门，让其能顺利走进学校。

我国高校“绿色通道”制度起源于1998年的清华大学。1998年，为了保障遭遇特大洪涝灾害的家庭经济困难学生顺利入学，清华大学在全国率先开通“绿色通道”。2000年，教育部、国家计委、财政部下发的《关于2000年高等学校招生收费工作若干意见的通知》中提出高等学校应建立“绿色通道”制度。自此，部分高校开始响应国家号召，陆续开通“绿色通道”。2003年，教育部要求各公办院校“今年新学期开学时，各高校都要一律设立‘绿色通道’制度，确保今年新录取的经济困难学生顺利入学”。2006年，教育部要求必须确保“绿色通道”畅通。2007年，随着我国资助政策体系的进一步建立健全，“绿色通道”工作也向制度化、规范化发展。2008年，民办院校也被纳入国家资助政策体系，教育部要求所有全日制高校均开通

“绿色通道”，实现了“绿色通道”对全日制高校的全覆盖，至此，我国“绿色通道”制度逐步健全完善。“绿色通道”通过最直接的经济资助，保证了家庭经济困难学生顺利入学，实现了由“考生”到“新生”的身份转换。在“新生”到“老生”，再到“毕业生”的过程中，高校需要拓宽“绿色通道”纵向和横向服务内容，挖掘“绿色通道”的育人功能。

1．提供心理帮扶，引导学生顺利渡过适应期

新生入学之后首先面临的就是适应大学生活的问题，相对于非家庭经济困难学生来说，家庭经济困难学生由于特殊的家庭环境和成长背景，他们面临着更大的经济压力和心理挑战。因此，高校在保证他们顺利入学的同时，也需要创造安心良好的学习环境，全面关爱家庭经济困难学生。学校应该在“绿色通道”工作处设立心理指导咨询台，由专门的心理辅导老师解答学生疑惑，开展心理咨询，减轻其心理压力，指导他们如何尽快适应大学生活。

2．制定成长计划，促进学生健康成长

家庭经济困难学生由于学习资源缺乏、学习方式传统及学习氛围欠佳等方面原因，容易造成他们在入学后学习压力较大、学习方向不明、学习动力不足、学习成绩不佳等问题。因此，高校应该针对不同家庭经济困难学生的不同情况，制定个性的成长计划，提供差异化的帮助。针对一年级学生，主要给予经济资助，让他们能安心学习，尽快融入大学生活；针对二年级学生，在给予经济资助的同时，注重培养学生自立自强意识，鼓励学生进行勤工助学、积极参与学生社团，在实践中不断提高能力；针对三年级学生，在给予经济资助的同时，加强他们专业能力的培养，鼓励他们参与专业相关的课外学术活动，如“挑战杯”创业计划大赛和科研立项等活动；针对四年级学生，适当减少经济资助，应该给他们提供勤工助学和实习的机会，同时结合他们的就业需求，提供有针对性的就业指导，拓宽就业渠道，帮助他们顺利就业。

（三）在校时，精准资助、精准育人

科学准确认定家庭经济困难学生，是公平公正、合理适度资助家庭经济困难学生，实现资助育人的重要前提和保障。在资助对象认定过程中，辅导员通过与家庭经济困难学生的沟通交流和周围同学的侧面了解，准确掌握他们的真实情况，根据他们的实际需求“按需资助”。在认定工作结束

后，要避免出现“一定四年”的情况发生，要建立高校家庭经济困难学生信息管理系统，根据实际情况的变化调整资助内容和形式，实现动态管理、精准育人。

1．科学认定、精准资助

高校家庭经济困难学生资助工作的核心是“资助育人”，基本逻辑起点是准确把握学生的成长需求，实现按需资助。通过资助对象的评定实现育人功能，就是要将思想政治教育贯穿家庭经济困难学生认定的全过程，充分发掘资助对象认定工作中的育人功能。当前，高校学生在困难生认定的过程中普遍呈现心态复杂、心理多变等特点。因此，需要在认定过程中融入思想政治教育。一方面，能促进认定工作的准确性、科学性；另一方面，公平、公正、公开的认定工作也是思想政治教育的重要渠道，能确保资助项目发挥最大功效。具体来说，就是在家庭经济困难学生信息采集时，通过真诚、尊重、平等的交流与关爱，了解他们的真实情况，把握他们的性格特点、心理特点、根本需求和成长规律，对他们的困难身份和困难程度精准认定。

2．实地走访、动态管理

在资助对象评定过程中，如果学生提供虚假信息，也会导致评定结果的不准确。那么，高校资助工作者就有必要验证学生所提供信息的真实性和有效性，最有效的验证方式之一就是实地走访。通过实地走访不仅可以了解学生家庭的真实情况，发现问题，及时纠正，同时，可以通过对谎报信息学生的惩处教育，建立有效的诚信约束机制，培育学生的诚信意识，逐步形成人人诚信的校园文化。

要实现精准资助，就必须实施动态管理。现在很多高校在新生刚入学时进行了资助对象的评定，以后就一直根据大一评定时的结果进行资助，这种方式很大程度上存在问题。家庭经济困难学生的经济状况不是不变的，可能当年因为家里有突发事件导致经济陷入困境，往后可能又缓过来了，不需要继续资助。但是，现有的静态管理模式无法针对此类现象进行调整，因此，在资助过程中要实行动态管理，真正做到按需资助。一是要建立家庭经济困难学生的信息平台，包括该生及其家庭所有的信息。二是要根据学生的实际情况，对系统内的信息进行及时调整，形成科学化、精细化、动态化的管理平台。三是辅导员要第一时间掌握学生信息，一线辅导员是跟学生接触最多的人，他们能第一时间掌握学生信息，因此，辅导员要通过多维度、多渠道的途径与方式，全面、实时、客观、准确地掌握学生信息。

（四）毕业时，就业援助

家庭经济困难学生在毕业时会面临一系列的问题，一部分学生由于找工作、考研等花费较大，在经济上存在一定的困难；一部分学生对于自己毕业后的去向比较迷茫；一部分学生在找工作的过程中遇到一些困难。因此，在学生毕业时，高校也要针对每个学生的现实情况进行就业救援，让学生在毕业时还能感受到党和国家对他们的关怀，让他们把这种感恩之心、感激之情带到以后的工作中。

（五）毕业后，追踪动态、反馈机制

高校还应该建立“三全育人”资助育人的结果反馈机制，在家庭经济困难学生毕业后，高校应该对其进行跟踪回访。一方面，及时了解他们毕业后的动态，发掘逆境成才的典型，请他们回校给在校的学生做报告，讲述他们的奋斗历程；另一方面，收集他们对学校资助工作的意见和建议，以便不断完善资助育人模式。

三、多管齐下，全方位育人

教育部副部长杜玉波在就学生资助工作答记者问中提到：要进一步拓展资助育人功能，努力融入立德树人，结合资助工作实际，重点抓好三个方面的教育，包括励志教育、诚信教育、社会责任感教育。这就回答了“育什么样的人”的问题。因此，高校在资助育人过程中，需要通过评奖评优、助学贷款、勤工助学和有偿资助，加强对学生的励志教育、诚信教育、自立自强教育和感恩教育。

（一）通过评奖评优以树立典型激励学生

在我国现行的奖学金制度中，国家奖学金是我国政府设立的荣誉最高、奖金额度最大的国家级奖学金项目，是党和政府为激励高校学生在学习上勤奋刻苦、积极进取，在综合素质上全面发展，在生活上乐于助人、团结同学而设立的国家最高奖励。其目的是为广大学生树立奋斗目标、成才导向和成长榜样，促使广大学生刻苦学习、努力进取。因此，要充分挖掘国家奖学金的育人功能，通过宣传国家奖学金的意义，让学生树立奋斗目标，通过树立典型，以榜样的力量激励学生。

1. 宣传国家奖学金的意义，使学生树立奋斗目标

在国家奖学金前期宣传过程中，使广大学生充分认识到国家奖学金是

国家颁授给在校优秀大学生的最高荣誉，激励广大学生奋发学习、全面发展、立志成才。

2. 推选出优秀的学习榜样，激励广大学生努力学习

在评定过程中，我们要把学习成绩好、综合素质强、群众基础牢、被学生普遍认可的优秀大学生推荐出来。要以表彰国家奖学金获奖学生为契机，深入挖掘他们勤奋的学习态度、感人的学习经历和有效的学习方法，展示国家奖学金获得者自强不息、坚韧不拔、顽强拼搏、积极进取的优秀品质，成为广大学生学习的榜样，成为在校学生刻苦学习、勇于实践、努力提高自身综合素质的不懈动力。勇于创新实践，形成比、学、赶、帮、超的良好氛围，努力成为社会主义建设者和接班人，肩负起建设社会主义和复兴中华民族的历史重任。

（二）通过助学贷款以诚实守信教育学生

诚信是中华民族优良传统道德中最重要的内容之一，《公民道德建设实施纲要》中也将“明礼诚信”列为基本道德准则之一，党十八大提出要积极培育和践行社会主义核心价值观，其中在个人层面就包括“诚信”。大学阶段正处于“三观”形成和发展的关键时期，因此，高校在开展助学贷款工作的同时，要向家庭经济困难学生宣传贷款意义，培养诚信理念，践行诚信诺言，在校园内形成诚信氛围，减少国家助学贷款违约情况。

1. 围绕助学贷款，开展诚信教育

高校在办理助学贷款时要开展助学贷款政策宣讲会，让学生熟悉贷款流程，更重要的是让学生理解国家助学政策对他们的关爱，懂得遵守信用，履行协议，顺利完成学业后按时缴息、及时还款既是享受助学贷款后应尽的义务，也是学生对国家助学贷款政策的回报，身体力行地保证国家助学贷款政策长久有序地实行。让学生感受到自己不仅仅是受助者，也是资助政策顺利运行的支撑者，提高学生主体意识和履行诚信、实现诺言的责任感。

为了让学生认识现代征信体系，懂得诚信的社会意义，高校可与中国银行、国家开发银行等金融机构紧密合作，通过专家讲授信用知识。此外，还可以通过开展一些关于诚信的主题活动，组织人员到违约学生家中走访，了解毕业生违约原因，并将相关政策告知学生与家长，提醒学生诚信还款。

在活动中把诚信观念付诸实践，引导学生讨论诚信、履行诚信，让学生在实践中体验诚信所带来的道德感，是高校诚信教育活动的重要内容。

例如：教育部与中国青年报社连续组织开展“资助政策，助我成才”征文活动，鼓励贷款学生积极参加，挖掘其中的诚信榜样和模范典型。在日常宣传中，高校还积极开展诚信签名、诚信宣誓、签订还款承诺书仪式、诚信海报展示等活动，通过“过程育人”，让诚信观念深入人心。

2. 建立诚信档案，形成刚性约束

一方面，建立大学生的诚信档案库，并将其放入学生个人档案中。把学生在校期间的各种现实表现都记录存档，比如奖惩情况、学费交纳情况、考试成绩，参与科研情况、社会实践活动等，构建学生在校期间综合表现的量化标准，将各项指标设置相应的权重，并将考评得分作为学生申请国家助学贷款、申请入党、评奖评优的重要依据，对大学生的诚信行为形成刚性约束。另一方面，将诚信档案随着个人就业流转到用人单位，让学生知道失信行为将会影响到以后的求职、交友、信贷、保险等各个方面，需要承担严重的后果。

（三）通过社会实践以自立自强锻炼学生

高校资助工作的经济资助能解决家庭经济困难学生的燃眉之急，即他们眼下的吃饭问题，但要想实现资助工作的长远目标，让他们长远发展，需要给他们提供更多的实践机会，锻炼他们自身能力，培养他们自强不息的坚强人格。当前，主要通过勤工助学和社团建设积极引导学生在实践中成长成才。

1. 以勤工助学为平台，绽放自强之花

高校勤工助学是指学生在高校的组织下，利用课余时间，通过自己的劳动取得合法报酬，用于改善学习和生活条件的社会实践活动。随着我国社会、经济和教育的发展，我国高校勤工助学制度也在不断完善、发展。

目前，勤工助学的育人功能越来越受到重视，在大学生培养能力、完善知识、磨炼意志等方面发挥了重要的作用。但是勤工助学作为资助育人的平台，还存在一些问题。首先，很多高校勤工助学资金投入不足，岗位远远不能满足家庭经济困难学生的需要。教育部《高等学校学生勤工助学管理办法》中规定的勤工助学最低工资每小时 8 元的标准，在一开始令人羡慕，但是在今天，这个标准已经很难维持一个学生正常的学习生活开销。其次，现阶段的勤工助学岗位大多以体力型、服务型为主，与大学生发展及专业特点密切相关的智力型岗位不多。最后，学生参与勤工助学的积极

性在下降，每小时 8 元的工资标准往往给人“吃大锅饭”的感觉，学生会觉得干好干坏一个样，很难有好好工作的积极性，甚至极少数同学出现耗完工作时间领工资这种极端不负责任的想法。

因此，需要改进勤工助学工作，完善自立自强教育平台。首先，积极争取勤工助学资金来源多样性。一方面希望国家在政策上对勤工助学加大支持，在财政上将投入由国家助学金向勤工助学倾斜；另一方面，吸引社会捐助，鼓励社会捐助优先投资、扶助勤工助学，提供勤工助学岗位，或直接发放勤工助学工资。其次，加强智力型岗位的开发。一方面，加大与学生的学业就业紧密相关企业的勤工助学岗位开发，将实习拓展为勤工助学，学校和企业共同承担学生劳动报酬，以增加学生实践的机会，实现学生和企业的“双赢”；另一方面，在积极扩展校外勤工助学岗位的同时，需要加强监督和管理。学生的安全和利益应该放在首要的位置，因此，学校要成立勤工助学学生权益保护部门，保护学生正当权益。最后，合理调整勤工助学内部管理制度。第一，提高学生的主人翁意识。学校负责审批、指导和联系供货，将经营项目的主导权还给学生，强化学生的自主经营意识。第二，在保证工资不低于每小时 8 元的基础上，设立一定的绩效工资，与日常工作的表现、经营情况、服务质量等因素挂钩，打破“大锅饭”格局，启动竞争机制。可以定期举办以勤工助学资源为基础，面向所有勤工助学同学的创业大赛，好的创业点子由学校资助中心协助创业同学进行项目实施，让全体参与勤工助学的同学都能认识到，自己就是勤工助学的主人。

2．以社团建设为平台，培育自强文化

学生社团是高校校园文化建设的重要组成部分，学生社团通过开展各种活动丰富和发展校园文化。学生通过参加社团，能锻炼自己各方面的能力，是学生在校期间必不可少的校园生活之一。组建以家庭经济困难学生为主要成员的社团，鼓励家庭背景、成长经历相似的学生加入社团，给他们搭建沟通交流的平台，为他们提供了实现自我价值的路径。有助于改善他们的性格、提升他们的能力、满足他们成长的需要、调整失衡心理。

高校还要以让家庭经济困难学生获得充分锻炼为指导思想，开展多样的实践活动。例如，东北师范大学创办了“勤工助学服务中心”“爱心使者团”“贷款服务团”等社团，这些社团的成员都是家庭经济困难学生，他们在社团中参与社团的日常工作，锻炼了他们的实践能力；通过举办一些座谈会，让他们尽快融入群体，为他们创造当众表达的机会，帮助他们克服

自卑的心理，提高他们的语言表达能力和沟通交流能力；有的高校针对家庭经济困难学生设立教育实践项目，请家庭经济困难学生作为立项负责人，并给予经费支持，培养学生的研究能力。

（四）通过有偿资助以奉献精神鼓舞学生

给予家庭经济困难学生经济资助是党和国家应尽的职责，同时，资助对象也应学会承担社会责任，履行社会义务。因此，高校在开展资助工作的同时要加强感恩教育，教育广大受助学生要有感激之情、感恩之心和社会责任感，不忘回报老师和学校的教育之恩，不忘回报党委政府和社会的帮助之情，不忘承担国家建设之责。

1. 资助方式从无偿到有偿

目前，我国高校实行的奖、贷、助、补、减的高校资助体系，实际上是一种免费的助学模式，不需要受资助学生承担任何义务，即无偿性的资助。这种无偿的资助方式是最直接的、最有助于解决家庭经济困难学生在校期间经济方面问题的方式。近年来，随着资助标准的提高、资助金额的提高、资助项目的增多，长期的无偿资助容易让家庭经济困难学生产生“等、靠、要”的依赖心理，而对自己应该如何应对经济困难想得少，做得更少。因此，需要转变传统的无偿资助方式，逐步增加有偿资助。如何实行有偿资助是在实践中需要解决的问题。

近年来，一些高校学生资助管理中心逐步实行有偿资助，即资助对象在每一个资助周期（一学年）内需要参加一定时间的志愿服务、义务劳动等公益活动，只有在本学年内完成公益活动的任务才能继续参加下一年的资助对象评审，申请资助项目。这种方式在一定程度上鼓励学生积极参加公益活动，提高了学生的服务意识和社会责任感，并逐步内化，形成自己的行为方式。那么，要实行将公益服务时间纳入认定标准的做法需要做好以下几方面的工作。首先，明确标准。高校需要制定科学、详细的工作方案，哪些活动算作公益活动？公益服务时间的具体要求是什么？如何对学生参与公益活动进行考核？这些都需要有明确的标准。其次，考核评估。在方案制定完毕之后，受助学生需要执行，谁去监督？谁去考核？如果学生考核结果不达标怎么办？这些问题都需要各高校结合自己的实际情况建立相应的监督管理机制，这样才能达到有偿资助的目的，才能促进学生积极参与公益活动。

2．培养感恩意识，鼓励学生回馈社会

知恩图报是中华民族的传统美德之一，对于家庭经济困难学生来说，感恩是学会做人、成就阳光人生的重要起点。党和国家、社会投入了巨大的人力、物力和财力来资助家庭经济困难学生，让他们能安心学习。但是，有些受助学生将所获资助看作理所当然，感恩缺失，情感淡漠。因此，在资助工作过程中就需要将感恩教育融入其中，培养学生感恩意识，使学生意识到接受大学教育及资助机会的来之不易，最终要实现学生从“受助”到“自助”，最后到“助人”的转变。

首先，以知恩识恩为基础，唤起学生的感恩认知。一方面，各高校可以根据实际情况，开展一系列的感恩教育活动，让感恩意识深入每个大学生的心中。学校可以开设一系列的感恩课程和讲座，让学生明确感恩的含义，理解感恩的意义，才能进一步实施感恩行为。另一方面，高校要树立感恩典型，用身边的人、身边的事教育引导家庭经济困难学生懂得感恩。其次，以实践活动为平台，强化学生的感恩意识。一方面，学校可以组织学生在课余时间到敬老院、孤儿院为老人和孩子们做一些服务类的工作，让受助学生在实践中感受到爱心传递的力量，进而真正领悟感恩的真谛。另一方面，为学生创造感恩的机会，有些学生可能不善于言语表达，可以引导学生通过一张贺卡、一封感谢信、一个电话、一条短信，或利用微信、QQ 等通信方式来表达自己的感恩之情。

第七章　高校“三全育人”联动机制与体系建设

第一节　高校“三全育人”的联动机制

习近平总书记指出：“要坚持把立德树人作为中心环节，把思想政治工作贯穿教育教学全过程，实现全员育人、全程育人、全方位育人，努力开创我国高等教育事业发展新局面。”新时代的教育思想对高等院校思想政治教育提出了新要求，高等职业院校作为高等院校的一种，势必要将思想政治工作融入办学治校、教育教学、人才培养的各个环节，建立制度，落实责任，形成“三全育人”联动机制的思想政治教育格局。

一、“三全育人”的联动机制概述

自 2005 年全国思想政治教育工作大会上提出“三全育人”后，“三全育人”便不断被推向更高的层面，“三全育人”是全员育人、全程育人和全方位育人的简称。在 2017 年 12 月 1 日，教育部《高校思想政治工作质量提升工程实施纲要》发布，将“三全育人”细分成了“十育人”：课程、科研、实践、文化、网络、心理、管理、服务、资助、组织育人。进一步完善了育人体制，深度挖掘了育人要素，强化了实施保障。

全员育人从狭义上讲是指学校内部的教学人员、行政人员以及其他与学生有接触的工作人员协同联动育人，共同构建文化育人、管理育人、资助育人、服务育人等每一个育人环节；从广义上讲是指学校，家庭、社会对学生共同构建起的育人机制。

全程育人狭义上是指学生从入学到毕业整个学习过程中融入育人思想，包括课上、课下和假期等；广义上来说，文化教育的影响是没有时间限制的，因此，对于高校教育来说，教育的开始始于一份有内涵又承载着希望的通知书，而不会有实际的终点，这种影响会长长久久地持续下去。

“全方位育人”主要是指两方面，一是空间上，包括教室、自习室、实验室、寝室以及校园某一角都是育人工作开展的主阵地；二是育人载体，包括网络渠道、奖学金评定、党员培训、社会实践等都是育人的主要手段和途径，以这些空间和载体为基础形成课程、网络、实践、科研等各方面育人。根据学生学习成长规律，将显性育人和隐性育人结合起来，有针对性地展开思想政治教育。

（一）“三全育人”联动机制的内涵

“三全育人”历经了多年的发展，联动、开放、系统的思想政治教育机制已日趋成熟。“三全育人”紧紧围绕“育人”这个核心目标，在时代背景的鲜明映衬下，根据学生阶段性学习特征和心理特征，不断丰富着自身内涵式建设。不断拓展育人队伍、育人空间和育人时间，使这三个维度动态联系起来，起到协调育人的作用，它契合了习近平新时代中国特色社会主义思想对高校思想政治教育的要求，准确把握住了培养综合素质人才的脉搏，是实现教育强国的根本途径。

新时代下的“三全育人”，以系统配合、协调联动的观念开展大学生思想政治教育。青年兴，则国家兴；青年强，则国家强。大学生担任着中华民族伟大复兴的历史使命，教育在这一过程中如同中流砥柱，“三全育人”适应了新形势的需要，整合教育资源，以学生为中心的教育模式提高了人才质量，为实现“两个一百年”的奋斗目标提供了教育支持。

通过前面对“三全育人”的概述，不难看出对“三全育人”的践行能够实现思想政治教育全域化的目标。全员参与到全过程、全方位，为大学生树立正确的思想政治观念，丰富思想政治教育方法方式，使思想政治内容多元地融入传统教学当中，进而降低学生对思想政治教育内容的排斥，提高思想政治教育的实际工作效率。

（二）高校“三全育人”联动机制的提出过程

“三全育人”从改革开放之初的理念兴起到新时代高校思想政治工作的全面展开，从理论的探索到经验交流，再到创新实践，“三全育人”教育理念从未停止发展。

萌芽期：1950 年 8 月 2 日，在北京召开的中国教育工会全国代表一次会议上，提出了“教书育人、管理育人、服务育人”的口号，这与“三全育人”细分的十大育人不谋而合。

探索期：20 世纪 80 年代改革开放初期，随着对外、对内的改革开放不断深化，停滞了 10 年的高考制度恢复，中国又迎来了尊重知识、尊重人才的春天。在 1996 年 10 月，中国教育工会紧跟党的十六届六中全会精神，大力推进教师队伍建设和精神文明建设，在全国开展“树师表形象，创文明校风，为实现跨世纪宏伟目标做贡献”的活动，将“三育人”推向了前所未有的高度和广度。

成长期：1999 年中共中央国务院颁布了《深化教育改革，全面推进素质教育的决定》，指出：“要以培养学生的创新精神和实践能力为重点，努力造就德育、智育、体育、美育等全面发展的社会主义事业接班人和建设者。”教育目标发生了改变，即从应试教育变为素质教育。

发展期：2004 年 8 月 26 日，中共中央国务院颁布了《中共中央国务院关于进一步加强和改进大学生思想政治教育的意见》，明确了大学生思想政治教育的指导思想和基本原则等，同时也明确了思想政治教育的发展方向，至此，全国掀起了“三全育人”的研究热潮。紧接着，2005 年 1 月，全国大学生思想政治教育工作大会指出：“各高校要努力形成党委统一领导，党政群团齐抓共管，全体教职员工全员育人、全方位育人、全过程育人的工作机制”，同时明确了此教育机制是一项涉及方方面面的系统工程，这是党中央第一次在大会上提出“三全育人”的口号。

成熟期：自 2005 年国家层面首次提出“三全育人”理念到 2017 年教育部对“三全育人”的全面解析，再到“三全育人”教育理念已经在各个试点单位相关工作的展开，充分证明了推行高校“三全育人”联动机制的构思和确立，符合国家对高等院校思政政治工作提出的要求。2018 年教育部在《关于开展“三全育人”综合改革试点工作的通知》中进一步指出：三全育人应该以“育人为本，德育为先”为主导思想，将人力资源作为我国社会经济发展的第一资源，从全员、全程、全方位提高学生的思想政治素质。在 2019 年 9 月 27 日，中共中央政治局召开会议审议《新时代爱国主义教育实施纲要》和《中国共产党党校（行政学院）工作条例》，中共中央总书记习近平主持会议并强调：凝聚奋进新时代、实现民族复兴的磅礴伟力，要坚持全员、全过程、全方位育人，在广大青少年中开展深入、持久、生动的爱国主义教育，让爱国主义精神牢牢扎根。

二、高校“三全育人”联动机制的解析

新时代背景下，创新人才培养模式是当前高校所面临的重大课题，经过不断拓展，虽然在培养综合素质人才方面取得了一定成绩，但在理论教学与实践技能的配合关系上，课上与课下的衔接关系上，学校与企业的合作关系上等方面仍然存在较大的创新提升空间。对高校思想政治教育“三

全育人”联动机制进行研究，能够系统地解决这些高校思想政治教育过程中存在的棘手问题。

国家在大力发挥高校专业技术型人才教育作用的同时，也越来越重视学生的综合素质发展，从高校开设本科教学就不难看出这一点。因此，将“三全育人”联动机制与高校教育相结合，从教育的主客体和时空观上全面展开，进而打开高校思想政治教育新局面，为全面培养社会主义合格建设者和可靠接班人量身打造合理教育教学机制，为全面实现“两个一百年”奋斗目标做出应有贡献。

（一）高校“三全育人”联动机制的内涵

从词源学角度阐释“机制”：在社会科学中，机制泛指承认系统中各个元素存在的前提下，各元素相互作用的过程，它是一种具体的运行模式，通常意义上机制的引入都是为了起到更好地协调各个元素之间的作用。“三全育人”是社会科学视域下的正确机制，包括三部分：全员、全程、全方位互相联动，各要素相互独立运作，又协调配合，像一台完整运作的机器。由此，不难得到：高校“三全育人”联动机制是在高校范畴下的各部分之间，既全员、全程、全方位之间相互发挥作用的具体运行方式。全程育人代表的是教育工作中的“时间”作用,全方位育人代表的是教育工作中的“空间”作用，在“时空”中,全员互相配合一起进行思想政治教育。不难看出这个“机制”是动态的，是可以体现出教师和学生的能动作用的，而且它还是一个生生不息的、开放的、拥有反馈功能的系统。

高校“三全育人”联动机制务必坚持以“育人为本，德育为先”的为主导思想，将“立德树人”放在教育办学的首位，始终将此思想贯穿于“三全育人”联动机制运行的全过程，一丝不苟地把思想政治教育的规律和学生特点相结合，育人队伍、育人时间、育人空间三个维度统筹协调，相互配合，彼此衬托，把思想政治教育融入课程、科研、实践、文化、网络、心理、管理、服务、资助、组织育人中，从而实现学生的全面发展。“三全育人”联动机制最终要实现在高校构建起思想政治教育时空观，以“全程育人”为时间维度，以“全方位育人”为空间维度，通过“全员育人”的能动作用将三者合理地链接到一起，构成立体的三维空间。

（二）高校“三全育人”联动机制的特点

高校“三全育人”工作是一项系统工作，是高校思想政治教育的顶层设计，在马克思主义学院、学生工作部、团委、宣传部等各相关机构部门的统一配合下，营造全员、全程、全方位的育人环境。在全员育人方面，既分工协作又责任分明。以学生为中心，坚持“立德树人，德育为先”的指导思想，深度把握教育主体与客体的协调关系，遵循学生成长规律，充分实现教育工作者对学生教育的全员参与。在全程育人方面，既层次分明又相互联结。全程育人强调的是时间上的每一环节的无缝衔接，在充分依据高职学生自身特点的情况下，为不同专业、学科的学生设计分阶段、分环节的针对性教育，把思想政治教育完美融入各个环节。在全方位育人方面，既均衡发展又全面覆盖，全方位育人突出的是空间上的教学设计，目的是为学生的全面发展打牢基础，思想政治教育在这一环节被更大限度地融入学生的德智体美劳各个方面。

将全员育人、全程育人、全方位育人环环相扣，实现高校培养人才的目标，不但需要全员育人，而且还要把全员育人理念、方法、制度贯彻到新生入学到毕业全过程。整个过程要着眼于紧密衔接，自始至终，不留死角地铺开到全方位。高职人才培育突出方面是实践性和创新性，与之相适应的人才培养模式的要求是建立校企合作、工学结合机制，力求建立真实情景的教学环境，增加实践环节，最大限度地让学生将所学理论与实际相结合。全员育人犹如繁星散落在银河中，布满全程和全方位育人的各个方面，全程育人和全方位育人则是时间线和空间线，纵横交错。

三、高校构建“三全育人”联动机制的重要性

党的十八大以来，为响应国家号召和社会发展的需要，国家层面提出了要不断培养技能型人才和高素质劳动者的要求，上行下效，高校随之而来的培养模式改革与“三全育人”联动机制很好地契合，满足了发展的需要，有助于高校加快转型建立高质量人才培养模式，为实现“两个一百年”的奋斗目标提供人才保障和智力支持。

党的十九大更是明确指出：“中华民族伟大复兴的基础工程是建设教育强国……落实立德树人根本任务，发展素质教育，推进教育公平，培养德智体美全面发展的社会主义建设者和接班人。”高校以“三全育人”联动机制为契机，坚持将思想政治教育融入教育教学各个环节，重视人才的全面发展和综合素质的提升，是学校发展的需要和社会进步的需要。在这个信息频繁交互的时代，自媒体铺天盖地，人人都是信息的接收者和生产者，就在这样的背景下成长起来的青少年，复杂的环境让高校学生出现不同程度的政治立场迷失、价值取向扭曲、理想信念模糊等问题。应对新时

代的思想政治育人挑战，全面建立高校“三全育人”联动机制，增强思想政治教育的针对性、感染力已达成普遍共识，树立以学生为中心的教育理念，构建普遍适用的教育机制已迫在眉睫。

（一）明确高校的人才培养目标

随着互联网、自媒体的高速发展，大学生的思想、行为方式等都会日益趋向社会化、多元化，并且具备一定的不稳定性，同时国家和社会对高水平人才在思想上要求越来越高，在多方面因素的影响下，部分大学生的思想政治意识开始跟不上主流意识形态。因此，高校为了突出学生的主体地位，全面推行立德树人总体教育方针，建立“三全育人”联动机制，对于应对复杂的社会形势，树立正确的“三观”，提高大学生综合素质及社会适应能力都有着十分重要的意义。对于高校来说，将学生培养成一流技术人才是强校之路，同时将思想政治道德教育融入教育教学过程中，实现向德技双强的现代化高素质技术人才的转变。

在新时代的召唤下，高校的内涵式发展建设呼之欲出，优质的育人工作被各界所看重，尤其是对思想政治理论课的重视达到了前所未有的高度。以高职自身特点而言，高等职业教育作为高等教育的一个类型，它主要培养专业人才，注重动手能力，强调以就业为导向，更加侧重培养学生适应职业需求、适应岗位要求、适应社会需要的业务能力和具体操作技能。在这种情况下，专业培养尤其被重视，思想政治教育培养的公共课程和素质教育容易被放到次要的位置，极易受到专业和就业情况的影响。尤其是在国家极力倡导产学结合、校企合作和名师挂名企业经历的背景下，德育和思政教师的地位日趋下降，但是站在新时代的潮头，高技术人才具备过硬的政治素质和品德是社会发展的必然选择，就此而言，加强高等职业院校的育人工作显得非常重要。

高校学生还有一个特点就是学生来源多样，身份复杂，所在家庭阶层来源分散，这就导致在中学阶段所受道德素质教育水平明显不同，有的进入高校后能全面发展，成为德才兼备的学生，有的却在高校学习中难以确立崇高而远大的人生目标。可见，根据高校自身发展特点和学生特点，亟须进一步确立符合自身的人才培养方案，花更多的精力在理想信念、爱国主义和品德素质的教育上应被提上日程，紧紧结合自身特点，实现全面办学。

高校教育立身之本是“立德树人”，以学生为中心，培养对祖国发展有用的人才。高校想要进一步做好立德树人工作，必须紧跟时代潮流，不断更新教育理念，为培养综合素质过硬的人才而产生的“三全育人”教育理念是不断深化高校思想政治工作模式的必然选择。致力于发掘高校立德树人新模式、新途径，更好地将学生引导成为国家发展、社会进步所需要的又“红”又“专”、德才兼备的全方面发展人才，所以，高校为此应该把思想政治教育贯穿教育教学全过程中，实现全员、全程、全方位育人，不断地提高育人主体的全员性、育人过程的全程性、育人环境的全方位性。

（二）促进教育合力的最终实现

在目前的一些高校中，仍然存在着各部门衔接不通畅，物力资源和人力资源浪费严重的情况，主要原因在于强有力的协同机制没有建立，因此整合资源、形成教育合力，是当下高校进一步提升教育教学质量的必然选择。例如，在管理部门，制定政策的人员由于较长时间与学生工作脱节，导致在管理育人方面可能就会跟不上时代的要求；抑或者教学部门、服务部门、管理部门等各主要学校机构部门在思想政治工作中采取的标准不同，关注点也不同；更或者思想政治理论课与其他专业课没有实现相辅相成，同向同行的最佳效果；范围扩大一些可以延伸至学校、家庭、社会三个大环节的连贯性不足。以上只是教育合力领域存在问题的冰山一角。所有教育者和管理者都明白，教育合力在提升教学质量方面起着至关重要的作用，可以节省资源，提升效率。但是当前，条块分割、各自为政的现象普遍存在，在这样的背景下，高校建立以学生为中心的“三全育人”联动机制，可以很好地解决上述问题，发挥教育合力的最大作用，从而构建起结构完美匹配的协同运作机制。

高校作为发挥思想政治教育作用的主阵地，对大学生进行马克思主义理论教育和新时代中国特色社会主义理论教育是应有之义，引导学生自觉地将自己的前途命运与中国梦的实现紧紧结合在一起。习近平总书记在学校思想政治理论课教师座谈会上掷地有声地指出：高等院校思想政治教育不是象牙塔，高等院校是意识形态前沿阵地。各部门的协调运作是整个学校良好运作的前提保障，教育合力能否完美彰显，完全得益于各部门的上行下效，当这样一个运作机制建立起来后，学生作为能动因素，活跃在机制当中，可以充分得到思想政治教育滋养的同时，更能获得一种“受教育安全感”。

（三）满足高校对学生价值观引领的需要

高校学生队伍需要有正确价值观和培养方式的引领。健全“三全育人”联动机制，是高校对学生价值观引领的重要举措，通过加强对大学生的理想信念教育，传播马克思主义理论，坚定马克思主义信仰，为共产主义事业奋斗终身；加强对大学生的爱国主义教育，弘扬和培育中华民族精神，让中国特色社会主义事业后继有人；加强对大学生的社会主义核心价值观教育，核心价值观是一种大德，是国家的德、社会的德、公民个人的德，要坚持不懈地在广大师生中学习实践，使社会主义核心价值观深入人心。“三全育人”联动机制可以很好地保证这些思想在学生学习和生活中的传播，充分调动在校大学生学习的积极性，从入学起到毕业的各个教学环节全面培养学生德智体美劳的发展，确保数以万计的高素质、精技术的人才顺利地进入社会，为祖国的伟大复兴和“两个一百年”目标的实现贡献自己的力量。新时代的高校发展应该更为重视思想政治教育和师资队伍本身的政治觉悟的提高，思想政治教师应是爱国之师、博学之师、明道之师，具备辩证思维、高尚人格、政治眼光、有家国情怀、有自律意识，在每一位学生心里埋下真善美的种子，扣好青少年人生的第一粒扣子，为当代大学生树立正确的世界观、人生观、价值观。在20世纪末，各高校的发展模式大多是广招生、多建房，对于思想引领和价值观培育不够重视，伴随着近些年国家层面的重视和新要求的不断提出，高校开始重视内涵式建设，“三全育人”联动机制的提出为高校的思想政治教育打开了新局面，为高校育人提供了方法论基础：全员参与，形成共识；全程引导，综合提升；全方推进，高效有序。

引导学生自觉地将自己的前途命运与中国梦的实现紧紧结合在一起。其中思想政治理论课在这一环节起着不可替代的作用，作为在我国特色社会主义理论指导下开设的高校公共必修课，不但体现了中国共产党的执政理念和指导思想在高校的传播与贯彻方式，更是当代大学生树立正确的思想导向和价值观念主要渠道。思想政治理论课是落实立德树人根本任务的主要课程，在思想政治理论课教学中，同样也是以育人为中心，以学生全面发展为目标，“三全育人”联动机制是在遵循思想政治理论课发展内涵的同时，坚持将思想政治教育深度融入学生学习的课前、课中、课后各个环节，不但实现了习近平总书记主张的将党的创新理论成果贯穿整个思想政治理论课的全过程，还会在全方位育人方面提升教学质量，产出更多的教学和科研成果。

第二节 高校“三全育人”联动机制存在的问题

“三全育人”联动机制对于高校的整体发展和提高学生思想政治教育水平而言有着重要作用，之于社会层面，更是人才持续输出的长久大计。

在中国共产党第十九次全国代表大会上，立德树人、提高素质教育水平、培养德智体美劳全面发展的社会主义建设者和接班人被明确提出后，各地方院校纷纷将“三全育人”理念引入办学治学当中。对于高校，以培养高技术型人才为目标，但在大形势前，思想政治教育程度成为技术型人才走向社会、适应社会的重要衡量标准，只有将“三全育人”联动机制构建得完整，层层深入具体环节，对于学生的针对性思想政治教育才能卓有成效。本节力图找出高校构建“三全育人”联动机制的过程中存在的问题，分析其成因所在。

一、高校“三全育人”联动机制存在的问题

高校思想政治教育要落实好“三全育人”理念，查找“三全育人”理念在高校贯彻过程中存在的问题是关键。问题找到了，才能对症下药，找到解决问题的对策与措施，进而建立起完善的“三全育人”联动机制。对于这些不足的原因是值得分析的，为之后深入研究高校“三全育人”联动机制有着基础性作用。通过对高校“三全育人”联动机制实践情况的研究和分析，可以清晰地认识到当前高校在建立“三全育人”联动机制时存在的几点不足。

（一）协同促进不到位

高校“三全育人”联动机制协同促进不到位，未建立起有效的分工协作的育人团队。历史遗留原因，高校的思想政治教育还是有大部分人认为应该是辅导员、思想政治教育教师和相关干部的事，与后勤人员、保洁人员、行政管理人员无关，这种观点是片面的、不彻底的。对于高校存在的重智育轻德育、重理论知识传授轻思想育人的情况，主要表现在行政服务人员和教辅人员对自己的言行约束力不够，给学生种下不良的印象，让思想政治教育产生负面影响；专业课教师唯成绩论，想尽办法让学生提高成绩，却忘记了素质教育的意义和综合全面发展的国家要求，固有的教书即是育人的想法仍然在他们心中存在。

家庭教育在思想政治教育中的缺失较为严重。在学生上大学之前，父母几乎对孩子形影不离，但是在上了大学以后，学生突然像没有绳子的风筝，放飞自我，家长和孩子的联系只能依靠网络，慢慢融入大学的学生开始有了自己的圈子，与父母的联系越来越少，家长变得心有余而力不足，想对孩子在思想和行为上产生更多约束力已经无法实现，孩子们也慢慢地

只将父母看作 “遥控取款机”。还存在一种更加特殊的情况，在升入大学以前，一些农村家庭的孩子，由于父母常年在外打工，为生计而忙碌，孩子生活在爷爷奶奶祖辈身边，对其及其溺爱，上了大学后，父母对孩子的管控会更加的失控，当辅导员针对孩子上大学的情况进行沟通时，父母往往以不清楚为由进行答复。不论是哪种情况都会导致家庭教育在大学生思想政治教育中的缺失。

社会对大学生的价值观正面引导不够。大学生的主要生活场所无疑是校园，但是当下的互联网让大学生和社会几乎处于无缝衔接的信息交换状态，另一方面是高等学校的校园是开放自由的，学生和社会人员可以随意进出，这就直接使得大学校园成了社会的一部分。不论是信息的交换还是现实中的生活交流，不可否认的是大学生正在影响着社会，社会也反过来影响着大学生。就目前所看到的现象，社会对大学生的积极引导还不够，大学生价值观的确立未达到国家预期的效果。如老人倒了扶不扶等尖锐问题本应该有着统一答案的，却在社会舆论的作用下产生了分歧。教师将思想引领到一定的高度，当学生在社会中践行这些课堂上学来的价值观时，却未得到教师所讲诉的结果，这一定程度会让学生产生心理落差。

（二）运行效果不理想

高校“三全育人”联动机制运行效果不理想。一方面，思想政治理论课作为“三全育人”联动机制中的重要教育环节，课程内容和课堂形式上都存在一定的缺陷。从思想政治理论课内容上看，其内容缺乏针对性和层次性，空中楼阁感较强，过于抽象，缺乏鲜活的、切合现实的具体案例，这让学生从理论到实践的过程中感到绝望。从思想政治理论课的形式和教学方法上看，高校思想政治理论课的教学方法相对单一，大多数是对着 PPT 机械式地读提前写好的内容，把要讲解的内容一股子全灌输给学生，缺少课堂感染力，无法建立起有效的互动环节，缺少理论和实践的衔接。思想政治教育不但是要内化于心，更要外化于行，才能达到知行统一的效果。

另一方面，对学生的行政管理方面也存在一定的提升空间。在高校，还存在着高中生向大学生角色转变不顺畅的困难，从社会学角度分析，可以说这一次转变是比较大的，容易因各种因素导致实际教育效果不如预期；高校假期间的思想政治教育相对缺失，虽然部分学校会在假期安排一些实习，但是深度和覆盖面都不够；毕业季对学生的思想政治教育相对薄弱，毕业季是学生和辅导员都很忙的时段，档案派送、就业率、考研率等都让所有人繁忙无比，便会忽略思想政治教育在这一时间段的重要性。这些都是高校部门与部门之间、教师与学生之间、管理人员与学生之间等不协调所导致的。

（三）保障体系不健全

目前高校“三全育人”联动机制的保障体系不够健全，学校各层面都是在提出政策，对政策的落实和后续反馈往往缺少跟踪，这都是保障体系不健全的表现，这也直接导致“三全育人”工作形式化现象严重。具体的，教师或者行政人员是否根据上级工作指示开展教学和育人工作、后期跟踪工作开展得如何等，相关管理部门并没有设立专门的督查部门或人员进行复检。“三全育人”工作的开展也是如此，各部门独立设定规则，各自为政。一方面，高校想进一步落实“三全育人”联动机制，就必须使监督机制成为常态，高校在学校层面制定工作方针时就应该制定与之匹配的监督机制，实行定期和不定期分时段、分阶段的检查和指导；另一方面，应该注重完善高校“三全育人”机制运行的考评、奖惩制度，当前对“什么是好的三全育人”无法直接给出结论，只是看学生获得了什么大奖、得了什么级别的荣誉，显然过于粗糙。对教育工作者在“三全育人”工作中的考评经常是自己写总结，罗列自己做出了什么成绩，这显然是隔靴搔痒，这最终只是会导致“干多干少一个样，干好干坏一张纸”。因此，更加高效、严苛的考核激励制度亟须引入，高校应该充分调动各部门积极参与考评，让教职工“互评+自评”，以互评为主，不只是同事间，要将学生评价放到重要地位。同时将考评结果和岗位评职称相结合，打破以往既定的“铁饭碗”的传统思想，优秀的应给予奖励，不合格的自然应该给予处罚，进而提升教职工工作的积极性和主动性。完善的保障机制是构建高校“三全育人”联动机制长效的重要保障，这个保障体系之于高校“三全育人”联动机制应是既内化其里又凌驾其上的机制，既能实现各个环节的保障作用，又能起到统摄的作用。只有认识和解决了监督机制的问题，高校“三全育人”联动机制流于形式的问题才能迎刃而解。

二、高校构建“三全育人”联动机制既存问题的成因

系统地分析问题的原因是让问题清晰的必要手段，也是提出合理解决方案必然的选择。针对当前高校构建“三全育人”联动机制过程中存在的三个方面问题，分别从全员、全方位、全程育人三个角度进行独立解析，力求彻底澄清问题的原因，进而有条理地展开对策研究。

（一）高校全员育人的重视程度不够

就目前的情况来说，不论学生还是教师，对于“三全育人”理念都存在着认知度不够的问题，主要的原因就是不够重视。一项工作要开展的顺利，首先要有一个好的理念或者指导思想，“三全育人”无疑就是，具备了这个条件后，想让工作顺利推进下去，要做的就是让所有工作体系里的人都知道并清晰掌握这个理念。显然，目前“三全育人”育人理念并没有实现最开始应该具备的条件，何谈推进？不得不承认，在国家层面大力推进“三全育人”的前提下，各高校已经在全面布局此项工作了，但是显然力度不够，效果不佳。

全员育人是构建“三全育人”联动机制的重点，教师、行政管理人员、辅导员等人员共同构成了“全员”。前面提到，学生对于“三全育人”联动机制认知度不够和教师本身有待提高认知的问题，最主要的原因是各类教育人员未完全投入思想政治教育。之于教师，在课堂上只强调专业知识的重要性，未将思想政治教育融入课堂育人中；之于行政管理人员，在管理工作开展过程中，只强调工作的实效性，忽视了制定工作制度和工作安排时学生应该是其中最主要的受教育对象，管理育人效果被掩盖；之于辅导员，作为学生日常生活的管理者和学生的人生健康成长的领路人，在工作中缺乏“管理育人”“组织育人”的意识，直接导致学生对“三全育人”联动机制认知缺乏，辅导员作为学生日常接触最多的教师，应该是“三全育人”教育和宣传的主要力量。

作为教育主体的学生无法与教育人员很好地配合，进而导致教师的育人计划无法展开。在思想道德修养与法律基础、毛泽东思想概论、马克思主义基本原理等公共课上，当代学生不但不会配合教师讲课，更在心里不把这类公共课当作一门必修课。当学生抱有这样态度去对待一门课程时，教师的教育任务是不可能完成的，更不可能实现“三全育人”的全面普及和宣传。再者，在大学生中存在的崇拜西方文化，对西方节日狂热，只要是西方的节日，必须要庆祝一下，为的是虚荣心和时尚。例如，圣诞节、万圣节、情人节等，无不是当前大学生聚会游玩的由头。这种情况下，高校本身的思想政治教育和意识形态教育就变得黯然无光，因为受众群体都把心思放到了感兴趣的外国文化身上。

总之，在学生和教职工当中对“三全育人”教育理念重视程度不够已成事实，这导致了各方面问题，既涉及学生自身，也涉及教师自身，还涉及体制自身。

（二）高校全方位育人机制未深度落实

在育人过程中，课堂、家庭、社会等教育的缺失，实则是“三全育人”联动机制中的全方位育人工作机制没有深度落实，全方位育人代表着“三全育人”体系坐标中的空间坐标，标志着各要素的活动范围，学校、家庭、社会以及其他教育场所构成了“全方位”，在学校、家庭、社会中呈现出来的问题可以从以下两个方面分析：

从教育环境的开放程度分析，依据空间的封闭与否，可将教育环境分为封闭式空间（现实育人中的课堂教学）和开放式空间（虚拟网络上的教育）。二者对应传统的课堂育人和新型的新媒体育人，作为传统的育人工作主阵地的课堂，在新时代被以虚拟网络为载体的新媒体教育所取代，这让传统的课堂育人中自上而下的“填鸭式”教育无所适从。传统教育中，教育者会借助课堂形式将受教育者牢牢拴在课堂上，形成强制力，进而忽视了受教育者内心真正的感受和诉求。而开放包容的虚拟网络平台上的教育，一定程度上让受教育者有了选择教育资源的自主性，摆脱了物理空间上的限制，逐渐让教育者在这种看不见、摸不到的环境中丧失了强制约束力，当这种优势不复存在，优质的教育资源更能赢得受教育者的关注度和认可度，进而引入类似商业竞争的“教育竞争”，让更优质的教育资源被更多的受教育者认可，便会直接影响到整个社会，乃至国家的育人发展方向。其实不论是现实环境还是虚拟网络环境教学，应该并重，不能轻视任何一种教育教学形式。例如，新冠肺炎疫情暴发，全国的学生都按照教育部统一要求在家上网课，这种所有科目都上网课是有史以来第一次，就连体育也不例外，这让很多老师无所适从，不知道如何提升自身存在感、不知道如何互动等问题都暴露出平时教学形式的单一性。优化现在僵化的“填鸭式”教育，完善网络教育的教育模式，让学生“全方位”感受到学校在各方面都积极努力提高思想政治教育，强化各个主阵地的堡垒是“三全育人”联动机制中全方位育人的必然要求。

从教育内容和形式的相互关系看，是一种形式和内容的不对称，这种不对称导致教育内容逃离教育形式，“内容至上”的教育思想正在不断被更正。在传统的教育思想中，“内容”作为信息传递的核心要素，不论以何种载体承载，只要是正确的知识都是好“内容”，在理论知识传递中理所当然地被摆在了最为首要的位置，而作为信息载体的“形式”只是承载知识的工具，具体是什么并不重要。但是，时代的发展，颠覆了这个传统思想，信息高度饱和、高速传递的社会中，信息内容的辨别难度、检索难度、同质倾向愈发严重，若不能第一时间抢占有效的摄取信息的平台，并将有用的信息精准地传递给目标受众，就算是再有益的信息也只能被束之高阁，淹没在茫茫的信息之海中。不能认为是信息内容不重要，但是可以肯定的是“内容决定一切”的时代过去了，形式先导与内容提升的同步推进才是未来发展的方向。进而决定了作为教职人员应该以不同的形式来体现教学内容，形式的不同也就决定了教育场合应不仅仅局限于课堂，家庭、社区、社会等都应该成为思想政治教育和意识形态教育的主阵地。

（三）高校全程育人机制设置上的局限性

全程育人工作机制的局限性直接导致教育过程中各环节衔接出现问题，进而导致保障机制难落实。全程育人如之前阐述，要求高校全体教育工作者在学生学习生活的不同阶段开展具有针对性的思想政治教育，力求做到覆盖学生入学到毕业的全面思想政治教育。刚进入大学校园的一年级学生，多数刚离开父母的身边，初次尝试独立生活，这时学校开展的适应性教育就有的放矢，引导学生积极正确地开展寝室生活、班级生活和处理与辅导员以及老师的关系，使其更快地融入大学生活。对于已经基本适应了大学生活的二、三年级学生，这一阶段应该着重开展“理想信念”教育，助推学生的成长成才，增强学生的使命担当，鼓励他们成为社会需要的人才。进入毕业年级的学生，即将步入社会走向自己的工作岗位，高校积极开展“职业道德”教育，激发学生报效祖国，到祖国需要的地方建功立业，增强社会服务意识。这是思想政治教育应该具有的“教育意识”，从课上到课下，从理论到实践，让整个育人工作贯穿始终。

实际上，由于学校体制、教职人员、各部门衔接问题等的局限性，导致要想在“全程育人”所有过程中都实现完美契合变得非常困难。例如，现在各高校在学生处于大一阶段时，会大量开展入学教育，这无疑是正确的，但是在步入大二、大三后，学生们普遍会感受到一种脱节感，从大一忙碌的社团活动、学习生活、学院工作等直接转变为一般的、只能学习的学生了，因为有了新的大一学生，全院上下的人力和物力都会投入到新一轮大一教育当中，“冷落”了这些学生。这只是全程育人断档的一个方面，前面提到的高中到大学角色转变教育、课上教育与课下教育的衔接、校内教育与假期教育的衔接等，这些都是全程育人工作机制不完善所产生的问题，教育应该是一个环环相扣，又在各个环节具备特色的持续育人过程，而不应该是孤立的、机械的单元。正确的发展方向应该在每一过程当中突出重点教育，比如在大一加强适应性教育、在大二、大三开展学业和职业生涯规划教育、在大四强调就业观的思想政治教育。这个过程一定不是平铺直叙的，要有侧重点。全程育人犹如一根线，将“全员”联结到“全方位”当中，进而实现“三全育人”。而这些侧重点就应该是保障机制要重点突出的，建立健全完备的保障机制对于“三全育人”联动机制来说有较大难度，实现全程的保障需要投入大量的人力和物质资源。

高校“三全育人”联动机制要构建的是思想政治教育的时空观，结合高校学生发展特点和未来就业方向，建立全时间、全空间维度下全员参与的教育机制。这是一个复杂的综合机制，涉及学生活动的各个方面，包括校内和校外、课上和课下以及线上和线下等，也只有这样的机制才能培养出符合社会需要的高素质技术人才，打造过硬的思想政治立场，为实现“两个一百年”目标而努力奋斗。思想政治教育人员不单单是思政教师，还包括行政人员、服务人员、家庭成员以及其他所有和受教育者有接触的人员，全体育人者在这个机制中完成好自己的任务，扮演好自己的角色，传授好符合主流价值观的理想信念。也正是由于“全员”的参与，才让这个机制不再是片面的、静止的、孤立的，而是能动的、符合事物发展规律的。

第三节　高校“三全育人”联动机制的有效策略

一、立体构建高校“三全育人”联动机制

“三全育人”联动机制最终要实现在高校构建起思想政治教育时空观，以全程育人为时间维度，以全方位育人为空间维度，通过全员育人的能动作用将三者合理地链接到一起，构成立体的三维空间。从这个角度观察这个机制，对高校思想政治教育人员的要求就更高了，因为“全员”要适时、适合地将“全程”与“全方位”统一，这是一个复杂而具有综合性的大工程，要想学生形成良好的思想品质和政治立场，就要让学生和教育人员通过思想政治教育紧紧连接在一起，在学生学习、生活、娱乐各个方面贯穿思想政治教育，在教师的教学内容、教学方式和日常行为方面深入细致地展开思想政治教育。

（一）以全员育人实现全程育人

全程育人犹如一条时间线，全员育人犹如线上的点，点可以动成线，

亦可丰富线的宽度和广度。高校的全程育人是在时间上对高职学生进行全天候思想政治教育，全程育人在时间发生频次上可以分为常规的育人和特定时间的育人。常规的育人是思想政治教育可以持续展开的基础，包括思想政治理论课的日常思想政治教育、辅导员日常谈心谈话、专业课思想引领、团课党课等；特定时间的育人是思想政治教育入心入脑的关键，主要包括入学教育、择业就业教育、假期安全教育、毕业生价值观教育等。不论是常规教育还是特定时间的教育，全部教育人员都应该各司其职地完成教书育人任务，实现每一个点在线上的能动作用，充分发挥好育人职责。如同《中共中央关于进一步加强大学生思想政治教育意见》指出，“高等学校各门课程都具有育人功能，所有教师都负有育人职责。广大教师要以高度负责的态度，率先垂范、言传身教，以良好的思想、道德、品质和人格给大学生潜移默化的影响”。

只有全员育人与全程育人完美匹配，才能产生良好的化学反应，让全程不至于只是空白的时间，让全员也有的放矢，二者的相得益彰是高校“三全育人”联动机制可以顺利展开的必要环节，也是构成全方位育人的前提条件。

（二）以全程育人构建全方位育人

全方位育人是空间上的育人，全程育人是时间上的育人，脱离时间而存在的空间是不可能的。育人也是如此，在各个方面做好全程育人，以每一层面的全程育人构建起立体的全方位育人。哲学上的时间是无尽永前的，空间是无界永在的，对于高职教育，如果可以达到如此的高度，那么中国的高职教育未来可期，这也是高校构建“三全育人”联动机制的最终目标。

全方位育人包含高职教育所能涉及的各个方面，如入学教育、毕业教育、理想信念教育、假期安全教育、就业择业教育等，全程育人要实现的是在这么多方面均做到全过程育人，不是浅尝辄止，更不能半途而废。要想真正实现以全程育人构建全方位育人，要有完整的机制保障，自上而下，细致安排，将每一方面的育人在特定时间展开，并时刻以思想政治理论课为主阵地，根据大学四年不同阶段制定侧重点不同的育人举措，切实落实好不同方面的不同制度，让学生真切感受到高校“三全育人”工作的全方位和长效性。

（三）以全方位育人明确全员育人定位

前面已经提到所有育人工作者就像散落在全程和全方位上面的点，要利用全方位育人的构建来实现对全部育人工作者的定位，这一点在高校“三全育人”工作中显得十分重要。在这个机制中，假定每一位教育人员都是能力优越的，那在实际工作中，要想最大限度发挥其能量，人尽其才，将其放置到最有效率的地方，就需要一个完善的育人体系，而这个体系从平面看就是全程育人，全方位育人就如同用这个体系搭建成为了一个空间，看似是框架限定了全员的岗位，实则是空间明确了育人岗位，同时也明确了育人责任。

完成好全员育人任务，要建立完善的育人网络体系。加强班主任和辅导员的队伍建设，按照教育部颁发的第 43 号令《普通高等学校辅导员队伍建设规定》，一是高等院校辅导员与学生配比应满足 1：200，在满足足额配比的前提下，要以专业为单位选拔班主任，完成学生的学业辅导。二是要在所有行政和后勤人员中展开服务于人培训，在各个岗位上用良好的职业道德素养感染学生的成长。三是建立以育人为中心的教书体系，不能只是单纯地灌输教材内容，读课前做好的 PPT，而应注重理论的实践性，将思想价值引领放在首位。

让以上育人工作得以稳定运行的保障就是依托全方位育人机制，构建立体空间，充分发挥育人工作者积极能动作用，让他们在自己的岗位上实现育人实际效果最大化。

二、改善高校“三全育人”联动机制运行方式

高校“三全育人”联动机制的完善应从全员、全程、全方位各要素的各个方面进行全面构建，旨在达到无死角的三维立体全覆盖，为高校“三全育人”联动机制未深度落实提供解决方法。

（一）构建高校全员育人机制

全员育人作为高校“三全育人”联动机制中的重要层面，应从两个方面建立联动机制，一是学校层面要建立各职能部门、教辅部门以及党政部门所有员工共同配合的齐抓共管的教育机制；二是校外层面要建立家庭、学校、社会的联动机制，全面做好各个层面的教育工作，真正实现齐抓共管。

作为专任教师，教书自然是课堂的主题，但是育人应该被高度重视。现在的高等院校的任课教师偏重于课本上知识内容的传授，注重期末成绩的高低，忽视了教书最终的目的就是育人，开展学生德智体美全面发展的教育才是教育长久发展、社会繁荣昌盛的基础。不论任何一门课程的讲授，

教师在课堂上都应该重视言传身教和帮助学生树立正确且远大的理想信念，这不应该仅是思想政治教育课和马克思主义理论课的任务。对学生应该做到有教无类，而教师本身在思想政治教育方面更应该做到以身作则，对学生进行思想政治教育应该成为专业课的一部分，不应看作压力而予以逃避。教书和育人是所有教师的职责，针对部分教师对德育工作不够重视的现状，高校应该进一步加强对广大专业课教师的思想价值引领和教育方式的考核、管理、引导，明确以“立德树人”为核心的育人策略，不断发挥专业课教师在思想政治教育中的生力军作用，填充高校“三全育人”联动机制的全员育人层面的功能缺失，这也是提升教师自身素质的有效途径。加强专任教师队伍思想政治工作水平的切入点，学高为师，身正为范，高校教师拥有博学的理论知识储备是必要的，但是思想红专、品行端正更能影响学生的未来发展。

教辅人员一般是指从事行政教务、后勤总务工作的人员，行政教务工作包括学生课时安排、编班、学籍管理、档案管理、图书馆和实验室管理等，后勤总务工作是学校全面发展的保障，也直接为教学任务的顺利完成提供了物质保障。学校是一个有机的整体，教辅人员在学校环境中和各个层面相互联结、互相支撑，可以明确的是教辅人员作为学校建设的参与者、学校荣誉的维护者、学生成长成才的保障者，在全员育人中起到不可或缺的作用。教辅人员在校园中的一言一行都可能直接影响学生的身心健康和职业就业观，比如一名高职学生在校园中看到一名打扫卫生的阿姨在搀扶一位摔倒的老人和看到一名打扫卫生的阿姨在肆无忌惮地收同学在教师里没有喝完的水瓶，在这个学生心中形成的印象一定是不同的，抑或作为一名保卫人员，暴力地维持学校秩序和文明维护学校秩序，在学生眼中留下的职业印象完全不同。虽然教辅人员不能像思想政治教师那样直接对学生理想信念、道德纪律进行教授，但是不可否认身教不亚于言传。行为良好的教辅人员无疑会给校园的整体环境带来质的变化的同时，让学生学习到他们身上的优点。因此，教辅人员作为高校“三全育人”联动机制中全员育人的重要组成部分，是对学生进行育人教育的重要环节。

充分发挥好学校和家庭共同育人作用，依托高校“三全育人”联动机制建立起学校与家庭的联络和信息共享机制。不可否认的是，当前一代的大学生的原生家庭由于计划生育，导致家长过分溺爱孩子，这会致使这一代学生独立成熟较晚，因此，学校和家庭的协同教育就显得尤为必要。由于时空的限制，家庭和学校一般都离得较远，全国的生源来到一所学校，让家长和学校的沟通不再便利，此时应该建立及时有效的沟通方式，如建立微信、QQ群等方式，从学生入学时就将所有学生家长拉到一个大群中，方便家长遇到问题随时和辅导员、任课教师沟通，提升家长在教学中的参与感，同时，当辅导员、任课教师遇到突发情况时，也可以第一时间联系到家长。并且学校或者学院应该建立微信公众号，及时将学生活动状态发布在平台上，有利于让家长肯定学校工作的同时，也促进全员育人工作的效率，利用信息手段高效快速地联结学校和家庭。也可以通过电话和面对面的谈话交流，这种手段虽然有时间、空间的局限性，但是可以让教育工作者和学生家庭成员更加深入了解学校和学生的状态。同时还可以通过一些组织形式提升家长和学校的交流，比如建立家长委员会，委员会可以将普遍问题集中后统一向学校反映，这样更容易得到学校的重视。也可以定期定时向全体学生家长实行开放日制度，可以定在学期初，家长送学生上学的时候，学校组织辅导员或者专任教师集中解答家长问题等。不论是传统的沟通方式还是信息化的现代沟通方式，最终的目的都是实现学校和家庭的共同育人。

高校“三全育人”联动机制中的全员育人应将学生自身放入全员中。教育可以分为“他育”和“自育”，思想政治教育同样是这样，而且从“他育”到“自育”是一个升华。因此，让学生主动进行自我教育，让自己成为自己的“老师”。作为年满十八周岁的大学生，应该树立其正确的理想信念，进而形成自我管理、自我教育、自我发展的积极性，将其融入自身学习和生涯规划当中。学校应该借助党团组织和各类学生组织、班委会等平台，积极调动学生学习和生活的乐趣，引导学生开展各类有特色的工作，让他们内发地产生学习认同感，主动规划自己的未来发展方向。尤其应该大力发展党团组织工作在学生组织中的地位，从优秀党员、团员中选拔高素质的学生参与到各类团体组织中，不但有利于组织的整体发展，起到标杆模范作用，更有利于思想政治教育相关工作的开展。

（二）完善高校全程育人机制

全程育人作为高校“三全育人”联动机制中时间上的构建，在时间上构成各个方面的全程育人，是进一步加强和完善高校“三全育人”联动机制的关键，但是全程育人需要更多的教育人员花更多的时间去构建，因此，应该突出重要时间节点的教育，使得最终的教育效果事半功倍，提升教育人员的育人获得感和幸福感。从时间轴上看，高校的学生从入学到毕业共分为以下几个重要时间节点，应分别给予高度重视。

1．促进高中生到大学生的转变

刚步入大学校园的高中生，对于大城市、大校园以及新的伙伴都充满了兴趣，这迫使他们尽快融入高等学校的生活中。因此，作为教职人员，在这一时期对学生的思想引领和世界观、人生观、价值观的确立就显得十分必要了。这个时间节点利用好，对于学生的整个学习阶段都会起到保障的作用。当前很多刚入校的学生，迷恋网游、迷恋男女关系、迷恋错误的人际交往、迷恋奢侈品等，造成了他们不能全身心地投入到学习当中。作为教职人员应该积极开展入学教育，引导学生认识高等学校的环境，明确自身定位。另外，刚入大学校园的学生，脱离了父母的束缚，没有了高中班主任的24小时盯梢,认为自己便自由了,可以做任何自己想做的事情了。实则在这样的心理和特殊的时期作用下，学生是十分容易自我放纵的，因此，在加强约束的同时，应该从思想上纠正学生的心理误区，高等学府是自由的，但不是放纵的。对于这一时期的思想引领，是最为关键的。高校除了常规的课上教育和讲座教育外，更应该设立专门的心理组委员会去重点关注这一时间学生的状态，了解掌握他们的心理状态和变化，对于个别不适应的学生应该进行一对一谈话，如果所存在现象是普遍现象，应该寻求专项解决方案，让他们尽快适应大学生活，也让他们此刻就感受到高校对学生的思想政治工作十分重视。

2．引导学生做足假期规划

全程育人要兼顾上学期间和假期，在上课期间的各种思想政治教育和管理给学生带来了一种思想上的约束力，使得他们按照教育应该呈现的模样学习和生活，但是当学生进入为期两个月的假期时，难免自我懈怠，先是思想上的放松，然后是行为上的散漫。因此，对于注重实践的高校应该部署适当的教育方式，防止学生自我的放任。在放假前对学生进行安全教育、价值观教育和行为养成教育应作为常规工作，每个假期前都展开；对于高校来说，假期社会实践更适合学校的定位和学生自身发展，因此，应该结合校团委、学生处相关文件展开实践教学。社会实践活动是大学生适应社会能力和检验价值观的实战场地。社会实践活动可以是一些志愿活动，如到周边学校支教、博物馆和纪念馆等地做讲解员。也可以是一些支援活动，如到敬老院、养老院、福利院等救助机构实际帮助老人。还可以是一些以学习为目的的实践活动，如到公司、工厂等提升自身学习和生存能力。相比较来说，社会实践活动就具有更高的主观能动性。大学生社会主义核心价值观自行的形成需要一个长的周期，一般来讲都是先从理论知识的摄取到现实体验，再到理论认知升级的过程。让学生通过社会实践“受教育、增才干、做贡献”，将社会责任感和实践能力的培养与理想信念和社会主义核心价值观的培养紧紧结合，充分发挥社会实践在人才综合培养中的重要作用。假期是重要的教育时间段，高校建立“三全育人”联动机制更应该依据高校自身特色合理利用假期时间，为全程育人做好该时间段的工作。

3．加强就业创业教育

为国家社会培养高素质的技术型人才是高校的使命，就业率也成为高校得以生存的重要生命线。教育部更是明确要求各地各高校要把思想政治教育作为促进就业创业的先导性工作，帮助和引导大学生了解当前就业形势、摆正就业创业心态，纠正唯金钱论的错误观点就显得十分必要了。高校要充分认识到思想政治教育在大学生就业创业中的先导性功能，采用多形式、多途径不断将思想政治教育融入其中。我国正处于经济实力蓬勃发展的阶段，多元文化和价值观让人们的思想和文化呈现多变性和差异性，道德意识和理想信念也都呈现层次性和差异性。伴随着逐年递增的毕业生，大学生就业压力也进一步增大，为了更好地解决相关问题带来的思想波动，应采取有效的思想价值引领帮助学生树立正确的核心价值观。在这一特殊时期，开展全员育人、全方位育人实现全程育人尤为重要。从就业创业教育入手，以立德树人为导向，充分发挥思想政治教育在就业创业中的先导性作用，如果大学生缺乏基本的思想道德素质，走上工作岗位就会失去坚定的理想信念，容易成为社会的不良因素。从国家政策入手做好思想引领工作。近年来，我国相继出台了多个就业创业的帮扶政策，为顺利解决大学生就业创业问题提供了保障。但是，当前学生普遍存在不愿意、不甘心去西部偏远地区或者基层就业，从侧面反映了高校思想政治工作不到位。教育部强调各地高校要落实全国思想政治工作会议精神，把思想政治工作融入高校毕业生就业创业全过程，坚持立德树人，引导毕业生树立科学的就业观和成才观。

4．增加主题教育活动，疏导毕业生不稳定情绪

当代思想政治引领不论任何时间段都应该十分重视学生的心理健康，了解学生心理状况，引导学生走出不稳定情绪。但是对于毕业生来说，毕业生的思想政治教育是全程育人的重要时间节点，进一步加强毕业生思想政治教育，是对整个学生培养过程的总结，也是对学生未来发展的助推，

有利于维护和谐稳定的校园环境，树立良好的校园形象，更有利于毕业生以一个良好的心态走向社会、走向未来的工作岗位。毕业期间，学生忙于毕业论文或毕业设计，不宜向大一、大二那样举办太多的讲座和活动，而应该巧妙地将思想政治教育融入毕业这一学年的各个环节当中。即将毕业的学生经常会出现一些之前未有过的冲动，会去尝试做之前想做但不敢做的事情，寻求所谓的释放。往往由于这一刻的放松，可能会让多年的学业毁于一旦，更有甚者可能失去宝贵的青春。因此，对毕业生的教育，安全和稳定至关重要。

5. 毕业生离校后的就业并不是终点，而是踏上另一段人生旅途的开端

对于就业顺利的学生应该给予一定的生涯规划指导，对于就业困难的应该进行一定的心理疏导。心理疏导可以从谈心谈话开始，逐步走入学生内心，再通过专业的心理干预进行评定和疏导。学校可以通过营造具有学院特色的毕业文化氛围，很多院校都在毕业生中开展以感恩母校和服务社会为主题的教育活动，增强毕业生对母校、教师、同学的感恩怀念之情。一些院校还会发放印有学校校徽、校训的书签、戒指等，还有一些学校专门制作各种类型的微电影和短视频，利用网络平台展现学校文化氛围，让学生毕业多年后仍然对学校生活历历在目。倡导毕业生通过一些重大意义的活动给自己最后的校园生活画上圆满的句号，给低年级的同学树立良好的榜样。在毕业答辩期间，应对负责毕业工作的行政人员进行培训，合理安排毕业流程，妥当办理学生离校手续，让学生毕业离校开心且顺利。并应对学校其他管理人员进行督促，树立服务意识，切实践行服务理念，温暖每一位将要毕业的学生。

（三）打造高校全方位育人机制

全方位育人代表的是“三全育人”联动机制中的空间育人维度，可以说，它是三者中最难构建、最为复杂的。全方位育人有着丰富的内涵，比如教育教学方式方法的多样性、教育教学思想的创新性、教育教学内容的全面性以及教育教学过程的层次性等。高校学生从踏入校园那一刻起，就要求他们在注重技能培训的同时，要用比正常大学生少一年的时间学习专业课，更要兼顾学习思想政治教育，树立坚定的理想信念和远大的政治抱负。而高校在全方位育人层面就是要利用各种有效的教育教学办法实现这一目标，将高校学生培养成“德技双馨”的新时代社会主义接班人。

1．营造良好的思想政治育人环境

需要教育主体、教育载体和教育过程的统筹安排，在空间、时间、方法、内容以及教育者和受教育者等多个范畴下相互配合。在“三全育人”联动机制中，看待问题不再是片面的、静止的、孤立的，而是能动的，可以提前预测局势，着眼全局，把握高职学生群体的特点进行全面设计。重中之重是自上而下的系统设计，其中顶层设计是三方面联动的关键。“顶层设计”是指在习近平总书记新时代思想的指引下，由教育部到教育厅再到高校逐级的路径追寻，严格按照上级部门指示，建设思想政治育人环境，从体制机制角度提升工作格调、优化工作格局，建立以校党委书记、副书记为组长、副组长的思想政治工作领导小组以及其他相应的议事协调组织机构，形成上下级分明、一级监管一级的工作机制，方便与中央和省市教育部门对接，确保消息传达的及时性和有效性。高校“三全育人”联动机制对各方面、各层次的信息传达要求非常高，确保了消息的畅通无阻，各方面才能及时地开展实际工作，上行下效才能得到保障，足见好的“顶层设计”在“三全育人”联动机制中的重要作用。

2．明确各职能部门的底线思维

当前，从党中央到各级教育部门都十分重视意识形态的引领。习近平总书记曾提出中国特色社会主义教育事业应该“培养什么人、怎样培养人、为谁培养人”这个根本问题，这是中国共产党高瞻远瞩的提问，也是严肃的提问，中国特色社会主义教育事业培养出的人才应该是为建设社会主义事业服务的，应该是为了实现中国梦服务的。高校同样要紧跟中央的引领，明确思想政治引领方向，创新方法方式，巩固“底线思维”，将其彻底融入“三全育人”，提高政治站位。“底线思维”也是在这样一个背景下提出的，高校“三全育人”的建设工作，各个育人单位以及教育者都应明确底线思维，将思想政治工作做成有政治意味的工作，在一开始就促使学生树立明确的政治立场。在当前意识形态领域针尖对麦芒的关键时刻和国家间综合实力竞争日趋白热化的大环境下，能否全面做通并做好思想政治教育中的底线思维，直接关系到国家未来人才培养方向，决不能让我国资源培养出来的高素质人才为他国所用，这直接影响社会主义事业的发展后劲。通过以上分析，不难看出开展此项工作所要面临的复杂情况，这将是一场艰难的持久战，最终培养出的学生会成为政治强、情环深、思维新、视野广、纪律严、人格正的新时代青年。高校也终将因为这样一批学生的涌现，达到思想政治教育的新高度。

3. 充分调动各岗位的联动作用

“三全育人”强调多主体、多载体、多场域协调育人，高校“三全育人”联动机制中的全方位育人的构建更加要求高校各层面的联动配合，形成立体无死角的系统。可将“三全育人”细分为十个层面，即课程、科研、文化、实践、心理、网络、管理、资助、服务、组织等层面育人，加强彼此的渗透，把多元的思想政治教育内容（马克思主义理论、理想信念、爱国主义、集体主义等）融入各个层面，加强彼此的渗透，增强不同场域的教育教学外延性。思想政治理论课依然是高校思想政治教育主渠道，在开拓其他场域思想政治教育的同时，主渠道不能丢，依然要紧紧抓牢。在不断丰富思想政治理论课教育方式方法时，结合多媒体技术，再融合以上十个层面育人，进而充分实现全方位育人是未来高校发展的目标。比如在日常学生行为管理育人层面进行思想政治教育的同时，可以将文化育人与其相结合，把中国的传统礼仪文化悉数在日常行为中教授给学生，并把培养结果反馈给文化育人，从而实现文化育人下的实践育人。这种多层次的统筹协调育人有利于提高思想政治教育的实效性，丰富思想政治教育的方法方式，进而打造一个立体的全方位育人体系。

4. 进一步完善和创新思想政治理论课体系，是发挥思想政治教育主阵地作用的必然选择

高校务必紧紧抓牢思想政治工作这条主线，不间断地对学生进行理想信念教育。习近平总书记在全国思想政治理论课教师座谈会上指出了办好思想政治理论课的关键是教师，不断发挥教师的积极性、主动性、创造性的同时，更对思想政治理论课发展的方向给出了指示：推动思想政治理论课改革创新，不断增强思想政治理论课的思想性、理论性和亲和力，并通过八个相统一明确思想政治教育的关键。作为“三全育人”中全方位育人的重要一环，深度发掘思想政治理论课的所有资源，从战略高度构建“大思政”课程体系。如同习近平总书记所言，思想政治理论课的关键是教师。师者，传道授业解惑也，作为给学生埋下真善美种子的教师，具备过硬的专业知识的同时，应注重教学方法和手段，实行分层、分级、分类的针对性教育方式。结合学生的心理需求、生活实践和思想实际，从高职学生就业、生活、人际交往等方面出发，根据不同年级和不同专业，开展专门的思想政治教育，建立有针对性的课程，加强教学管理以及增加专项资金的投入。除此之外，教师应该着重关注课堂以外的学习，将课上的理论与生

活相融合，与实践相融合，贯通课堂、课外、网络等三个主要层面，形成立体教学结构。如借助社会实践的机会，将理论基础和实践内容相结合，把社会主义核心价值观深深地根植于青年一代高职学生的理想深处，教会他们将自己的前途命运与国家命运紧紧结合，提高主人翁的意识，这样，学生们自然而然就会把自身融入社会实践中的各个环节。

三、强化高校“三全育人”联动机制的保障措施

要想确保高校“三全育人”联动机制的实施和运行，卓有成效的保障措施就必不可少。科学合理并符合高校自身发展的保障体系，必然是高校“三全育人”联动机制的一部分，充分发挥督导评价的监督、评促和激励作用。

（一）建立权威性的评审组织

建立行之有效的领导小组，首先要把“谁评”与“评谁”的关键问题解决好。社会主义制度下，党领导一切，中国共产党是社会主义事业建设的绝对领导核心，一切大事都务必有党的指挥，教育作为兴国兴邦的头等大事，坚持我党的领导毋庸置疑。因此，建立一个以党委领导牵头，相关职能部门领导为委员，具有一定名誉的思想政治教育专家任顾问的评审督查委员会，对高校“三全育人”联动机制的实施进行定期的常规检查和不定期的突击检查，形成稳健的运行模式，进而促进高校思想政治工作的完善，最终实现“以评促建”的目标。

“谁评”的问题决定了对待学生思想政治教育的重视程度，而“评谁”直接决定了工作的完成度。关于检查谁和评价谁，根据“三全育人”中的全员育人要素，不难发现要评价和检查的就是“全员”，包括教学人员、行政人员、其他与学生有接触的工作人员以及学生本人。全员育人既要做到全员接受检查，在党委统一领导下，踏踏实实做学生思想的引路人，结合全程育人、全方位育人特点，在学生活动的每一个关键节点，加大评价和监督力度。

例如，对于高校学生来说，就业择业教育以及毕业教育十分重要，当每一届毕业生到达这个关键节点时，全员参与其中，评审督查委员会就要在党委统一领导下发挥作用。根据实际情况，实时对即刻的教育情况作出反馈，立即处理，并对典型案例进行分析。这不仅有利于第二年相关工作的开展，更加有利于学生的长远发展，真正意义上提高学生的思想政治素质。

同时，应该设立自查小组，在内部形成完整的自查机制，确保每一个环节的清澈透明，避免评审督查委员会内部懒散怠工、将学生思想政治教育放在第一位。自查小组更多地是起到警醒和督促的作用。

（二）着重推行全过程评价制度

建立高校“三全育人”联动机制的评价机制，要明确知道“评什么”和“何时评”。“评什么”是评价机制的动力，只有为各个重要评价时间点定好评价内容，才能让评价机制有存在的意义。“评什么”可以大致分为内容和时间两个方面进行评价。内容还可分为两个终端，即施教者的教育态度、教育方式方法和教育内容以及其他涉及施教者的内容；另一个终端即受教者的受教效果，包括思想政治理论知识掌握效果、观念改变情况、意识上升高度以及其他涉及受教者所接受知识的内化情况。时间是指在重要时间节点进行评价，重要时间节点应该包含学生入学到毕业，重点是入学教育、假期安全教育、毕业生思想政治教育以及正常上课期间关键节日的爱国教育和理想信念教育。

什么时间评价要和“三全育人”联动机制的全程育人紧紧结合，教育工作是有周期性的，这种周期性通常比较严谨。因此，评价督导工作要分阶段匹配，对于某一方面单独教学的项目进行评价可以短一些，三到十二个月都可以，具体根据评价目的和评价内容选择；对于涉及各个方面全校范围内的综合效果评价的时间间隔就要相对长一些，过短对于评价效果的可靠性以及物力资源的投入都有待商榷，一般建议以三年为周期，因为高等职业院校培育学生一个周期多为三年。

思想政治理论课作为思想政治教育的主渠道之一，也必须是“三全育人”联动机制展开的依据，“三全育人”联动机制空间广泛、周期长、载体多样、个体多样，影响因素较多。因此，马克思主义理论课和思想政治与法律课仍然是高校“三全育人”的重要抓手，充分利用好对这两门课的评价和督查，是评价机制中众多评价方面的重点。同时，思想政治理论课也是解决好青少年大学生人生观、价值观、世界观问题的重要手段。

（三）实施奖惩有度的评价制度

解决了“评谁”“谁评”“评什么”和“何时评”的问题，那么接下来就要为这套制度增添权威性和信服力。制度的确立一定离不开强制措施的保障，上到国家、下到企业公司都一样，高校要想让“三全育人”联动机制得到很好的保障，一定要将短期或长期的评价结果与“利益相关集体”

挂钩，即学生和教师。对于学生，可以将评价结果与其综合测评成绩挂钩，对于明显评价出思想不端正、道德品质不健康的学生给予取消评奖评优、取消入党资格以及其取消其他奖励资格的处分；对于教师（这里的教师是统称，包括校内的行政人员），要以评价结果奖优罚劣，将评价结果与评职评称、评奖评优，甚至可以直接和津贴挂钩。如此将评价结果与学生和教师的自身利益相匹配，可以很大程度增加学生和教师对“三全育人”联动机制以及评价机制的重视程度。

为了量化得出更加简单直观的数据来匹配评价效果，就要求评价量化打分表不宜烦琐，但是要全面，否则一些主要指标可能会被掩盖。为了使评价更具有权威性和信服力，评价方式应该多样化，问卷调查、测评、访谈、听思想政治教育课、辅导员对学生的评价等传统手段与信息化手段完全结合，不能让评价流于形式，更不能让奖惩制度成为摆设。

第八章　高校三全育人体系运作机制的完善

按照《辞海》的解释，“机制”原指机器的构造和运作原理，借指事物的内在工作方式，包括有关组成部分的相互关系以及各种变化的相互联系。它是系统各要素相互联系、相互作用的方式。德育系统也需要相应的机制维持它的统一性。

本章从四个方面讨论了“三全育人”运作机制的构建和完善。第一是建立严密科学的信息管理机制，完善育人制度。加强德育系统的信息搜集，分析以及反馈，从而对育人过程进行及时有效地调控。同时，通过完善整合、监控、考评、激励等制度，增强“三全育人”模式运行的保障。第二是育人主体，建立以高校党委为龙头，各部门齐抓共管的队伍机制，强化课堂教育机制这个主渠道，发挥课堂教学的主阵地，配合开展丰富多彩的课外活动，拓展德育渠道，将家庭，学校，社区教育联系起来，形成一体化的德育体系。第三是构建完善的环境机制，包括校园文化建设、完善基础设施建设、攻占网络德育阵地等，营造一个和谐、健康的大学生成长的环境。第四是打造学生的自我教育、自我管理、自我服务机制。通过班集体建设，借助学生社团、学生会、研究生会等组织作用，调动学生的主体性，唤醒学生的内在激情，从而进行自我教育、自我管理、自我服务。

第一节　科学管理信息，完善育人制度

一、信息系统的科学管理

物质、能量和信息是现代社会文明的三大支柱，物质向人类提供材料，能量向人类提供动力，而信息向人类提供知识和智慧。科学技术的日新月异，使得信息的交流更加便捷，信息的重要性也日益凸现。控制论的奠基人维纳在《人有人的用处》一书中说：“信息这个名称的内容就是我们对外界进行调节并使我们的调节为外界所了解时而与外界交换来的东西。接受信息和使用信息的过程就是我们对外界环境中的种种偶然性进行调节并在该环境中有效地生活着的过程。”维纳把信息与人的认识、人的生存的基本

需要以及与反馈联系起来。信息的重要性可见一斑，一定程度上可以说谁掌握了信息，谁就掌握了主动权。

信息对于系统是不可缺少的，整个系统正是通过信息的联系和作用才形成了整体的秩序。无论是系统的内部联系还是外部联系，都是通过信息的交流而实现。信息是进行控制的基础，“三全育人”德育模式所面对的是德育这个大系统，信息管理机制是实现德育系统内外信息传递和交流的桥梁，是德育系统得以控制成有序系统的必不可少的手段。因此，须构建一个严密的、科学的信息管理机制，才能保证德育系统的有序、和谐、统一。

（一）全面搜集与监测信息

信息搜集与监测是信息管理机制有序运行的基础和前提。信息搜集是否全面、完整和真实，直接关系到后面的信息分析与诊断的准确性，进而影响到德育系统中相关工作人员对方向的把握和判断，影响其进行正确的决策以及对所出现的问题的有效解决。因此，信息搜集必须全面、完整、真实可靠才有意义和价值。

1．合理设计搜集信息的人员结构

高校“三全育人”所建立的信息管理机制所要收集的信息量大、涉及面广、动态性强，信息的来源也是分散的、多渠道的、多方位的。因此，高校所建立的信息管理部门的工作人员应当打破单一结构，建立由教师、学生、行政人员、后勤人员等不同群体组成的网状结构，他们中既有处于学校管理层的决策人，又有学生内部的学生，这样可以从不同渠道、不同层面广泛搜集信息，保证信息的真实性、全面性以及客观性。除此之外，还应当对不同的信息搜集人员分配不同的任务。比如教师可以通过教学研究和网络媒介搜集宏观上的信息，如国内外时事热点问题，国家和党的大政方针，教师主要负责搜集教育教学领域的专业动态、教育的发展尤其是德育研究前沿、热点等问题，以及通过教学、日常观察、聊天或电子邮件往来等途径了解班级学生的知识水平、性格特征等；管理人员通过联合教务处、学工部、团委等各部门，以及通过校报、校园电视台、校园网等途径，搜集并记录学校内部的信息，如教学进展、学校管理工作和服务工作等的现状和存在的问题，学校突发事件、师生关系等；班干部搜集学生内部的思想动态以及其所关注的东西，通过开展班级活动、班会、日常交流以及班集体网络群等，观察并记录同学们的表现以及思想动态；后勤可以通过意见箱或者在校园 BBS 上开设专门的“意见平台”，搜集学生对校园环境及食堂的满意程度的信息，了解学生的生活需求，或者定期开展学生代表座谈会，由学生评选优质的服务项目及优秀员工等。同时应加强各部门之间的交流和合作，学工部、团委、学生会、后勤以及保卫部要进行每周两次的交流座谈会，分别汇报各自部门的信息动态，由主抓部门统一总结，共同为学生的成才服务。

2．要善于利用互联网等工具，掌握现代信息技术

由于互联网具有信息量大、信息更新速度快等特点，互联网理所当然成为人们获得信息的最主要渠道。高校应加强教师的信息素养培训，提高教师利用网络的能力，使其掌握现代信息技术的基本知识，具备优秀的信息意识和能力。高校可以在校园网内设立一个专门的信息采集网点，为了保证信息的安全，信息网点需要设置专门的登录账号和密码，负责搜集信息的人员要定时及时地把搜集到的信息传到信息网点上，以供反馈和交流。除此之外，校园 BBS 是学生获取和交流信息的主要的平台，比较能真实反映学生的思想动态，信息搜集人员应当十分重视。总之要充分利用互联网的优势，广泛搜集德育系统内外信息，及时获得第一手资料，力求所收集和检测到的信息全面、客观、真实。

（二）注重分析与诊断信息

信息分析与诊断是信息管理机制正常、有效地运行的关键。由于所搜集的原始信息掺杂着有效信息和无效信息、真实信息和虚假信息、浅表信息和深层信息等各种信息形态，尤其是互联网的海量信息更存在鱼龙混杂的问题，因此，需要信息管理部门的工作人员利用自己的知识储备，学会对所搜集的信息辨别真伪，进行筛选处理，过滤掉不必要的虚假信息，保留真实有效的信息，然后通过分析与诊断，找出存在的问题与不足。在信息分析与诊断这个重要环节，工作人员须注意如下问题：

第一，必须秉持实事求是的态度。工作人员在对搜集到的广泛信息进行分析与诊断时，必须用实事求是的态度，一切从实际出发，就事论事，抛开个人的主观喜好和偏见以及主观猜想，客观公正地对所搜集的信息进行分析诊断，冷静地发现问题，找到症结所在，确保能透过事物的现象看到本质，从而为作出科学的决策奠定基础。

第二，全面分析，把握重点，科学预测，防患于未然。由于所搜集的信息来源广、信息量大，具有动态性等特点，因此，在对信息进行分析与诊断时，必须遵循将定性与定量相结合、短期评估与长期评估相结合的原

则，将所搜集的信息进行分类。同时，从不同角度看待事物，抓住主要矛盾，兼顾次要矛盾，诊断出根本性问题，才能将收集到的信息分析得清晰透彻、准确到位。除了对搜集的信息进行全面分析、抓住重点之外，还应当用联系和发展的观点对其科学预测，预测教育教学过程中可能出现的矛盾或某种措施可能导致的不良结果，以便采取有针对性的措施，防患于未然，尽可能地降低突发事件的发生概率，动态地把握学生思想上的热点和困惑点，提高德育效果。

（三）及时反馈与调节信息

我们的世界处于相互联系之中，信息是彼此相互联系的重要载体和渠道，而信息的相互作用，本身又意味着信息的调节和反馈。“三全育人”德育系统离不开信息反馈，信息反馈是德育系统的稳定性因素，它能保证德育系统稳定性和发展性的统一。信息反馈与调节是信息管理机制正常有效地运行的目的，也是信息管理工作的重点。例如，检测教师的教学效果，需要通过对学生的考查或考试以及学生的民意测验等信息反馈进行评判，才能找出不足，改进教学；后勤的服务工作也需要学生的信息反馈，学生通过意见箱或者网络公共数据库平台，发表对食堂、公寓等卫生与管理的意见，从而能够促使后勤等服务部门根据反馈信息，及时调整措施、改善服务等。因此，将搜集到的信息进行了分析与诊断之后，如果缺少反馈这一环节，那么德育系统内部的信息流通渠道就变成单向的、单一的，德育系统上下环节处于脱节状态，德育系统内部就会失去平衡和稳定性。因此，信息反馈是信息诊断之后的必不可少的环节。

1．信息反馈须及时

先前所做的信息搜集、信息诊断与分析，最终的目的都是为了发现问题，进而作出科学的决策来解决问题，从而确保德育系统有序和谐地运行，使德育工作取得实效。因此，信息反馈必须及时，及时地把信息传达给需要解决问题的部门和人员手里，以便其抓住时机，作出科学的决策，立即采取行动和措施，控制住情势，解决问题，防止问题的扩大或者继续蔓延。例如，后勤饮食管理中心可与学生建立每周一次的舆情信息沟通，可以确保及时收到反馈信息，从而调整措施、改善服务。如果信息反馈滞后，则会使有效信息流失和衰减，一方面不利于相关人员作出科学的决策或者预测发展趋势，另一方面可能会贻误解决问题的最佳时机，造成不必要的损失和后果。因此，信息搜集人员必须不断更新搜集的信息，每天定时反馈给教师、管理者以及后勤服务人员，便于其调整或采取措施，实现更好地育人。

2. 重点是适时做出调整措施

信息管理部门内部人员的分工必须明确，权责清晰，各司其职，相互协作和配合。信息经过搜集、分析、反馈等环节之后，最终的落脚点就是相关人员根据所诊断出的问题或不足，适时作出调节，以弥补先前存在的不足或者避免同样的错误再次重演。同时根据新的目标和形势作出新的计划，从而使德育系统有序、有效地运行，使德育工作不断地攻克一个又一个实际存在的难关而不断向前发展，增强德育的实效性。因此，教师要根据学生的反馈信息，调整自己的教学策略，实现教学相长，提高教学效果。管理人员要根据教师和学生的反馈信息，发现管理中的问题，采取恰当的措施，使管理真正为师生服务，充满人性化，提高管理水平。后勤人员要根据师生的反馈信息，发扬优点，改进不足，使服务真正满足师生的需求，为师生的健康生活创造良好的环境、提供优质的服务，从而提高育人效果。

二、完善“三全育人”相关制度

制度（Institution），或称为建制。是社会科学里面的概念，从社会科学的角度来理解，制度泛指以规则或运作模式规范个体行动的一种社会结构。这些规则蕴含着社会的价值，其运行彰显着一个社会的秩序。建制的概念被广泛应用到社会学、政治学及经济学的范畴之中。

俗话说，没有规矩，不成方圆。这是指人的行为需要规则的约束，而对于一个系统而言，制度不仅仅起着约束的作用，更是巩固系统的保证，它是任何系统运行的保障。德育系统也不例外：“一种新的德育理论要对实践产生比较大的影响力，往往要借助于制度才能实现。”[①]班华教授在《现代德育论》一书中说道：“任何一种德育，都要根据一定的德育思想建立起一套实践体系，其核心就是德育制度。没有制度体系保障的德育思想，是不会成为实际的教育行动的。”一个成熟的德育模式除了有一个有远见卓识的领导班子和一支水平过硬的队伍、先进的理念和一整套完整严密有针对性的实施措施之外，还必须有一套使德育体系得以有序有效运行的严密制度。“三全育人”德育模式的正常运作也需要一套完整严密的制度加以巩固和保证。

[①] 胡斌武. 学校德育制度十年：问题与走向[J]. 学校党建与思想教育，2006（3）：16-19.

（一）建立整合制度

整合就是把一些零散的东西通过某种方式而彼此衔接，从而实现信息系统的资源共享和协同工作，其精髓在于将零散的要素组合在一起，并最终形成有价值有效率的一个整体。整合理念广泛用于经济领域、政治领域以及教育领域等。资源的有限性、稀缺性及潜在性，需要我们不仅应该开发利用新的潜在资源，同时要将现有的资源整合起来合理利用，以使其实现最大的价值。在“三全育人”系统内，德育资源非常丰富，为了使德育工作取得实效，需要合理利用现有的德育资源，挖掘潜在的资源，将德育资源整合起来以实现功能最大化。“三全育人”德育模式最大的特色就是调动所有人力资源参与德育工作，形成全员育人、全程育人、全方位育人的德育格局。因此，建立整合制度既是德育工作的现实需要，也是“三全育人”德育模式的内在要求。

1．整合德育队伍

德育理念要落实到德育实践，需要人去完成。德育队伍是将德育理论与德育实践相结合的主体，是德育实践的实施者。德育队伍又是一项德育资源，需要整合起来，以实现德育资源的优化和效益的最大化。“三全育人”德育模式要形成德育合力的前提，是首先必须要有一支具备良好素质开展德育工作的德育队伍。因此，有必要从制度上对德育队伍的整合进行具体的规定，以形成德育合力。而在“三全育人”德育模式中，育人主体的内涵和外延都扩大和延伸了，德育队伍包括高校全体教职员工，鉴于此，高校应在本校的规章制度中，明确规定全体教职员工的德育职责，并划分不同部门的权限以及对其合理分工，贯彻教书育人、管理育人、服务育人的宗旨，形成以党委为龙头，其余人员在各自的岗位上各司其职，同时承担起育人的职责、发挥育人的职能，相互协作的全员育人格局。除此以外，还应将德育队伍的素质建设要求体现在规章制度中，从制度上要求德育队伍定期进行理论素养培训与考查，德育工作反思与交流，增强德育队伍的育人意识，提高德育队伍的素质。

2．整合德育渠道

“三全育人”德育模式以育人为核心，以形成教育合力为目标。学校是德育的主阵地，课堂教学是实施德育的主渠道。为了实现“三全育人”模式的德育目标，提高德育效果，应当拓宽德育渠道，并进行有效的整合。

因此，高校应当将德育渠道的整合贯穿规章制度中，如在具体的规章制度里，设立定期“家校联系制”，加强学校和学生家庭的交流和合作；设立“课外活动月”、重大纪念日主题活动、规定定期下乡采风等，形成以课堂教学为主，兼以课外活动为辅，同时将家庭、学校、社会三者相结合，多管齐下，多渠道结合，形成德育合力。

（二）建立监控制度

所谓监控，是指对装备及系统的工作状态不间断地实时监测，并根据反馈信息，自动对系统中异常部位实施相应措施的闭合自动控制作用。它原本是航空科技和机械工程领域中的专有名词。但是它的原理同样适用于德育系统。当今世界是一个开放的世界，科技的发展以及通信工具的发明使得人们之间的信息交流打破了过去的疆界壁垒和时空限制。开放的环境使得身处其中的德育系统也不再是过去那种封闭、单一的系统，学生极易受到开放的环境中的各种信息及思想的影响，因此，“三全育人”德育模式的运作机制的正常运转，也需要一个对德育系统实时监测的制度，以便根据监测的信息及反馈信息，对系统中的突发事件以及异常问题进行及时处理，对德育系统进行适时地调节与控制，以维持德育模式的正常运作，保持德育系统的和谐、有序、统一。

1．以“育人”为核心，确立监控目标

目标和宗旨是实施监控制度的前提和基础，只有明确目标和宗旨，才能紧紧围绕这个核心去编制、执行和维护。“三全育人”德育模式整合各种德育资源的根本目的是形成德育合力，从而实现育人的目标。而监控制度为“三全育人”模式服务，因而理所当然地应为“育人”这个核心目标服务。因此，成立监控制度之前，首先要树立“育人”意识，以人的全面发展作为监控制度的指导思想。监控制度所设计的内容应该包括德育教学、德育科研、德育管理及服务等一系列德育活动，这样才会对整个德育系统实现全面有力的监控，掌握德育系统的发展动态，从而使其更好地发展。

2．成立监控机构，明确职责权限

监控制度需要一定的人力，依据一定的机构去开展和实行，因此要成立监控机构，明确各自的任务和职责及相互之间的权限关系与联系方法。由于监控制度涉及教学、管理、科研和服务等各方面，因而可以分门别类地依据各个管理机构，实行监控制度。比如教学，教务处是高校的教学工作的主管机构，因

此，教务处应该对教学活动的全过程进行调度、控制、监督和协调。[①]学工部和团委主要负责学生工作，主要是对学生的教育和管理过程实行监督和控制。各自的分工不同，监控的对象也不同，权责也有所区别。

（三）建立考评制度

《中国普通高等学校德育大纲》指出：“德育考评是高校德育工作的重要环节，是实现高校德育目标的重要保证。”通过德育考评，可以全面地了解学生的思想政治品德表现及其发展水平；可以实现德育信息的反馈，及时发现问题，适时解决问题，有利于加强和改进德育工作；可以激励学生的全面发展以及教师德育教学的完善；可以检验德育成效等。因此，建立科学的德育考评制度，是“三全育人”德育模式具体落实的必然要求和保证。

1．确立考评目标和内容

考评目标应当根据考评对象及考评内容来制定，应以德育目标作为基础和前提。高校的德育目标是培养大学生的德行，促进大学生全面发展。因而其考评目标也应围绕“育人”这个核心进行。过去德育考评主要是对学生的考评，而“三全育人”德育模式是以学生为本，以育人为核心的全员育人的德育模式。考评也应注重全面性，因此，在设置考评制度时，应对考评目标、考评对象以及考评内容有明确具体的规定，比如既要包括对学生思想政治品德的考评，又要包括对教职员工教书育人、管理育人和服务育人的考评。

2．考评应秉持公正客观的原则

德育考评是对德育成效的检验，德育的质量和效果如何，需要通过考评来体现和反映，因此，德育考评制度中应当确立公正客观的原则，并使它贯彻到德育考评实践，力求使考评结果准确客观，实事求是，促使德育工作者可以凭借德育考评结果，检测德育成效及存在的问题，再进行调节和改进，进而推动德育工作的进一步完善，促进大学生的全面发展。

3．考评方法应当科学化

考评方法的科学性是考评结果准确的基础和前提。《中国普通高等学校

[①] 葛小凡．高职教育人才培养质量监控制度建设研究与实践[J]．南京工业职业技术学院学报，2005，5（3）：67-69．

德育大纲》明确指出："大学生德育考评应坚持实事求是，采用科学方法和技术手段进行整体考核和综合评定，力求客观公正。"具体来说，德育考评要坚持形成性评价与终结性评价相结合、全面考评与重点考评相结合以及他评与自我考评相结合等要求内化到德育考评制度中，从制度上明确规定科学的考评方法，将"三全育人"德育模式理论落到实处。

（四）建立激励制度

激励即激发和鼓励。激励机制是指能够有效分析、刺激，引导人的动机、需要、愿望等，以使之朝着特定的目标和方向前进的一切方法、手段和模式等所组成的有机系统。[①]它原本是企业管理的一个名词，但是激励可以调动和激发人的积极性和创造性，挖掘人的潜能，从而更高效地完成预期任务。美国哈佛大学教授廉·詹姆斯通过研究发现，如果缺乏激励，工作人员的潜力只能发挥 20%～30%，而同样的人在激励的环境中的潜力可以发挥到 80%～90%的水平。同理在德育中建立激励机制，也具有重要意义。通过建立激励制度，可以调动全体教职员工从事德育工作的积极性，增强员工之间的凝聚力，从而增强德育合力，可以根据学生的需要对其进行适时引导，从而更好地实现德育目标。因而，建立德育激励制度是实现"三全育人"德育模式目标非常迫切的需求。

1．确立构建激励制度的宗旨和原则

德育中的激励就是要通过各种方式，激发人们形成积极的动机，并且通过道德认知和道德行为表现出积极性和创造性。高校在构建德育激励制度时，首先必须确立激励制度的原则。"三全育人"德育模式以"育人"为核心，因此构建德育激励制度也应围绕这个核心，将"以人为本"作为德育激励制度的宗旨，高校在制定各项规定时应考虑是否满足了学生和教职员工的内在需要和合理愿望、是否能调动师生的积极性。同时，贯彻各项激励政策或者制度时还应坚持实事求是、客观公正的原则，一视同仁，不以个人主观好恶去对激励对象进行评判。

2．明确激励的对象及方法

"三全育人"德育模式调动全部人员参与德育工作，以形成德育合力，而激励制度是形成德育合力的催化剂，因而激励的对象不能仅仅局限于学

[①] 盖元臣．高校德育激励机制的构建[J]．齐齐哈尔大学学报（哲学社会科学版），2007（3）：168-169．

生，还应包括全体教职员工，这样不仅有利于调动教职员工从事德育工作的积极性，而且有利于引导学生形成正确的思想道德观念和行为方式。激励制度应当与奖惩、鞭策机制相结合。激励的方法可以采取物质激励和精神激励相结合。例如，为了鼓励广大教职员工做好德育工作，学校在制定政策和相关规定时，可以把德育绩效与评职称等现实问题挂钩，德育工作做得好的人员可以享受优先或优惠待遇，对于没完成硬性规定的基本任务的人员，应当给予适度的处罚措施；对于表现优异，勤奋努力的优秀学生，可以给予适度的物质奖励，如奖学金，同时颁发荣誉证书，表现不好的给予适当惩处，赏罚分明。

第二节　加强队伍建设，优化课堂教学

一、加强队伍建设，形成各部门齐抓共管的队伍机制

振兴民族的希望在教育，振兴教育的希望在教师。教师是育人队伍中的重要组成部分，事实上，现在的育人队伍的内涵和外延理应并且已经大大地延伸和拓展了，育人队伍是我国教育改革和顺利发展的重要保证，育人队伍的素质一定程度上决定了教育的成败。育人为本，德育为先。同理，德育工作队伍也对高校德育工作有着至关重要的影响。德育工作队伍是高校育人体系中非常重要的一部分，它是我们实施德育方针、开展德育工作、培养社会主义建设的接班人的重要力量，是统筹高等学校改革、发展和稳定的必然要求，是加强和改进大学生思想政治教育的组织保证。

高校德育队伍主要由学校党政干部和共青团干部，思想政治理论课和哲学社会科学课教师、辅导员和班主任这几大主体构成。其中不同主体在德育的分工和担负的职责也有所不同。学校党政干部和共青团干部主要负责学生思想政治教育的组织、协调和实施；马克思主义理论课、思想政治理论课则要教师根据学科的课程内容和特点，负责对大学生进行思想理论教育，思想品德教育和人文素质教育；辅导员和班主任是大学生思想政治教育的骨干力量，辅导员按照党委的部署有针对性的开展思想政治教育，班主任则承担起指导和帮助学生的思想、学习和生活等方面的职责。“三全育人”德育模式要顺利开展，并且取得实效，必须贯彻党中央文件精神和结合高校实际工作需要，构建一支思想过硬、水平过人的思想政治工作队伍。

（一）党委统一领导

《中国共产党普通高等学校基层组织工作条例》明确规定：“高等学校实行党委领导下的校长负责制。”从领导体制上，确定了党委在学校中处于领导核心地位，对学校工作实行统一领导。各高校德育工作要努力建立党委统一领导，党政群团齐抓共管，全体教职员工“三全育人”的工作机制。党委是学校德育工作的领导核心，对德育工作的领导主要是对学校德育大政方针的领导，负责研究德育工作的重大问题，制定学校德育规划及政策，组织协调其他部门开展德育工作。“三全育人”德育模式中的全员育人，不是主次不分、全体人员都平分德育任务的育人，而是育人队伍内部有一个体系和不同的分工，它是在以党委为龙头下的全体教职员工协力合作的一种育人体系。通过党委的统一领导、上下联动，其他各部门各司其职、协力合作，从而形成全员育人格局。因此，能否形成全员育人格局，全体教职员工能否围绕统一的目标通力协作，一定程度上取决于党委是否发挥了它的领导核心作用，是否有力地把各部门的德育工作人员紧密地团结在党组织的周围。因此，必须加强党组织自身的建设，发挥党的领导作用，才能保证高校德育工作的稳定有序进行，才能形成凝聚人心的合力，保证高校德育工作取得实效。

1．加强党组织的思想组织作风建设

要坚持把党的思想建设和师生员工的思想政治教育放在高校党建工作和思想政治工作的重要位置。党委领导干部要以马列主义和毛泽东思想等为指导思想，不断深入学习社会主义核心价值观，坚持用先进理论武装自己，坚持党的教育方针，纠正高校中存在的只重业务、忽视政治学习和思想政治工作的倾向，解放思想，开拓进取，推动学校德育工作的开展。高校党委还应加强组织建设，增强党组织的战斗力。同时要立足于经常性工作，抓好党风建设，让党组织在高校这块净土上为广大教职员工以及众多学子树立光辉的榜样，增强党的号召力和威信力，发挥党的先进性。

2．发挥党的政治优势和组织优势

高校党组织要高度重视学生党员发展工作。中国共产党是一个先进的政党，而大学生又是我国社会主义事业的建设者和接班人，因此，党委要注意吸纳大学生这个群体中的优秀分子入党，坚持标准，严格把关，重视大学生党组织建设，增强党员队伍的凝聚力战斗力。党组织要重视对入党

积极分子的早期培养，对其进行系统的党的知识教育和实践磨炼；对大学生党员，要同时进行先进性教育，使他们严于律己，充分发挥他们在思想政治教育中的骨干带头作用和先锋模范作用。

（二）学工部和团委组织协调

学工部，顾名思义就是做学生工作的部门，具体而言是指在党委领导下，主要负责学生思想政治教育、行为规范管理、学生事务服务、公寓管理等工作的部门。可见学工部的职责主要在两方面，一是按照党委的相关部署和要求，协同相关部门开展思想政治教育；二是做好学生日常生活的管理和服务工作。“三全育人”德育模式下的德育工作，要求学工部根据新形势的要求，有针对性地开展思想政治教育。学工部的主要服务对象是学生，因此，在开展思想政治教育的同时，要注意与解决学生的实际问题结合起来。团委也是在党委的统一领导下开展工作、发展团组织，组织、协调和实施对学生的思想政治教育。具体而言，学工部和团委主要应做到两点：

第一，学工部和团委应认清形势，提高认识，加强自身建设。一直以来，学工部和团委在学校的教学、管理和科研服务等方面发挥着重要的作用。随着经济全球化的发展、科技的日新月异以及高校扩招等一系列因素，高校德育面临的国际、国内环境有了很大的变化，德育要求有了变化，学生的思想状况也有了新的特点，育人观念有待更新，育人环境有待优化。先进的理念是先进的工作的先导，因此，学工部和团委等组织要根据新的历史时期德育发展的要求，树立新的德育理念，才能卓有成效地开展德育工作。“三全育人”德育模式是适合新的历史时期的德育模式，学工部和团委应树立全员育人意识和“以学生为本”的观念，加强先进理论学习和加强自身素质提升。

第二，学工部和团委应明确任务、扎实工作，为育人服务。学工部和团委虽然都是按照党委的部署，对思想政治教育起协调和组织作用，但其各自的分工还是有所不同。学工部主要立足于学生，做学生的管理和服务工作，而团委还有发展和建设团组织的职能。学工部和团委应明确各自的分工，围绕育人这个核心，各司其职，通力合作，明确德育目标和任务，扎实工作，根据党委对德育的统一部署以及学生的思想实际，通过举办研讨会、报告会等多种形式开展学习讨论；协助其他部门一起开展志愿者活动、社会考察等社会实践活动，为学生全面发展等服务。

（三）强化班主任、辅导员的骨干作用

班主任和辅导员是高校学生工作的重要力量。中共中央国务院在《关于进一步加强和改进大学生思想政治教育》中对辅导员和班主任的角色进行了明确定位，辅导员按照党委的部署有针对性地开展思想政治教育，班主任则对学生的思想、学习、生活等方面进行指导。可见，虽然班主任和辅导员都是高校德育的骨干力量，但是二者的职责既有交叉的地方，也存在差异。思想政治教育是辅导员的核心任务，而班级管理是班主任的中心任务。因此，班主任和辅导员必须抓好自己的中心任务，协力合作、共同育人。

1．与时俱进，不断提高自身综合素质

班主任和辅导员面对的是一群思维活跃、思想和价值观尚未定型、对新事物及其敏感的年轻大学生群体，只有班主任和辅导员自身素质过硬，才能对学生的世界观、人生观、价值观等起到正确的导向作用，才能担当起大学生的人生导航者与引领者的重任。所以，自身素质修养是班主任和辅导员进行德育工作和学生管理工作的前提和基础。辅导员和班主任应加强理论修养，以马列主义、毛泽东思想、邓小平理论等先进思想为指导，贯彻落实党中央关于高校德育的文件精神，不断学习，严格要求自己，使自己具有丰富的理论知识和深厚的理论素养，同时还应具备相应的专业基础知识，不断提高自身的政治素质、道德素质、科学文化素质、心理素质等，[①]为更好地开展大学生思想政治教育工作奠定坚实的基础。

2．以学生为本，将德育与解决学生实际问题紧密结合

思想政治教育既要引导人、教育人，也要帮助人、关心人。班主任和辅导员既是学生思想的领航者，又是其生活的服务者。而当前高校德育普遍存在的一个问题是班主任或者辅导员与学生比较疏远，缺少深入的了解和交流。因此，为了提高德育工作的实效性，班主任和辅导员应从学生立场开展工作，主动接近学生，深入学生内部，与学生进行思想和情感交流，与学生建立起亲密的师友关系，让学生敞开心扉，了解其真实思想动态和性格特点，再进行有意识的价值导向，将德育工作与解决学生的实际问题结合起来，从而开展德育工作才能更有针对性，效果也更明显。

[①] 张超．新时期高校辅导员如何开展思想政治教育工作[J]．甘肃联合大学学报（社会科学版），2010（2）：126-128．

（四）发挥两课教师的主导作用

马克思主义理论课、思想政治理论课教师是对学生进行思想政治理论教育最主要、最直接的实施者，学生的价值准则和行为规范等主要来自两课教师的教学传授。两课教师的教学任务主要是进行思想理论教育、思想品德教育和人文素质教育，因此，德育的成效很大程度上取决于两课教师的思想政治教学，两课教师在高校德育中起着主导作用。当前高校两课教师在实际教学中还存在一些不足，如有部分两课教师的教学理念落后，教学手段单一，教学方法陈旧，抑或理论修养不够深厚，理论教学未能与社会、学生实际相联系，导致两课教学未能取得理想效果，让学生感到思想理论太过高深或者枯燥无味，学习积极性下降。因此，作为担负高校思想政治教育主渠道任务的两课教师，必须在提高自己的理论素养、塑造自己的人格魅力等方面努力，才能使德育取得良好的效果。

1．丰富知识储备，改革教学方式

两课教师对学生传授思想理论、思想品德等理论性非常强的内容，这要求教师自身必须具备深厚而丰富的理论知识体系，具备良好的理论修养。丰富的知识储备是两课教师进行德育教学的必要前提。两课教师必须加强政治理论和专业知识的学习与更新，拥有正确的政治方向，坚定自己的政治信仰，并与时俱进地更新自己的知识，不断地吸收新的思想，形成多角度、多方位交叉的知识体系，这样在思想政治教育等教学中才能旁征博引，不断产生思想的火花，从而吸引学生的注意力。丰富的知识储备也需要恰当的教学方式，才能被学生内化成自己的意识。两课教师须改变一些落后的传统教学方式，如单纯地灌输，可以通过组织开展专题讲座、观看红色纪录片或者就社会热点问题举行辩论赛等形式进行理论教育，创新德育方法，激发学生学习的积极性，以取得更好的德育效果。

2．塑造教师的人格魅力

教师的人格魅力对学生具有无形的感召力和吸引力。俄国教育家乌申斯基曾说：“在教育工作中，一切都应以教师的人格为依据，因为教育力量只能从人格的活的源泉中产生出来，任何规章制度都不能代替教师的人格作用。”两课教师除了用渊博的知识教育学生，用良好的教学方式激发学生之外，还应用自己高尚的情操、广阔的胸怀、正直的人格力量等感染学生、鼓舞学生、引导学生，通过自身树立的榜样言传身教，才能在实际教学中真正从内心深处影响学生、教育学生。

（五）发挥行政管理人员的管理育人作用

“三全育人”工作，要将思想政治教育渗透管理中，做到管理育人。管理作为一种重要载体，日益受到人们的重视，“在大学生思想政治教育过程中发挥着结合渗透、沟通协调、规范监督和导向养成的重要作用。”[①]高校的管理人员主体是行政工作人员，行政人员的自身素质、管理理念和管理能力等对管理育人职能的发挥起着决定性的作用。过去，在观念上和实践中存在一个误区，认为思想政治教育只是两课教师的职责，管理与育人一直处于分离的状态，同时也存在缺乏对管理干部的培养，管理过程存在行政干预手段过多人性关怀较少、管理制度不完善等问题。因而，现在行政管理人员要使管理育人取得实效，必须通过一系列措施克服上述存在的不足。

行政管理人员首先应转变管理理念，增强育人意识。行政管理人员要树立以学生为本的理念，围绕育人这个核心，淡化权利意识，去掉行政官僚化习气，尊重和理解学生，充满人性关怀，一切管理工作都必须以培养学生成才和全面发展作为出发点，将管理与育人紧密结合。“只强调管理的约束性、强制性，而忽视管理的思想性、教育性、引导性，虽有可能‘制服’学生，但不可能使学生心服、口服。”[②]孔子说：“其身正，不令而行；其身不正，虽令不从。”管理者的工作态度、工作作风、言行举止等会对学生产生很大的影响，因而管理者须提高自身的素质，努力学习现代管理知识、增强全员育人意识、加强自身的道德修养，才能成为学生的榜样，让学生真正的从心底产生认同。

（六）发挥后勤人员的服务育人作用

培养全面发展的人才是高校一直致力追求的目标，教书育人是培养人才最主要的途径，而管理工作和育人工作同样也具备育人的功能。服务育人从广义上讲，渗透于学校的教学、科研、管理和后勤保障等各个方面，从狭义上而言，主要指将育人渗透于后勤服务工作中。邓小平曾指出：“后勤工作的任务，就是要为科研工作、教育工作服务，要为科研工作者和教育工作者服务，要为科研工作者和教育工作者创造条件，使他们能够专心

---

① 杨爱华，王晖．发挥管理育人功能，加强大学生思想政治教育[J]．思想教育研究，2006（2）：38-40．

② 刘兴敏，韩刚．新形势下高校管理育人存在的问题及对策[J]．惠州学院学报，2007，27（4）：81-84．

致志地从事科研、教育工作。”高校的后勤服务，归根到底是为培养人而服务。后勤服务是高校工作中很重要的一部分，而我国以往的高校德育只重视后勤的服务责任，忽视了其育人职责，没有很好地利用后勤这部分德育资源。因此，应将其育人的功能发挥出来，形成全员育人的格局，增强德育的合力。

后勤人员首先要强化育人意识，坚持育人为本。高校后勤服务与一般的服务工作最大的区别在于，其紧紧围绕育人这个核心开展，后勤工作人员开展服务工作时应以培养人作为出发点，而不仅仅是工作了事。其次，后勤人员要加强道德修养，因为“后勤工作人员服务态度的好坏，服务水平的高低，服务质量的优劣，都会对与之长期接触的学生的心灵和思想产生耳濡目染的影响”①。后勤人员要善于努力学习，不断提高自身思想文化素质，同时要热爱自己的本职工作，以满腔的热情和优质的服务感染学生、激励学生，为学生的成长创造良好的条件，营造一个积极向上、和谐温馨的氛围，从而发挥育人的功能。

二、优化课堂教育机制

课堂教育是高校德育的主要渠道。高校德育要想拥有强大的发展动力，仅仅依靠传统的课堂教育的单一渠道是不够的，必须将高校德育工作置于开放的社会背景下，努力构建时空相连、立体交义的“三全育人”德育模式，整合德育资源、拓宽德育渠道、改善德育手段，凝聚成强大的德育合力，才能推动高校德育蓬勃创新发展。

（一）抓好课堂教学，发挥第一课堂的主阵地作用

课堂教学一直是高校进行德育的主要手段，课堂教育是受教育者获得教育者所传授的德育理论、价值准则以及行为规范最主要的途径。中共中央国务院在《关于进一步加强和改进大学生思想政治教育的意见》中明确提出，要“充分发挥课堂教学在大学生思想政治教育中的主导作用”。德育工作者要实现育人的目标，使德育取得实效，必须充分利用好课堂教学这个环节，发挥第一课堂在德育中的主阵地作用。

1．编写优质的德育课程教材

德育课程教材是德育教师对学生进行德育教学的第一手资料，是学生

---

① 高斌，类延旭，方仲奇．新时期高校服务育人路径的思考[J]．学校党建与思想教育，2009（28）：16-18．

获取道德价值观、吸取马列主义思想精华的源泉。德育课程教材内容的优劣不仅会影响教师德育教学水平的发挥，而且对学生的思想导航起着不可忽视的作用。当今我国德育实效性不足，与哲学社会科学一些学科教材建设滞后、思想政治教育与大学生思想实际结合不紧有一定的关系。我国德育教材未能与时俱进，德育内容与学生年龄特征以及社会需求脱节，学生走向社会发现学校学到的知识不是派不上用场就是太过陈旧。因此，要想使德育教学取得理想的成效，必须根据社会发展要求以及学生身心发展特点，结合实施马克思主义理论研究和建设工程，编写体现时代性、富含思想性、具有中国特色的哲学社会科学学科体系和教材体系。

2．改革德育方法，提高课堂教学效果

拥有优质的德育课程教材，仅仅是德育教学取得成效的前提。教师是德育教学成效实现与否的关键。因此，具有先进的德育理念、丰富的教学知识、良好的教学方法的教师，是课堂教学取得良好成效的决定力量。马克思主义理论课和思想政治教育课是德育教学的最主要的渠道，因此，高校教师应当以两课教学为重点，联系现代化建设以及大学生的思想实际，改革教学方法和手段，通过道德两难故事设疑、讨论、辩论，将学生置于道德两难情境，激发学生自主思考、探索创新，提高道德判断能力和思维能力；或者通过对爱国主义教育基地参观、访问等方式，以及灌输与启发相结合的方法，增强德育课堂教学的吸引力和针对性，把传授知识和思想教育结合起来，使大学生树立正确的世界观、人生观、价值观。形式政策教育是思想政治教育的重要内容和途径，因此高校教师要结合国际国内形式以及大学生所关注的热点和难点问题，制定形式政策教育教学计划并实施。高等学校的其他课程也都具有育人的功能，所有教师都应该在自己的课堂教学中承担起育人的职责、发挥育人的功能，将思想政治教育渗透于教学、科研和服务的各个环节，渗透到大学生学习和生活的各个方面，从而形成德育合力，增强德育的实效性。

（二）开展课外活动，开辟第二课堂的重要基地

古人云：“纸上得来终觉浅，绝知此事要躬行。”这说明了单纯的书本知识需要与人的活动和实践相结合，才能获得更深刻的知识。王如才在《主体体验——创新教育的德育原理》一书中说：“活动是人类的根本动力与方式。道德是在活动中产生的，只有富有意义的、自然的、新颖的教育活动，才能实现人的自主发展。”人的活动是社会及其全部价值存在与发展的本源，

是人的生命以及作为个性的发展与形成的源泉。道德是人在后天社会化过程中，日积月累中逐渐生成和建构起来的，是一系列体验和感情积累成为丰厚底蕴的结晶。德育通过课堂教学这个主阵地，向学生传授道德准则、价值观念等，学生必须通过实践活动将这些道德知识外化为行为，才能更深刻地理解所学的道德准则。如果仅靠单一的课堂教学这一渠道，不加强理论与实践的结合，高校德育的生命力会日益衰弱。理论与实践相结合是“三全育人”德育模式的基本特性之一，它强调拓宽德育渠道才能形成德育合力。因此要做好课外活动的开展工作，开辟第二课堂这个重要基地，引导学生在活动中体验、在体验中感悟、在感悟中发展，全方位地育人，提高学生的综合素质。

1. 开展丰富多彩的校园文化活动

校园文化活动主要指在课外开展的一系列活动，如体育、文艺、课外兴趣小组、社会实践等。校园文化活动是高校思想政治教育的潜在资源，高校开展思想政治工作应以校园文化活动为载体，将思想政治教育渗透于无形之中，达到“润物无声”的效果。开展校园文化活动应注意两点：

第一，校园文化活动应丰富多彩，但又不忽视规划和方向上的引导。校园文化活动是学生在课堂教育之余的第二课堂，它与课堂教育的最大区别是它能让学生在紧张的学习之余放松身心、发展自己的兴趣爱好、开拓自己的眼界，找到学习生活的乐趣。而校园活动要调动学生的积极性，内容应该丰富多彩，形式应该多样，比如通过演讲赛、辩论赛、大学生艺术文化节、科技创新比赛等形式进行，以满足不同性格的学生的兴趣爱好。课外活动在追求丰富的同时，还应遵循育人这个宗旨。因此，在利用课外活动这个载体时，应坚持一定的方向；规划德育活动时，应坚持融思想性、趣味性、知识性于一体，让学生既学到了知识，锻炼了能力，又获得了乐趣。

第二，注意以重要节日为契机，以重大事件为主题，将德育渗透于与之相结合的校园文化活动之中。校园文化活动的开展可以与传统节日、重大事件等相结合，设计一定的特色鲜明，教育意义深刻的主题，吸引广大学生踊跃参加。比如可以开展“畅想世博，低碳生活小贴士”为主题的征文或设计比赛，可以开展“情系端午，追圣贤脚步”的爱国主义教育活动等，以学生喜闻乐见的形式开展德育，从而增强德育的实效性。

2. 深入开展社会实践活动

社会实践活动是新时期高校德育的重要途径和环节。著名教育家陶行知曾指出："教育只有通过生活才能产生作用并真正成为教育。"思想教育需要与社会实践相结合才能发挥实效。通过社会实践，学生不仅可以将学到的理论知识应用于实践，并且接受实践的检验，从而获得更加深刻的认识，而且还开拓自己的眼界，使自己更好地了解社会、了解国情，锻炼自己的才干等。可见，开展社会实践是"三全育人"德育模式不能忽视的重要环节，它是拓宽德育渠道、增强德育合力的重要途径之一。

第一，高校应加强对社会实践活动的指导和管理。社会实践活动涉及面广，比较复杂，需要学校各部门齐心协力、团结协作，确保实践活动健康有序进行。高校有关部门应对大学生的社会实践活动进行一个严密的规划和管理，首先必须根据一定的主题安排社会实践活动，高校德育教师应与学生工作部门相关人员进行沟通，根据一定的教学任务或主题开展德育工作，提高社会实践活动的针对性。学校相关部门同时也要加强与社会企业、政府机构、福利机构、民间组织等实践部门进行沟通，达成协议，获得一定的经济支持，做好社会实践活动的准备工作。其次，应根据一定的制度加强对大学生社会实践活动的考核、评估和奖励。高校必须制定一些关于大学生社会实践活动的制度，建立社会实践与专业学习相结合、与服务社会相结合、与勤工助学相结合、与创新创业相结合的管理体制，对大学生社会实践活动进行约束和管理，增强大学生的责任感，激发其把握好社会实践的机会，将自己的知识运用于实践中，积极地锻炼自己的才干、培养自己的品德。

第二，社会实践应形式多样、循序进行。社会实践活动围绕育人这个核心任务进行，而实现大学生的全面发展这个育人目标需要全方位地进行，因而社会实践不能局限于一种单一的活动或者形式，应该覆盖面广、形式多样。高校可以通过组织学生参观革命基地、三下乡、社区服务、做志愿者以及进入政府机构或企业的挂职锻炼、参与社会调查等形式开展社会实践活动，既能调动学生的积极性，又能开拓学生的眼界、锻炼学生的才干和能力。

（三）家庭、学校、社会教育一体化，拓展第三课堂的延伸空间

新时代青少年思想道德的发展，是在学校、家庭和社区共同影响和作用下形成的。偏执于一隅，无法真正促进青少年思想道德健康向上发展。大学生思想道德发展的实质，主要是道德判断能力和道德行为习惯的养成两方面。学校教育在道德判断和行为能力培养以及道德价值规范体系的传

授中，发挥着最主要的作用。但有更多的道德习惯，是受到家庭和社区环境共同影响的结果。“三全育人”德育模式是一个系统、完整、开放的德育模式，它倡导整合一切德育资源，调动所有的德育力量并形成合力，参与德育系统这项浩大的工程建设。因此，将学校、家庭、社区相互整合，延伸第三课堂的空间，构建开放、系统、严密的“三全育人”德育模式是全方位促进大学生全面发展，增强德育的实效性的客观要求。

1．重视开发家庭和社区的德育资源

人的发展最初都受家庭的影响、熏陶和启蒙。因此，应发挥家庭教育的功能，有意识地将德育观念和准则渗透于家庭教育中。目前我国的家庭教育为孩子的成才发挥了巨大的作用，但还存在一些不足，例如家庭教育功能的缩小，把家庭教育狭隘地理解为智力和知识的教育，许多家长过度关注孩子的学业，围绕孩子的学习成绩盲目投资大量财力，弱化了对孩子的品质和心理健康的教育。家长的言行举止对于孩子的成长以及价值观念有着不可磨灭的影响，因此，发挥家庭的德育功能时，家长应注意以身作则，以良好的道德价值观引导孩子，以文明礼貌的言行举止影响孩子。同时，家长要营造良好的家庭文化氛围，改变家教方式，与孩子建立平等、宽容、和谐的关系。随着改革开放和市场经济的发展，社区已成为青少年学习、生活、娱乐的主要场所。因此，要拓展德育渠道，利用好社区这个阵地，建立青少年参与精神文明建设活动的机制，美化社区环境，优化社区秩序，完善社区服务，发挥社区德育功能。比如建立青少年社区服务中心、社区志愿者站等，并完善配套设施；建立社区书屋、社区爱国主义教育基地等，健全社区服务制度。同时整治社区和学校周边环境，禁止各类经营性娱乐场地传播封建迷信、腐朽思想和文化垃圾，集中打击侵害青少年权益的违法犯罪活动，给青少年健康成长和学习营造一个健康的环境。

2．建立以学校为主体，家庭和社区为两翼的合作机制

学校是担负传授思想道德文化、价值准则等的主阵地，对大学生思想道德品质的形成与进步有着全面、系统和深远的影响，因此，应发挥学校德育的主阵地作用。家庭和社区是孩子成长的摇篮，拓展德育渠道必然不能忽视家庭和社区这两个重要渠道。团结就是力量，为了形成德育合力，应用“三全育人”德育模式时，必须把家庭、学校和社区一体化，进行整合，向着共同的德育目标努力。因此，学校、家庭、社区在发挥各自的德育功能的同时，必须加强彼此之间的沟通和联系，形成以学校为主体，家

庭和社区为两翼的合作机制，共同促进大学生的全面发展。高校可以通过校园网建立“学生档案”“家长园地”“教师中心”等模块，或者定期电话访谈等加强和家长的互动沟通。社区可以配合学校德育课程，积极构建社区教育网络，开展社区教育试点工作，或者根据学校德育课程、热点，开展与之相关的社区活动，共同向着同一方向前进，形成强大的德育合力，提高德育效果。

第三节　构建完善的育人环境机制

环境主要指能影响人的一切外部条件的总和。人总是在一定的环境中生活，任何人都不能脱离环境而单独存在。人们在改造环境的同时，也在受环境的影响，人与环境相互联系、相互作用、相互依存。因此，创造一个良好和谐的环境，更有利于人的生活与发展。“德育环境指影响人的思想政治道德素质形成、发展和人的德育活动的一切外部因素的总和。”[①]高校德育环境的优劣，直接影响大学生道德品质与道德情感的形成与发展，一定程度上决定着德育目标的实现。因此，构建一个和谐良好的德育环境，有利于德育工作更顺利地开展，有利于大学生的思想品德的发展。另外，随着我国市场经济的不断发展，社会转型以及经济的全球化，德育所面临的国际、国内环境发生了一系列新的变化，这些新变化对德育环境产生了冲击和挑战，因此，有必要根据新的变化，优化德育环境，促进德育工作取得实效，促进大学生的成才和全面发展。“三全育人”德育模式是一个动态的、开放的、发展的德育模式，要充分挖掘德育资源，增强德育合力，必然不能忽视环境的优化。

一、完善校园物质环境建设

校园环境是进行大学生思想政治教育的重要载体，是一项重要的德育资源，对高校的德育工作产生不可忽视的影响。校园物质环境是高校德育环境的重要组成部分，主要表现为校园布局、校园基础设施等，是教职员工从事德育工作的重要场地和媒介手段、大学生学习和生活的主要场所，因而校园物质环境对高校德育工作的开展以及大学生的成才有着直接的必不可少的作用。

---

① 权太举．学校德育环境的功能及其优化策略[J]．学校党建与思想教育，2009（12）：71-72．

（一）优化校园布局，完善基础设施建设

校园布局是美好的校园环境的前提，是学校精神风貌的重要体现。良好的校园布局不仅能体现学校的特色、增加校园的美观度，而且能根据教职员工的工作需要以及学生的学习生活需求，利于师生更好地生活、学习和工作。比如图书馆和宿舍的地理位置设计，不仅要照顾到学生的学习与生活需求，还不能做无谓的浪费。因此，要优化校园布局，根据学校的教育理念以及综合地形地势、经济成本、师生的必要需求等综合因素设计，如教学区应突出严肃宁静的氛围，科研区应营造别致而安静的环境，鼓励师生投身科研、积极创新，生活区则要营造轻松、便利、舒适的气氛。校园基础设施是校园物质环境的主要表现形式，如图书馆、多媒体设备、体育馆等。齐全的基础设施是教职员工从事德育工作的重要条件，是学生学习、生活必不可少的重要载体。因此，学校应加大经费投入，完善校园基础设施，为师生学习和工作提供良好舒适的校园环境，为教书育人、管理育人、服务育人创造必要的硬性条件，为实现“三全育人”模式的德育目标打下基础。

（二）美化校园环境

一个美好的校园环境除了有独到的布局、完备的基础设施之外，还应该是干净舒适的。整洁的校园环境不仅给人耳目一新的感觉，而且可以让人呼吸新鲜空气，有利于人的身心健康。“校园美化是一种潜在的教育因素，对学生的教育起着潜移默化的熏陶和启迪作用。”[①]一个美丽整洁的校园环境，不仅给师生营造了美观的外部空间，同时有利于振奋人的精神、激发人的创造性，更利于培养学生良好的习惯和品德。校园环境的净化、美化有利于德育工作的开展。因此，后勤人员要做好自己的本职工作，做好校园环境的净化和美化工作，比如教室、图书馆、公寓等重要场所必须按时打扫，秋季可以开展菊花展，美化校园，在恰当的地点摆放雕塑，茵茵草地上设置保护环境的醒目标语等，充分履行服务育人的职责。广大师生要加强自己的环保意识，共同营造美好的校园环境。

二、抓好校园文化建设

校园文化也是高校德育一个非常重要的途径和载体。中共中央国务院

---

① 权太举．学校德育环境的功能及其优化策略[J]．学校党建与思想教育，2009（12）：71-72．

《关于进一步加强和改进大学生思想政治教育的意见》中明确指出：“校园文化具有重要的育人功能，要建设体现社会主义特点、时代特征和学校特色的校园文化。”这充分肯定了校园文化对于德育的意义。校园文化是学校精神风貌的重要体现，“是全面提升学校组织、制度、形象、精神建设的助推器，是使学校充满凝聚力、生命力、创新力的内燃机。”[①]良好的校园文化有利于彰显高校的教育理念和特色，有利于加强对大学生的社会主义精神文明建设，有利于鼓舞和激励大学生奋发向上、锐意进取，形成积极向上、朝气蓬勃的良好氛围，促进大学生全面发展。因此，校园文化建设是“三全育人”德育模式充分利用高校显性与隐形德育资源、拓宽德育渠道、形成德育合力的必不可少的环节。

（一）把握“和谐”这个时代主旨

校园文化建设应紧紧跟随我国社会主义现代化建设这个方向，紧贴时代发展的脉搏，建设体现社会主义特点、反映时代特征和学校特色的校园文化。当今，我国进入社会主义现代化建设的新时期，“和谐”这个时代主旨应当成为校园文化建设的引导方向。因此，高校应该坚持马克思主义的指导地位，弘扬主旋律，用社会主义核心价值体系引领校园文化建设，体现“三全育人”德育模式与时俱进的特色。例如，高校可以通过开展“社会主义核心价值观”等主题的知识抢答赛，开展“文明世博，和谐你我”的征文比赛等，让高校广大师生真切地体验到建设和谐校园的使命感与责任感。

（二）校园文化建设以优良的校风、教风、学风为目标

校风、教风和学风是校园文化的主要表现形式，也是学校精神风貌的重要体现。校风反映了一个学校的优良传统以及育人理念，教风是教师长期教书育人所形成的作风特点，学风是学生学习求知形成的风气和氛围。校风是精神层面的东西，因而需要一定的物质载体将其表现出来。高校要着重在新生入学时通过开学典礼、校庆活动，开展校史宣传，在图书馆或校门醒目处刻画校训，以对学生进行耳濡目染，激发新生对学校的热爱感与自豪感，增强集体荣誉感。或者通过编辑校报校刊，举办征文比赛等形式，增强学生对校史、校风的认同和热爱。优良的教风需要加强师德建设，应定期开展对教师的培训，引导教师形成正确的育人观，增强其职业道德，

---

① 易炳秀．从细节看校园文化建设[J]．学校党建与思想教育，2010（8）：80-81．

端正其教学作风。教师还应对学生进行积极向上的教育，引导其树立崇高远大的理想，邀请专家或者优秀校友开展专题讲座，通过优秀人物的榜样力量，鼓励学生踏实求知，形成积极向上的学习氛围，让德育无处不在、无时不在，形成全方位育人的格局。

（三）构建和谐公寓文化

公寓文化是校园文化建设中一个非常重要的部分。“大学生公寓文化是指在校园文化建设中，以大学生为主体，以大学生公寓为主要载体，在公寓生活和学习过程中形成的一种群体文化以及通过活动所表现出来的精神文化”。[①]公寓文化对身处其中的学生有着潜在的潜移默化和熏陶的作用，因此，“三全育人”德育模式要形成德育合力，全方位地开展高校德育，必须要加强对公寓文化的构建。公寓文化建设是个复杂的系统工程，具体而言要抓好如下几点：

1．加强公寓安全及日常规章制度管理

安全是和谐公寓的前提和基本保障。高校应加强对学生的安全知识教育，定期开展公寓违章电器等检查，建立突发事件的应对机制，利用公寓内的黑板栏定期做好安全知识宣传。高校相关管理部门应该完善公寓日常管理制度，如《学生住宿管理制度》等，宿舍管理人员应该加强对进入宿舍的外来人员的严格把关，同时对晚归和违反规章制度的部分学生实行晓之以理、动之以情的教育，必要时给予恰当的批评，维护学生的公寓安全，并让学生感受到家的温暖。大学生求知欲强，对新事物敏感，因而公寓还可以配备一些大学生喜欢的报纸、杂志等，满足其求知欲，同时形成健康向上的良好氛围。

2．开展公寓文化活动，形成和谐公寓氛围

由于大学生大多接近成年或已经成年，并且有自己的独立思想与判断能力，因而与中小学相比较，高校对公寓的管理不是那么严格，给予了学生一定的自由成长空间。高校可以通过开展一系列公寓文化活动来调动学生的积极性，以学生喜闻乐见的形式对学生进行潜移默化的感染，增强学生之间的凝聚力。比如可以定期开展大学生宿舍文化节、大学生宿舍歌唱比赛、大学生宿舍才艺 PK 等，并且定期开展“文明宿舍”星级评比活动，对于表现好的给予一定的物质和精神奖励。通过这些活动，帮助学生树立

[①] 何登溢．网络环境下大学生公寓文化建设策略探讨[J]．教育与职业，2010(2)：168-169．

正确的价值观和人生观，增强集体荣誉感，营造和谐的人际关系，实现“三全育人”德育模式促进人全面发展的目标。

三、引导舆论氛围走向

大学生朝气蓬勃，思想活跃，对新生事物极为敏感，有着强烈的好奇心和求知欲，再加上他们的性格尚未真正定型，世界观、人生观、价值观尚不成熟，因而极易受到外界各种思想风气的影响。随着经济全球化的发展，各种思想文化相互激荡，敌对势力意识形态的侵入以及腐朽落后的思想，不可避免地会对大学生造成思想的冲击。因而高校实施“三全育人”德育模式时，有必要用马克思主义武装青年学生，给大学生一个正确的、健康的舆论引导方向，增强德育合力。

（一）加强对校内传统传播媒介的管理和引导

传播媒介是引导和传播舆论最主要、最有效的手段，因此，高校应加强对校内传播媒介的管理，营造一个健康良好的舆论氛围。高校应加强对校报、校刊、校内广播电视和学校出版社的建设，坚持用校内媒介贯彻党的基本路线和重要大政方针，引导大学生在学好知识的同时也关注社会，同时也宣传校内师生员工的优秀事迹，反映高校师生员工的精神风貌。坚持用先进的思想和理论引导人、用高尚的文化服务人，以培养大学生高尚的道德情操和引导其形成正确的世界观、人生观、价值观，形成积极向上、健康良好的生活方式。

（二）加强对研讨会、报告会、讲座等的管理

研讨会、报告会以及专题讲座等，也是传播舆论的重要渠道之一，因此，高校应该加强对哲学社会科学研讨会、讲座等的管理，对其要开讲的主题和内容进行审核，不给错误观点和言论提供传播的渠道和机会。除此之外，还应禁止在学校传播错误思想。高校应通过开展研讨会、讲座等，传播先进的思想言论，给大学生一个健康向上的正确思想引航，使其树立正确的人生态度，确立正确的价值观。

四、占领网络德育新阵地

20 世纪 90 年代以来，互联网以多媒体的特征、交互性的功能，融合各种媒介于一身，迅速成为人们了解外部世界新的媒介工具，也成了学校德

育所处媒介环境的一部分。由于网络的信息量大、信息更新速度快，集知识与娱乐为一体，这对求知欲强烈、思维活跃、对新事物敏感的大学生有着巨大的吸引力，因而，高校应利用网络这个自由开放的空间进行德育，拓宽德育的渠道，挖掘网络这块宝地上的隐性德育资源，形成德育合力，达到全方位育人，培养大学生的优良道德品质，促进大学生的全面发展。

校园网是高校进行网络德育的主要阵地。健康清新的校园网络环境对培养学生的思维方式、创新能力以及道德品质有着不可忽视的推动作用。因而，加强校园网的建设是网络时代下开展德育工作的必然要求。

（一）校园网建设既要把握重点，又要丰富多彩

校园网的德育内容既要有德育理论及其相关的教育内容，又要包括社会热点、时事等重大新闻信息，使学生在接受德育理论的同时，扩大视野、满足学生的求知欲。例如，校园网的版块设计可以包括专门的“德育阵地”“你说我说”“良师益友在线”“名师德育课堂”“时事集萃”等丰富的内容，融知识性和趣味性于一体，吸引学生的眼球。“德育阵地”应当重点宣传党、国家和高校的思想路线、方针政策，并提供文字、图片、音频和视频等各种媒体德育教育资料；“你说我说”版块可以针对时事热点问题或德育中有争议的问题开展讨论，让学生畅所欲言、各抒己见，教师再根据学生的讨论，了解和掌握学生的思想动态，然后进行总结与引导；“良师益友在线”版块则可以采用匿名的形式，主要由教师负责给学生进行网上知识问题答疑和心理问题疏导；“名师德育课堂”主要是网上德育课程的传授；“时事集萃”主要是当前国际、国内重大事件的集锦，这个版块要保证信息来源的真实可靠，可以新华网、人民网等权威网站的信息内容进行链接。还可以建立一些适合大学生浏览的内容，建设寓教于乐的网站，让大学生在消遣的同时又能受到教育。

（二）开展丰富多彩的网络活动

高校应该利用校园网这个自由开放的平台，开展一系列有教育意义的网络活动，调动学生参与的积极性，促进学生发挥自己的才艺，提升学生的综合素质，从而达到育人的目的。例如，高校可以通过开展“节能伴我行”“畅想和谐社会”等主题的网络征文比赛，开通“辅导员公众号”进行师生互动，或者举办在线科技文化活动、城市模型设计比赛等，激发学生的想象力和创造力，培养大学生的创新精神，从而促进其全面发展。

（三）加强网络规范管理以及强化学生的网络责任意识

道德的约束主要通过自律和他律两种手段实现。虚拟、自由、开放的网络德育也需要一定的制度进行规范管理和监控，根据国家相关法规以及结合学校的实际情况，实施网络监管条例，以保证其正常、健康地运行。同时也需要强化学生的网络责任意识，培养学生的自律精神，引导其正确、健康地使用网络。对于学生利用网络不当引起的道德问题，德育工作者不能粗暴指责和镇压，而应根据具体问题，进行有意识的疏导，培养学生自控能力。

第四节　打造高效的学生自我管控机制

著名教育家苏霍姆林斯基曾经指出："我深信，只有能够激发学生去进行自我教育的教育，才是真正的教育。"我国著名教育家叶圣陶也把培养学生的自我教育能力作为最终的教育目的。中共中央国务院在《进一步加强和改进大学生思想政治教育的意见》中也明确指出："坚持教育与自我教育相结合，既要充分发挥学校教师、党团组织的教育引导作用，又要充分调动大学生的积极性和主动性，引导他们自我教育、自我管理、自我服务。"不断与时俱进的"三全育人"德育模式理念也包含了自我教育、自我管理、自我服务的内容。一方面，"三全育人"德育模式的最终目标是培养大学生的能力和道德品质，促进大学生的全面发展，自我教育、自我管理、自我服务是大学生的能力和综合素质的体现；另一方面，自我教育、自我管理、自我服务也是对全员育人理念的深化与拓展，是"三全育人"德育模式拓展德育渠道、增强德育合力的有效途径。因此，无论是德育目标还是德育手段而言，"三全育人"德育模式的有效实施需要构建大学生自我教育、自我管理、自我服务机制。

一、抓好班集体建设

"班集体是学生学习生活的单位，是培养学生成长成才的有效的载体。"[①]优秀的班集体有凝聚人心，督促、鼓舞和激励学生不断成长进步的

---

① 张洪杰．新时期高校班集体建设的思考[J]．吉林师范大学学报（人文社会科学版），2010（1）：101-103．

作用。高校德育应利用好班集体建设这个途径，培养学生自我教育、自我管理和自我服务的意识和能力。

（一）定期开展有着鲜明主题的班会活动

班会活动是同学进行学习和情感交流的重要途径。确立一个鲜明的主题，让学生各抒己见，既可以了解学生的思想动态，也可以增强同学之间的情感交流，增强班集体的凝聚力。因此，我们可以鼓励大学生通过班会形式，将所关注的热点问题或者有争议的问题确立为班会主题，让学生开班会前查找资料，进行发言准备，引导大学生大胆发表自己的见解，最后班主任再进行总结和有意识的思想引导。这样既调动了学生的积极性和主动性，又锻炼了学生的表达能力，学生通过交流，能够找到自己与同学的差异与差距，从而更好地调整自己，不断地进步。

（二）发挥班干部、党员的先锋模范作用

班干部和党员是优秀班集体建设的骨干力量，是协助班主任和辅导员进行班级管理的得力助手，是凝聚班集体的核心纽带。因此，在班集体建设中要注意发挥班干部和党员的模范作用。班干部和党员要注意以身作则，以自己的言行为同学树立良好的榜样，带领班上同学积极进取，全面发展自己。一个优秀的班集体必然是一个有着强大的凝聚力的集体，班干部和党员应承担起自己的职责，多开展一些有意义的班集体活动，加深同学之间的感情，同时班干部和党员也要爱护班集体，多关心身边的同学，多和同学沟通，了解同学的实际需要，帮助困难同学，带领其他同学一起营造一个温暖、和谐、积极的班集体。

二、发挥学生社团的自主作用

高校学生社团是大学生参与校园文化活动、全面发展自己的重要平台。通过参与学生社团举办的活动，不但可以培养学生的兴趣爱好，还可以增强同学之间的交流、合作，锻炼学生的组织管理、人际交往能力等，提高学生的综合素质。因此，应拓展好学生社团这个德育渠道，利用好这个平台开展德育工作。

（一）加强对学生社团的科学管理

大学生社团由于数量较多，类型也多，需要成立一个管理机构或制定一套科学的管理制度。大学生社团需要专业老师的指导，才不至于偏离方

向，因此，高校应该帮助大学生社团选聘指导教师，并把教师指导社团活动纳入其绩效考评范围，从而调动教师参与社团的积极性。社团还应该有一支素质高的干部队伍，因此，高校应该加强对社团干部的选拔、培养以及考核。社团还应该制定严格的管理制度，以保证“对学生新社团成立审批的把关，学校对学生社团规模和类型的有机规划，调控学生社团结构”[①]，以及对社团的监督、考评等都应有一个明确的标准，防止利用社团盈利的不良现象。

（二）加强学生社团间的交流与合作

学生社团的类型各异，所开展的社团活动也不一样，学生社团应该打破封闭的状态，加强彼此间的交流与合作，分享经验，分析各自的不足，从而共同联手，协力促进社团活动的蓬勃发展。高校可以通过定期开展“社团畅谈日”“社团报告月”等形式，把各个社团负责人聚一起进行心得交流，既加深了友谊，又促进了社团之间的相互学习与提高，实现了学生的自我教育、自我管理、自我服务，也为以后社团活动的健康发展打下基础。

三、发挥学生会、研究生会的桥梁作用

学生会和研究生会是高校学生的群众性组织，是学生进行自我教育、自我管理和自我服务的重要载体，是高校与学生之间联系的桥梁和纽带。学生会和研究生会在高校德育中有着其他部门不可替代的作用，是加强和改进高校德育的重要依靠力量。因此，“三全育人”德育模式应重视发挥学生会、研究生会的德育力量，增强德育合力。

（一）加强对学生会和研究生会干部的建设

学生会和研究生会是学生自发组织起来的机构，是学生进行自我教育、自我管理的重要平台。正因为它的独立性和自主性，是学生自己的组织机构，所以优秀的大学生都渴望加入这个组织，通过这个平台锻炼自己的能力、施展才干。而优秀的学生会和研究生会干部队伍是学生会和研究生会健康发展的重要依靠力量，它关系着学生会和研究生会工作的开展，影响着德育工作的成效。因此，应加强对学生会和研究生会干部的队伍建设。首先在干部的选拔上，可以由上一届的学生会和研究生会干部和院系的辅导员等组成评委，采用公开透明的方式向学生发出招募令，然后通过一定

---

① 张屹，张虎．论高校学生社团的科学管理[J]．学校党建与思想教育，2009（5）：63-64．

的程序，比如让学生进行竞选演讲或者院系推荐等，对学生进行选拔，选拔过程中应秉着公正客观的原则，对学生的综合素质进行评定，择优录取。高校还应定期对学生会和研究生会干部进行理论培训，召开工作报告会、研讨会，让学生干部就工作中的问题进行讨论，实现理论和实践相结合，提高干部队伍的素质，并设立对干部队伍进行监督的信箱或者电子邮箱，鼓励学生对其进行监督。

（二）健全学生会、研究生机构和管理制度

高校应当健全学生会和研究生会的组织机构，组织机构的设置要体现大学生自我教育、自我管理、自我服务的职能。各部门要种类齐全、分工明确，通过开展丰富多彩的主题教育活动，共同合作，实现学生的自我教育、自我管理、自我服务。学生会和研究生会还需要严格的管理制度作为保障，要完善相关的管理制度，对学生会和研究生会干部及其工作进行管理、监督、考核，确保学生会和研究生会工作的开展有章可循。

四、发挥“学长制”的引导作用

“学长制”是高校学生教育和管理的一种新兴的辅助机制，已经被一些学校采纳并试用，取得了一定的成效，是新时期高校拓展德育途径的有益尝试。它是对导师制和辅导员工作的补充，指的是“在高年级学生中挑选政治觉悟高，成绩优秀，有一定工作经验的高年级学生，经过培训，对新生开展帮扶、指导、教育，引导和帮助新生尽快地度过入学适应期的一种管理模式”。[①]学长将自己积累的学习、生活和工作经验传授给学弟学妹，有利于帮助他们顺利度过入学的适应期，找到新的方向，树立新的目标。由于学长与新生年龄相仿，新生更容易和学长进行推心置腹的情感交流，辅导员和班主任可以从学长那里了解学生的真实思想动态，从而有针对性地开展德育工作，增强德育工作的实效性。由此可见，“学长制”不仅丰富了“三全育人”理念的内容，拓展了全员育人的内涵，而且能推进德育工作的顺利开展，促进“三全育人”德育模式的德育目标的实现。

（一）制定“学长制”的相关管理制度

“学长制”作为实现学生自我教育、自我管理、自我服务的一种有效途径，它的实行必须有配套的制度作为保障。高校可以根据学生工作体系

---

① 何婷英. 探析高校新生学长制[J]. 齐齐哈尔师范高等专科学校学报，2007（3）：12-14.

的特点以及高校的实际情况，制定一系列制度，确保对学长的选拔、培训、监督和考核有一个明确而严格的标准。学长的素质，是决定着“学长制”能否取得成效的关键因素。因而，学长的选拔是实行学长制的前提条件。高校可以在网站以及宣传栏上公布招聘信息，由辅导员和院系领导根据学生的申请，择优录取。高校还应对学长开展理论和知识的培训，使其明确工作任务，提高其理论水平。学长要深入学生内部开展工作，又要向辅导员和班主任汇报工作情况，因而高校对学长工作的监督和考核，可以由辅导员和班主任以及学生共同完成。比如考核可以由辅导员对学长的工作评定以及学生的民意测评两部分组成，以确保考核的客观公正。除此之外，高校还应制定一些奖惩制度，对于表现优异的学长，可以把其工作业绩作为入党，评选最佳干部、优秀大学生的有力材料，对于不称职的应予以解聘等。

（二）“学长制”应与学生会、班干部等相互配合

“学长制”是高校实行自我教育、自我管理、自我服务的一种形式，而学生会和班干部也是实现高校学生自我教育、自我管理、自我服务的重要力量。因此，高校应对学长的职责进行明确的界定，以免学长与学生会、班干部等出现责任推诿或者工作冲突问题。学长应当与学生会、班干部等加强联系和沟通，相互配合、相互协作，围绕育人这个核心，共同为大学生的全面发展而努力。

五、调动学生主动性，激发学生自我监督管理

学生的自我教育、自我管理、自我服务，可以腾出部分管理岗位让大学生参与管理。大学生朝气蓬勃，思维活跃，又有自己一定的思想和判断能力，自主性很强，这样不仅可以锻炼大学生分析问题、协调各种关系、处理问题的能力，增长大学生的才干，也可以减轻相关教师的压力，使其有更多的时间和精力投入教学和科研之中，做出更多的教学和科研成果，更是以学生为本，发挥学生主体性的体现。

（一）让学生参与校园网、BBS 等的建设与管理

校园网、BBS 是网络时代背景下高校网络德育的重要阵地，也是帮助学生实现自我教育、自我管理、自我服务的重要载体。大学生比教师更加了解学生群体的思想动态、关注热点，因而大学生参与校园网、BBS 的建设与管理，能够使校园网的内容更加贴近学生生活实际，更加能够吸引学

生的眼球，有利于利用这个阵地开展德育工作，也有利于提高学生自我教育、自我管理、自我服务的能力。校园网和BBS的建设，应注意价值观的导向，有意识地将德育内容渗透学生感兴趣的讨论与帖子中。高校可以鼓励学生编写学校、班级和个人的主页，发挥学生的主观能动性，定期更新内容、图片，激起广大学生共同参与的积极性。还可以鼓励大学生创办电子刊物等。对于校园网、BBS 等创办的好的班级和同学，学校也应给予一定的物质和精神奖励，同时也应加强对其监督，防止其产生错误的言论和思想。

（二）相关部门适当考虑安排学生做助管

高校安排学生参与教务处、后勤、图书馆等部门的管理工作，可以锻炼学生的交往、处理事情的能力，为学生将来走向工作岗位打下基础。同时也可以起到教务处、图书馆、后勤等部门管理工作者与广大学生之间联系的桥梁作用，也是对管理工作者的监督，使其更好地发挥管理育人的职能。值得注意的是，高校让学生参与管理应该把握一个尺度，首先是应该合理安排学生做助管的时间，不能因此占用学生太多的学习时间，毕竟学习才是学生的重心；其次是学生的工作角色应当有个明确定位，学生仅是协助管理，相关教师不能因此把自己的工作全权交给学生，放任不管；最后是应对助管学生建立考核和奖惩机制，最好与勤工助学等联系起来，管理教师应该把助管学生平时的表现都记录下来，便于为期末考核提供依据。对于表现优异的给予奖励，表现不合格的给予解聘，严重失职的给予处罚。对于从事助管的学生，学校应发放一定的津贴，既可以帮助部分学生减轻经济负担，又能锻炼其处事的能力，同时调动了学生的积极性和主动性，有利于其实现自我教育、自我管理、自我服务。

参 考 文 献

[1] 苗青．全员育人、全程育人、全方位育人德育机制的实践探索[J]．河南教育（高教），2018（4）：31-33．

[2] 范小凤．论新时期高职院校“三全育人”德育模式及其运作模式[D]．上海：华东师范大学，2011．

[3] 刘胜男．新时期高职院校思想政治教育“三全育人”模式的研究与实践[J]．改革与开放，2014（12）：73-74．

[4] 于洪泽，叶景文．关于高职院校“三全育人”的思考[J]．继续教育研究，2011（2）：116-117．

[5] 沈丽娟，林岩清．构建高职院校“三全育人”长效机制的方略研究——以福州地区为例[J]．商丘职业技术学院学报，2015，14（4）：106-108．

[6] 马晖．基于“三全育人”理念的高职学生管理策略研究[J]．科教导刊（上旬刊），2018（16）：169-170．

[7] 李国栋，朱灿．坚持“三全育人”，注重思想政治工作实效性[J]．中国高等教育，1999（24）：14-15．

[8] 周建松．高等职业教育“三全育人”机制初探[J]．学校党建与思政教育，2012（28）：51-52．

[9] 潘丽萍．基于“三全育人”理念的高职学生目标教育模式构建[J]．职业技术教育，2013，34（5）：92-95．

[10] 蒋广学，张勇．强化“全环境育人”理念推动网络思政教育创新[J]．中国高等教育，2014（22）：33-36．

[11] 骆郁廷．新时代大学生思想政治教育[M]．北京：中国人民大学出版社，2010．

[12] 詹鑫．2019 年全国普通高校毕业生就业创业工作会议召开[J]．贵州教育，2019（Z1）：97．

[13] 付亚和，许玉林．绩效考核与绩效管理[M]．北京：电子工业出版社，2010．

[14] 李晓娟．高校辅导员工作学基本问题研究[D]．重庆：西南大学，2012．

[15] 胡范坤．高校辅导员队伍建设实践创新研究[D]．长春：东北师范大学，2014.

[16] 胡金波.高校辅导员职业化发展研究[M].苏州大学出版社,2010.

[17] 黄天中.生涯规划理论与实践[M].北京:高等教育出版社,2007.

[18] 顾鑫．高校“三全育人”资助育人模式及其运行机制研究[D]．长春：东北师范大学，2016.

[19] 李忠军．以职业能力建设为核心推动高校辅导员队伍专业化发展[J]．思想理论教育，2014（12）：97-102.

[20] 刘宝存．牛津大学办学理念探析[J]．比较教育研究，2004（2）：16-22.

[21] 刘海春．高校辅导员职业生涯发展教程[M]．北京：人民出版社．2009.

[22] 张亚南．浅析大学生思想政治教育家庭环境[J]．湘潮（下半月），2012（10）：17，19.

[23] 谢友庆．三全育人：高职院校思想政治教育的有效模式[J]．科教文汇（上旬刊），2010（10）：152-153.

[24] 周向军.高校思想政治理论教学改革与创新[M].山东大学出版社，2011.

[25] 宇文利．现代思想政治教育课程论[M]．北京：北京大学出版社，2012.

[26] 陈万柏.思想政治教育学原理[M].北京:高等教育出版社,2012.

[27] 张耀灿．现代思想政治教育学[M]．北京：人民出版社，2011.

[28] 王文学．对素质教育中加强“三育人”工作的思考[J]．中国冶金教育，2000（3）：14-16，40.

[29] 盛力.自媒体时代下大学生思想政治教育主导性思维的转化[J].赤子（上中旬），2015（7）：69.

[29] 凡友福.“三全育人”视域下的高职学生管理信息化建设[J]．中国管理信息化，2015，18（7）：225-227.

[30] 董宇.“三全育人”背景下高校思想政治教育资源整合研究[D].沈阳：沈阳沈阳师范大学，2020.